财政部规划教材

会计基础（第二版）

主　编　沈豫琼
副主编　胡悦晖　陈泠元
参　编　尹湘萍　曾　浩
　　　　丁　良　文　昕

中国财经出版传媒集团
中国财政经济出版社

图书在版编目（CIP）数据

会计基础／沈豫琼主编．—2 版．—北京：中国财政经济出版社，2019.8（2022.7重印）
财政部规划教材
ISBN 978－7－5095－9193－2

Ⅰ．①会…　Ⅱ．①沈…　Ⅲ．①会计学－高等职业教育－教材　Ⅳ．①F230

中国版本图书馆 CIP 数据核字（2019）第 187478 号

责任编辑：陈　冰　叶　彤
封面设计：构远设计

本书微网站

扫描微网站二维码
获取教学配套资源和内容更新
不断添加中

中国财政经济出版社 出版

URL：http：//www.cfeph.cn
E－mail：cfeph＠cfeph.cn

(版权所有　翻印必究)

社址：北京市海淀区阜成路甲 28 号　邮政编码：100142
营销中心电话：010-88191537　北京财经书店电话：64033436　84041336
北京中兴印刷有限公司印刷　各地新华书店经销
787×1092 毫米　16 开　17.5 印张　410 000 字
2019 年 8 月第 2 版　2022 年 7 月北京第 4 次印刷
定价：42.00 元
ISBN 978－7－5095－9193－2
(图书出现印装问题，本社负责调换)
质量投诉电话：010-88190744
打击盗版举报热线：010-88191661　QQ：2242791300

编写 说明

本书是财政部规划教材、全国财政职业教育教学指导委员会推荐教材,由财政部教材编审委员会组织编写并审定,作为全国高职高专院校财经类教材使用。

作为《会计基础》的第二版,本教材以适应高职高专人才培养工作为编写目标,坚持"以能力为本位,以就业为导向"的教材编写理念,以实现"教、学、做"一体化为编写思路,按照会计的基本理论、基本方法和基本操作技能设计内容体系,着力学生技能培养,突出案例分析,强化重点内容,充分汲取企业会计工作实践经验,力求突出以下特点:

1. 做好入门知识铺垫。模块一从认识会计入手,了解企业、了解会计工作组织、了解会计职业,让学生理解和感受会计环境、会计特点、工作内容及能力要求。正确的认知是形成积极的职业情感和职业态度的基础,进而影响其专业意识以及以后的职业表现。

2. 合理搭建方法流程。根据编者多年的教学经验,我们改变了以往的编写惯例,将会计核算的七种方法按照工作流程顺序放入模块二,更好地体现了会计核算方法之间相互联系、相互依存的关系,符合学生的认知习惯,同时也实现了教学内容与会计实践过程的对接,为学生搭建起一个清晰的会计整体工作框架,为后续其他专业课程的学习打下基础。

3. 工学结合,职业启航。在理论问题讲明、实务问题讲透的基础上,突出"学中做,做中学"的教学理念,每个任务之后都安排了相关的企业仿真案例,模块三更是通过留白的方式直接让学生亲自动手实践会计核算的账务处理程序,在实践中学习,在实践中领悟。转变教与学的方式,构建自主高效的课堂学习模式。把企业搬进课堂,开启学生的职业之旅,通过及时的实作,巩固所学,强化技能。

4. 完善配套教学资源。为有效整合教材内容与教学资源,我们开发了涵盖教材、电子课件、习题集(纸质版与电子版)、教学视频、考试平台等在内的丰富的教学资源,打造立体化、自主学习式的新型教材。教学资源的建设与教材编写同步进行,相携而成,有机整合,将为教与学提供最大的便利。

用书学校任课老师若需要相关教学资源,请登陆如下网址下载:http://cjjc.cfeph.cn。

本教材适用于高职高专院校会计、会计信息化、财务管理、金融、审计、市场营销等经济管理类各专业学生，也可作为企业会计人员上岗前的培训用书。

本教材由沈豫琼担任主编，负责拟订编写大纲，并对全书进行总纂和定稿，胡悦晖和陈泠元也参与了总纂工作。教材具体编写分工如下：模块一由陈泠元负责编写；模块二中任务一由胡悦晖负责编写；任务二由胡悦晖和曾浩负责编写，其中"借贷记账法的运用"由曾浩编写；任务三、任务四由丁良负责编写；任务五、任务六由尹湘萍负责编写；任务七由沈豫琼负责编写；模块三由文昕负责编写。

本书在编写过程中参考了大量的相关书籍和教材，在此谨向所有相关作者表示诚挚的感谢。由于编者水平有限，书中难免有疏漏及不当之处，敬请各位读者批评指正。

编　者

2019 年 8 月

目 录

模块一 认识会计 ………………………………………………………………… 1
    任务一 认识企业 ……………………………………………………………… 3
    任务二 认识会计 ……………………………………………………………… 12
    任务三 认识会计职业 ………………………………………………………… 33

模块二 会计核算方法 …………………………………………………………… 36
    任务一 设置账户 ……………………………………………………………… 40
    任务二 复式记账 ……………………………………………………………… 49
    任务三 填制和审核会计凭证 ………………………………………………… 62
    任务四 主要经济业务的核算——以小型制造业为例 ……………………… 82
    任务五 登记会计账簿 ………………………………………………………… 115
    任务六 成本计算 ……………………………………………………………… 139
    任务七 财产清查 ……………………………………………………………… 148
    任务八 编制财务会计报告 …………………………………………………… 167

模块三 账务处理程序 …………………………………………………………… 194
    任务一 了解会计账务处理程序的概念及种类 ……………………………… 195
    任务二 认识记账凭证账务处理程序 ………………………………………… 197
    任务三 认识科目汇总表账务处理程序 ……………………………………… 251
    任务四 认识汇总记账凭证账务处理程序 …………………………………… 270

模块一 认识会计

在学习会计的初始阶段,很多人都会产生一系列的疑问:什么是会计?会计的目标和对象是什么?会计工作包含了哪些内容?相关岗位为我们提供了怎样的职业前景?要回答这一系列问题,就必须先了解一个与会计密切相关的概念——企业。企业作为国民经济的基本单位,是市场经济活动的主要参与者,是社会财富的生产者和流通者,是社会生产力的创造者,它与会计是紧密联系的。学习会计,先要对企业有基本的认识。

【案例引入】

财富中文网于北京时间2018年7月10日发布了最新的《财富》中国500强排行榜。该榜单考量了全球范围内最大的中国上市企业在过去一年的业绩和成就。2018年,中国500家上榜的上市公司总营业收入达到了39.65万亿元人民币,2017年上涨18.22%;净利润更是达到了3.48万亿元,增长24.24%。榜单头部公司依然是:中石化、中石油和中国建筑。前十名中的两家保险业巨头——中国平安保险(集团)股份有限公司和中国人寿保险股份有限公司排名相比2017年都上升了一位,分列第四位和第十位。其中中国平安继续排在非国有企业第一位。

在行业方面,包括阿里巴巴、腾讯和爱奇艺在内的7家互联网服务公司的总市值超过了7万亿,占比接近500家上市公司总市值的15%。而公司数量占比不到4%的两个行业——保险业和石油、天然气、石化行业的18家上榜公司却创造了近20%的收入。此外,2018年共有55家房地产企业上榜,数量居各行业首位;而它们的总收入在2017年高基数的基础上,继续实现了超过19.6%的增长。在盈利能力方面,最赚钱的10家上市公司除了几大商业银行和保险公司之外,是中国移动有限公司、腾讯控股有限公司和阿里巴巴集团控股有限

2 会计基础

公司。这10家公司创造了500家最大上市公司近40%的利润。

请思考：在本案例中都出现了哪些专业数据？这些数据又是怎样计算出来的？企业又是从何起源、如何发展的呢？

2018年中国企业500强（节选）

排名	公司名称（中文）	营业收入（百万元）	利润（百万元）
1	中国石油化工股份有限公司	2360193.0	51119.0
2	中国石油天然气股份有限公司	2015890.0	22793.0
3	中国建筑股份有限公司	1054106.5	32941.8
4	中国平安保险（集团）股份有限公司	890882.0	89088.0
5	上海汽车集团股份有限公司	870639.43	34410.34
6	中国移动有限公司	740514.0	114279.0
7	中国工商银行股份有限公司	726502.0	286049.0
8	中国中铁股份有限公司	693366.51	16066.83
9	中国铁建股份有限公司	680981.13	16057.24
10	中国人寿保险股份有限公司	653195.0	32253.0
11	中国建设银行股份有限公司	621659.0	242264.0
12	中国农业银行股份有限公司	537041.0	192962.0
13	中国人民保险集团股份有限公司	483775.0	16099.0
14	中国银行股份有限公司	483278.0	172407.0
15	中国交通建设股份有限公司	482804.34	20580.78
16	中国中信股份有限公司	390344.39	38036.69
17	中国电信股份有限公司	366229.0	18617.0
18	京东商城电子商务有限公司	362331.75	116.82
19	中国太平洋保险（集团）股份有限公司	319809.0	14662.0
20	联想控股股份有限公司	316262.91	5047.83
21	海航科技股份有限公司	315460.01	820.57
22	中国恒大集团	311022.0	24372.0
23	绿地控股集团股份有限公司	290418.22	9037.77
24	宝山钢铁股份有限公司	289497.79	19170.34
25	国药控股股份有限公司	277717.02	5283.09
26	物产中大集团股份有限公司	276620.42	2234.85
27	中国联合网络通信股份有限公司	274828.95	425.84
28	中国电力建设股份有限公司	266819.9	7366.62

续表

排名	公司名称（中文）	营业收入（百万元）	利润（百万元）
29	中国神华能源股份有限公司	248746.0	45037.0
30	中国冶金科工股份有限公司	243999.86	6061.49
31	万科企业股份有限公司	242897.11	28051.81
32	美的集团股份有限公司	241918.9	17283.69
33	腾讯控股有限公司	237760.0	71510.0
34	中国能源建设股份有限公司	234370.11	5261.14
35	阿里巴巴集团控股有限公司	226913.0	67071.0
36	碧桂园控股有限公司	226899.79	26063.52
37	中国邮政储蓄银行股份有限公司	224864.0	47683.0
38	招商银行股份有限公司	220897.0	70150.0
39	厦门建发股份有限公司	218601.58	3330.86
40	中国中车股份有限公司	211012.56	10798.56
41	江西铜业股份有限公司	205046.85	1604.11
42	厦门象屿股份有限公司	203290.63	714.32
43	交通银行股份有限公司	196011.0	70223.0
44	苏宁易购集团股份有限公司	187927.76	4212.52
45	中国海洋石油有限公司	186390.0	24677.0
46	中国铝业股份有限公司	180080.75	1378.44
47	中国太平保险控股有限公司	169901.15	5316.39
48	上海浦东发展银行股份有限公司	168619.0	54258.0
49	厦门国贸集团股份有限公司	164650.78	1907.3
50	广汇汽车服务股份有限公司	160711.52	3884.36

任务一
认识企业

【导言】

企业（Enterprise）是社会发展的产物，是商品生产与商品交换的结果，并随着生产力的进步和科学技术水平的不断提高而发展。16世纪到17世纪，以英国为代表的西方老牌资本主义国家在海外殖民扩张和剥夺农民土地的基础上逐渐完成原始资本的积累，生产者与生

4 会计基础

产资料的剥离迫使家庭手工作坊开始向资本主义工场手工业过渡。18世纪,在工业革命的进程中,一系列新技术的出现,尤其是大机器以及动力设备的普遍采用为资本主义工厂制度的建立奠定了基础。以棉纺织业为代表,到了19世纪30年代,机器棉纺织代替手工棉纺织的过程基本完成,工厂制度在英国普遍建立,这标志着企业开始真正形成。到了20世纪,自由资本主义开始向垄断资本主义过渡,原有工厂制度开始发生变化,公司制度在西方得到了广泛的发展,主要表现在开始建立科学的管理制度,并逐步发展一系列的科学管理理论;企业从经营权与所有权相统一的家族式管理模式逐步向管理权与所有权相分离的现代管理模式转变。

【任务目标——知识目标】
* 了解企业的概念与主要分类
* 掌握企业的组织形式
* 掌握企业的主要经济活动与利益相关者

【任务目标——能力目标】
* 能正确区分企业各组织机构的职能

1. 什么是企业

1.1 企业的概念

对于我国而言,"企业"一词是在清末从日本移植而来的。而日本又是在明治维新以后,在引进西方企业制度的过程中,从西方语言翻译而来的。美国《现代经济词典》曾经把企业定义为:设在一定地点、拥有一个或一个以上的雇员的工厂、商店或办事机构。但是随着网络科技的快速发展,也有学者认为应重点突出企业的活动与目的。例如美国佐治亚大学会计学院的卡尔·S. 沃伦教授就提出:企业是一个整合并加工基础资源(原材料、劳动力、技术等)、向顾客提供商品或服务的组织,其根本目的是获取利润。

在我国,通常所说的"企业"是指:**组合和运用各种生产要素(如土地和自然资源、劳动者、非人力形态的资本、技术、管理、信息等),从事生产、流通、服务等经济活动,依法成立,自主经营,以营利为目的,独立享受权利并承担义务的法人型或非法人型经济组织**。由此我们可以归纳出企业的基本特征:

(1) 企业是以营利为生产经营的根本出发点。
(2) 企业是自主经营、自负盈亏、独立核算的经济体,从事社会商品的生产、流通、服务等经济活动。
(3) 企业在符合法律规定的范围内,可以自主地做出经营决策。法人企业以其拥有的全部财产对外承担民事责任;非法人企业(如个人独资企业)以企业的财产和业主个人的所有财产对企业的债务承担无限责任。

1.2 法人的概念

《中华人民共和国民法通则》第三十六条规定了法人的定义:"法人是具有民事权利能

力和民事行为能力,依法独立享有民事权利和承担民事义务的组织。"法人是自然人的对称,是指按照法定程序设立,有一定的组织机构和独立的财产,并能以自己名义享有民事权利、承担民事义务的社会组织。

法人的主要特征是:
(1) 必须有组织章程,按照法定的程序,经过国家机关审查认可而成立。
(2) 有独立的财产所有权或管理权,能以自己的名义取得财产权利、承担财产义务。
(3) 能以自己的名义进行民事活动和参加民事诉讼的。

同时具备这三个特征才能称为法人。法人分为企业法人、机关法人、事业单位法人和社会团体法人。

1.3 企业的分类

按照不同的分类标准,企业可以分为很多种类(见图 1-1-1)。按照所有制形式划分,我国企业可以分为国有企业、集体企业、私有企业和混合所有制企业;按照组织形式划分,可以分为独资企业、合伙企业和公司制企业;按照企业所属行业划分,又可以分为制造业企业、建筑企业、金融企业、服务性企业等。

2. 企业的组织形式

企业按照财产的组织形式和所承担的法律责任通常分为独资企业、合伙企业和公司企业,见图 1-1-1。

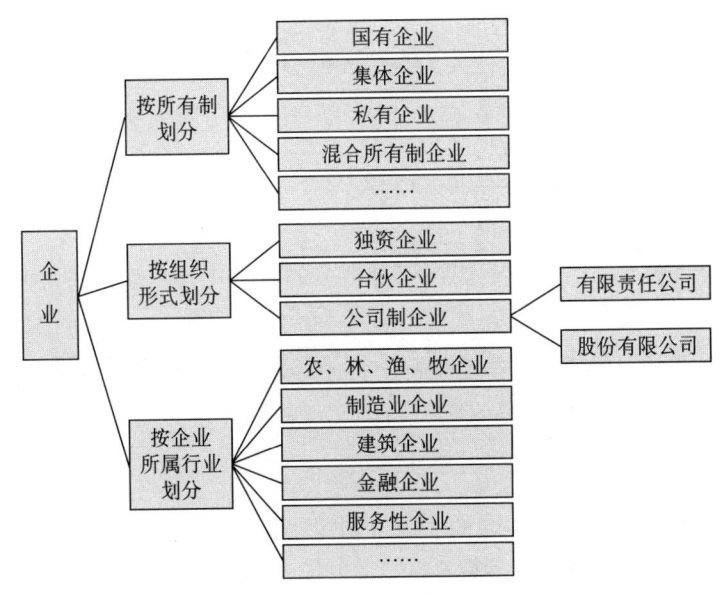

图 1-1-1 企业的分类

注:企业所属行业划分以国家统计局国民经济行业分类标准为依据(GB/T 4754-2011)。

2.1 个人独资企业

根据《中华人民共和国个人独资企业法》,个人独资企业(Sole Proprietorship)是指由单个出资者出资设立的企业。在这类企业中，出资者对企业的全部财产及经营收益享有所有权，同时对企业的债务单独承担无限清偿责任。个人独资企业成立必须具备以下条件：

（1）投资人为一个自然人。
（2）有合法的企业名称。
（3）有投资人申报的出资。
（4）有固定的生产经营场所和必要的生产经营条件。
（5）有必要的从业人员。

该类企业采用个人独资的组织形式，企业内部所有权结构简单，所有者可充分发挥主观能动性，经营灵活，无论是企业筹建、解散还是转向，其受到的制约都较少。但同时，这类企业很难取得大量的资金，从而限制了企业的规模和发展，一旦经营失败，无限清偿责任将使业主不堪重负。

2.2 合伙企业

根据《中华人民共和国合伙企业法》，合伙企业（Partnership Enterprise）是指由自然人、法人和其他组织依照本法在中国境内设立的普通合伙企业和有限合伙企业。**普通合伙企业**由普通合伙人组成，对合伙企业债务承担无限连带责任。**有限合伙企业**由普通合伙人和有限合伙人组成，普通合伙人对合伙企业债务承担无限连带责任，有限合伙人以其认缴的出资额为限对合伙企业债务承担有限责任。在成立合伙企业时，合伙人必须首先签订共同经营合同，以确定各出资者所承担的责任和损益分配方式。

合伙企业成立必须具备以下条件：

（1）有两个以上的合伙人。合伙人为自然人的，应当具有完全民事行为能力。
（2）有书面合伙协议。
（3）有合伙人认缴或者实际缴付的出资。
（4）有合伙企业的名称和生产经营场所。
（5）法律、行政法规规定的其他条件。

与个人独资企业相比，合伙企业能够获得更多的资金支持，能够进一步扩大企业规模，分散经营风险。但是，合伙人之间容易发生意见不一致的情况，会影响企业的经营决策。此外，这类企业没有实现所有权和经营管理权的分离，财产所有者往往也是企业经营者，这不利于提高经营管理能力和广泛吸收社会闲散资金。

2.3 公司企业

公司制企业（Firm）是当今社会的主要企业组织形式，它是适应社会生产力的发展，在独资企业和合伙企业的基础上发展而来的。《中华人民共和国公司法》（以下简称《公司法》）第二条规定："本法所称公司是指依照本法在中国境内设立的有限责任公司和股份有限公司。"

2.3.1 有限责任公司

有限责任公司（Limited Liability Company）是指股东以其所认缴的出资额为限对公司承担责任，公司以其全部资产对公司债务承担责任的企业法人。

有限责任公司具有以下主要特点:
(1) 股东以其出资额为限对公司的债务承担责任,不承担连带的无限责任。
(2) 资本不必分为等额股份。其资本按股东各自所认缴的出资额划分,所以证明股东出资额的权利证书称为"出资证明书",而不是股票。
(3) 我国《公司法》规定,有限责任公司的股东人数为1~50人,而股份有限公司的股东则没有最高人数的限制,但至少要求2人。
(4) 有限责任公司由发起人集资,不公开发行股票募集资本,更不可能上市交易。但允许股东依法转让其全部或部分出资。

2.3.2　股份有限公司

股份有限公司(Corporation)指全部资本由等额股份构成并通过发行股票筹集资本,股东以其所认购股份对公司承担有限责任,公司以全部财产对公司债务承担有限责任的企业法人。

股份有限公司的特点是:
(1) 将资本总额划分为若干等额的股份,每股金额与股份数的乘积即是资本总额。
(2) 可以采取公开发行股票的方式向社会公众筹集资金,这就为股份有限公司筹集资本开辟了广阔的渠道。
(3) 股东以其对该公司的投资额对公司所负债务承担有限责任。
(4) 公司的所有权属于全体股东,但股东不一定直接参与公司的日常经营管理,可以聘任专业的职业经理人和管理团队对公司进行经营管理。
(5) 股份有限公司的股票可以自由转让。即投资者可根据自己的意愿,随时通过市场转让其所拥有的公司股份。
(6) 财务报告公开。股份有限公司公开向社会发行股票筹集资本,股东人数众多,因此各国法律都要求股份公司应将其财务报告公开。

3. 企业的组织机构设置与基本业务流程

3.1　企业的组织机构设置

企业组织机构,是指按照国家有关法律法规、股东(大)会决议和企业章程,结合本企业实际,明确企业内部各层机构设置、职责权限、人员编制、工作程序和相关要求的制度安排。合理的组织机构设置可以保证企业的运营效率、优化治理结构、规避各类风险。

对于非公司制企业来说,企业的机构设置比较简单。例如合伙企业的内部机构设置完全由合伙人协议约定,可以由全体合伙人共同执行合伙事务,也可以指定某一个或几个合伙人为合伙负责人,还可以聘用合伙人以外的人执行合伙事务。至于需设立怎样的部门或机构,由合伙人协商确定。

对于公司制企业来说,企业的组织机构主要包括股东(大)会、董事会、监事会、管理层。下面以一家制造业公司制企业为例,简单介绍其组织机构设置(见图1-1-2)。

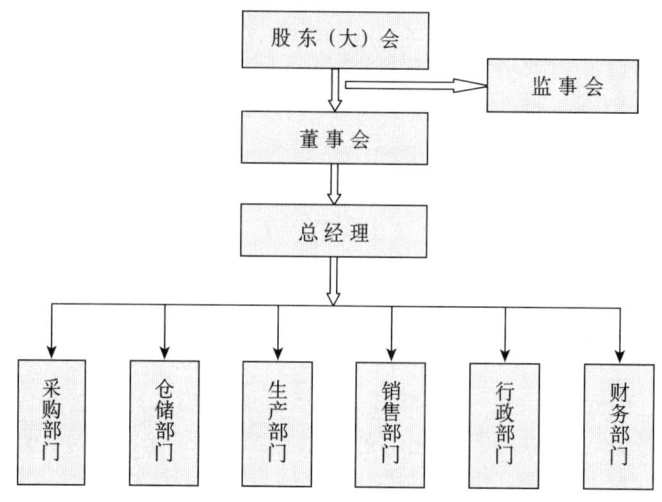

图 1-1-2 制造业公司制企业组织机构图

(1) 股东(大)会。根据我国《公司法》规定,股东(大)会由全体股东组成,这是公司的最高权力机构,依法对公司的各类重大事项进行决策。包括:重要人事任免、重大经营方针调整、投资计划与预算方案审批、利润分配权、公司资本重大变动处置权等。

(2) 董事会。根据我国《公司法》,股东(大)会一般定期召开,如果出现特别情况,可以召开临时会议,但它无法对公司出现的全部重大问题都及时做出决策。因此,仍需要成立一个代表全体股东利益,对股东(大)会负责,能及时制订公司的各项决策方案的机构,这就是董事会。董事会是公司的决策机构,对外代表公司。公司法定代表人一般由董事长、执行董事担任。对于规模较小的有限责任公司,可以设立一名执行董事,不设董事会。

(3) 监事会。监事会是公司内部的监督机构,我国《公司法》规定,规模较大的有限责任公司和股份有限公司设立监事会;股东人数较少或经营规模较小的有限责任公司可以设1~2名监事。监事会由股东代表和适当比例的职工代表组成。

(4) 经理层。公司的日常管理部门分别由高层经理人员和部门经理组成。经理层由董事会聘任,负责处理公司日常生产经营事项和各项行政事务。经理对董事会负责,可以由董事和自然人股东担任,也可以由职业经理人担任。20世纪80年代,在美国一些大公司将总经理改称为首席执行官(CEO),其主要职能是监督和落实各项经营决策。在CEO之下,通常还会设立CFO(首席财务官)、COO(首席运营官)等。这一管理系统及其各项称谓逐渐被国际社会广泛接受并采用。

3.2 企业的基本业务流程

从上述组织机构设置中可以看出,企业是一个有机的整体,为了实现获取利润这一根本目标,各部门必须各司其职。下面仍以制造业企业为例,简要介绍企业如何在多个部门的协同运作下完成采购→生产→销售这一基本业务流程(见图1-1-3)。

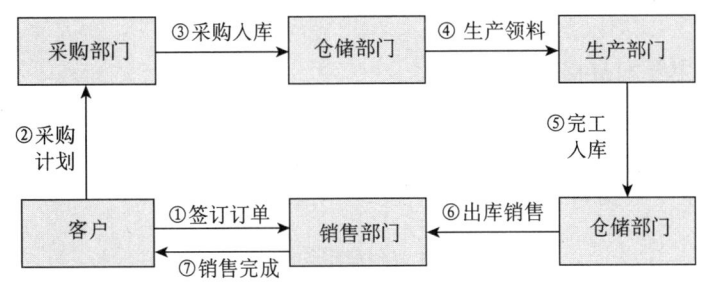

图 1-1-3 制造业企业基本业务流程

4. 企业与会计

4.1 企业的主要经济活动

企业的目标是通过向顾客提供产品或者服务来获取利润。要达到这一目标,企业就必须从事一系列的活动,主要包括:

(1) 筹资活动(Financial Activities)。主要是指获取企业组建和经营的必要资金。企业筹集资金有不同的方式,一般包括自有资金的筹集和借入资金的筹集。不同方式筹集的资金对企业的影响是不同的。其中**自有资金**是指企业为进行生产经营活动所持有、可以自行支配使用并不需偿还的那部分资金,可以通过直接吸收投资、发行股票等方式实现筹集。**借入资金**是指企业为了弥补自有资金的不足向金融机构、债权人借入的资金。它是企业生产经营过程中必要的资金补充。可以通过银行借款、商业信用、发行债券等方式实现。

(2) 投资活动(Investing Activities)。主要是指获取企业组建和经营所需要的资产(如建筑物和设备)。企业筹集资金的目的是进行投资活动,即可以利用筹集到的资金购买企业生产经营过程中所需要的各种经济资源,通过恰当的资源组合给企业带来经济效益。企业投资可分为内部投资和外部投资两种。企业内部投资主要考虑在厂房、设备、仓库和配套的流动资金等方面的投资。除了内部投资外,企业有时为了战略发展的需要还会进行外部投资,如购买债券或者股份。

(3) 经营活动(Operating Activities)。主要是指利用必要的资产获取收入和利润。企业通过对原有资产的生产与加工,实现了价值的增值,并通过销售环节完成了收入的实现。在获得收入的同时会产生一系列的成本与费用,如员工的工资、广告费用、机器设备的损耗等。将本期收入与相关费用进行比较,就可以得知企业是盈利还是亏损(见图1-1-4)。

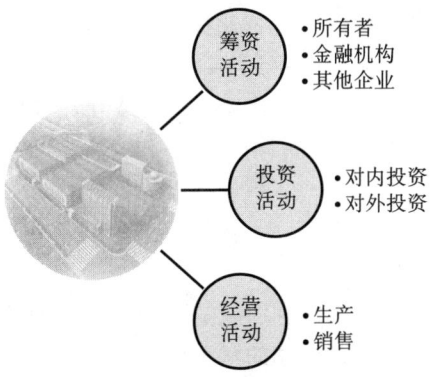

图 1-1-4 企业主要经济活动

4.2 企业的主要利益相关者

企业利益相关者（Business Stakeholders），是指与企业的经济绩效和福利等利益相关的个人或者组织。例如，企业所有者、企业经营者、银行、供应商、员工和政府相关部门等都是企业利益相关者（见表1-1-1）。

表1-1-1　　　　　　　　　　　　　　企业利益相关者

分　类	利益关联	利益相关者
资本市场利益相关者	向企业提供融资	• 企业股东 • 潜在投资者 • 银行
产品或服务市场利益相关者	购买企业商品或服务，向企业供货	• 顾客 • 供应商
政府利益相关者	• 税收及行政性收费 • 良好的市场环境和经营秩序	• 政府税务部门 • 工商管理部门
内部利益相关者	获取报酬	• 管理层 • 普通员工
社会主体	公共污染、就业机会等	• 社区 • 社会利益团体
竞争者与合作者	市场份额、产品创新等	• 同行业竞争者 • 潜在合作者

资本市场利益相关者提供企业开办和持续经营的资金，以银行为代表的金融机构和其他债权人期望能够收回借款额、利息等经济利益，企业所有者则希望使其投资额的经济价值最大化；产品或服务市场利益相关者购买企业产品或服务，或者向企业销售产品和服务，企业是否能够成功持续经营一方面影响了顾客（例如顾客预订企业的产品和长期服务），另一方面影响供应商（例如企业缩减采购或者无力支付货款，供应商的业绩也将下滑）；政府利益相关者向企业征收税费，企业经营越好，政府税收越多；企业内部利益相关者要靠企业成功持续经营来保住工作和获取收入；管理者会因为决策失误或者经营不善被企业所有者解聘，而大幅度解雇员工或者削减福利待遇也是企业在低迷时期的通常做法。

社会主体主要包括社区、媒体、工商支持团体、社会大众和社会利益团体等。这些利益相关者关注企业的公共设施的安全、公害污染、社区安全、就业机会、社会正义等其他一系列问题，而竞争者与合作者关心企业的市场占有率、竞争强度、产业情报、产品创新、营销手法等。

4.3 企业与会计

企业的目标是获取利润，而要获取利润就需要通过一系列的经济活动，而在这些经济活动中又都体现了企业资金变化、资源运动的状况。那么运用什么样的方法来记录这些活动和变化？这些活动和变化又代表了企业哪些方面的情况？同时，对于众多的利益相关者来说，又从何种渠道来了解企业？银行以什么为依据来判定是否批准企业的贷款？潜在投资者以什么为依据来判定是否向企业投资？管理层以什么为依据来判定现有经营策略是否需要调整？税务部门以什么为依据来判定企业是否依法足额纳税？这些问题都提示我们需要一套完整科学的系统来反映企业的状况，来为利益相关者提供准确、可靠、及时的信息，进而做出正确的相关决策，这所有一切的依据就是会计！

5. 职业启航——认识企业

格力集团为珠海市国资委100%控股的企业集团，旗下除了有珠海格力电器股份有限公司（以下简称"格力电器"）外，还有地产等业务。成立于1991年的格力电器是目前全球最大的集研发、生产、销售、服务于一体的专业化空调企业（上市代码：000651 上市日期：1996年11月18日 行业类别：日用电器制造业）。

（1）2016年2月22日，格力电器宣布停牌，筹划重大资产收购。3月6日，公司公告透露拟筹划发行股份收购与格力电器同处珠海的银隆新能源。8月19日，格力电器连发35条公告，披露收购详情并表示将作价130亿元购买银隆新能源100%股权。收购完成后，银隆新能源将成为格力电器全资子公司。同时，格力电器同时增发96.9亿元人民币进行配套融资。然而根据10月30日晚间格力电器发布的公告，此次收购银隆新能源股权的相关事项在股东大会上受到了中小投资者的阻击。在公司此次提交股东大会审议的26项议案中，最终有15项议案未能获得股东大会的通过。

（2）2012年，董明珠接替朱江洪成为格力电器股份有限公司董事长兼总裁。2018年5月31日，以董明珠为首的第十届董事会成员任期届满。格力电器在2019年1月16日召开2019年第一届临时股东大会，对公司董事会换届等五个议案进行表决，董明珠最终成功连任。格力电器公告称，选举董明珠女士为公司董事长（表决结果：同意9票，反对0票，弃权0票）。续聘董明珠女士为公司总裁，续聘黄辉先生为公司执行总裁。会议表决通过2018年半年度利润分配预案，拟向全体股东每10股派发现金红利6元。

扫码知答案1

请思考：

（1）该案例体现了股东大会具有何种权利与职能？

（2）该案例体现了股份有限公司在融资方面具有哪些特点与优势？

本任务思维导图

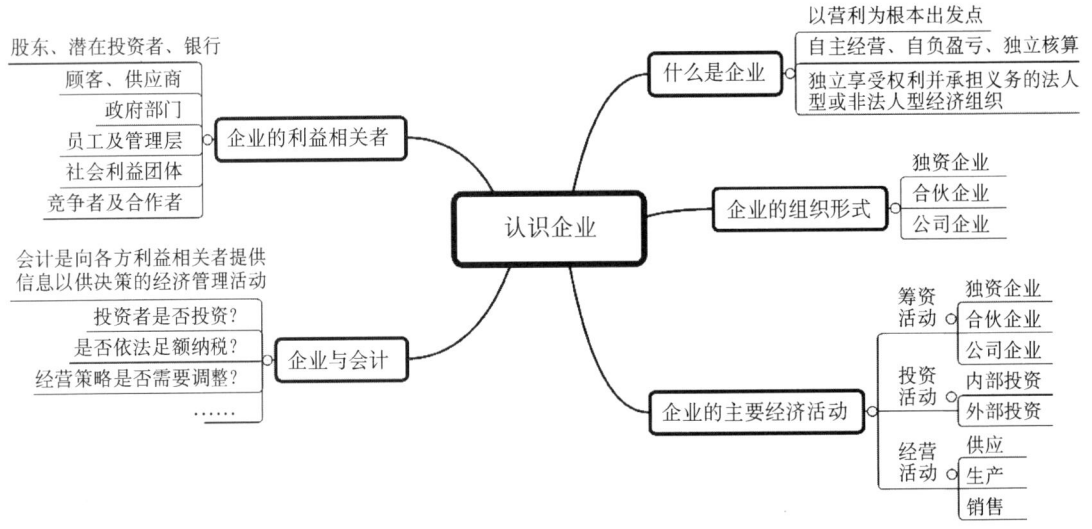

任务二
认识会计

【导言】

人们每天都会收到大量来自亲戚、朋友、订阅的各种信息。你会如何处理这些信息？处理后的信息会对你的工作生活产生何种影响？

与处理信息一样，以企业为代表的各主体也制定了一套有序的方法体系来处理、记录、报告各项财务信息。而这一套有序的方法体系是随着人们生产实践和管理上的需要产生和发展的。会计萌芽于人类认知了数字之后，先后经历了古代会计、近代会计、现代会计的历史变革。从仅具备单一的记录功能发展成为一项经济管理活动；从一项生产活动的附属行为发展成为一项独立的、全球化的职业。

【任务目标——知识目标】

* 了解会计的产生与发展
* 理解会计的概念、特征、基本职能和目标
* 掌握会计的一般对象以及会计要素的分类、概念与基本特征
* 掌握经济业务发生对会计等式的影响
* 掌握会计核算的基本前提和会计信息质量要求

* 掌握会计核算的基础
* 理解会计核算方法体系

【任务目标——能力目标】
* 能区别不同的会计核算基础对企业盈亏造成的不同影响
* 能描述制造业企业资金运动的一般过程
* 能正确划分会计要素、并指出会计对象于会计要素之间的关系
* 能描述会计基本等式

1. 会计的概念

1.1 会计的产生与发展

人类生产活动的出现，是会计思想和会计行为产生的前提，而社会生产力的不断提高又进一步促使会计思想和会计方法体系得以发展和完善。在原始社会，人们就已经开始采用"记录""计量"等简单的方式来表示劳动成果的产生和物资的结存，这代表着会计思想在人类的生产活动中开始萌芽，但在当时，这些"记录"和"计量"行为仅仅是一种生产行为的附带部分，并不是一种独立的工作。

会计开始具有"独立性"这一特点是到奴隶社会的繁盛时期才表现出来的。那时，生产活动中出现了剩余产品。随着财富的不断积累，人们需要一套专门的方法来记录和管理生产活动以及个人和社会的财富。因此，会计开始逐渐从生产职能中分离出来，表现为由专职人员采用单式记账法来对经济事项进行流水登记与核算。出现于我国明朝时期的"账房"就是典型代表。我们把直至复式记账出现之前的这一段时期称为"古代会计时期"。

15世纪，随着地中海海上贸易的兴盛，意大利出现了一批经济繁荣的城市，形成了国际性的贸易中心。多种多样的经济活动和以惊人速度累计的财富都要求更为科学的簿记方法出现。1494年，意大利数学家卢卡·帕乔利的著作《算术、几何、比及比例概要》（又称《簿记论》）问世，标志着近代会计的开端。该书系统地阐释了借贷记账法的理论与方法，并随着欧洲的殖民扩张和东西方贸易的进行迅速在世界各国传播，确立了借贷记账法作为世界公认的复式记账法的地位，这是近代会计发展史上的第一个里程碑。1854年，苏格兰爱丁堡会计师公会成立，这是近代会计发展史上的第二个里程碑。它标志着会计开始作为一种专门职业而存在。

20世纪30年代，美国开始着手制定会计准则，以规范会计行为，于是形成了以提供对外财务信息为主要任务的**企业财务会计**。同时，会计学基础理论逐步走向成熟，并开始形成完整的学科体系。到了20世纪中后期，商品经济的迅猛发展和企业之间的激烈竞争促使**管理会计**成为一个新的会计分支，从传统财务会计中分离出来。相较于主要为企业外部利益相关者提供财务信息的财务会计，管理会计主要是为企业内部的经营管理活动提供服务，包括成本分析、策略制定等。管理会计的出现是现代会计发展的主要标志。

会计的各项活动都集中体现了对数据和信息的处理和生成。在漫长的历史发展过程中，会计数据处理一直由算盘为代表的手工工具来辅助，这种手工处理方式使会计人员的劳动强度较高，业务处理速度较慢，工作效率较低。随着社会经济的不断发展与科技的不断进步，

会计的理论体系逐步完善，会计的方法也日益丰富。进入 20 世纪以来，随着市场需求的变化和生产经营的发展，社会各方对会计所提供的经济信息，不仅在需求数量上有了大幅度的增加，而且在时间上和质量上都有了更高的要求。会计在经济管理中的作用越来越受到重视，会计数据处理的工作量也越来越大，从客观上产生了改革会计手工处理形式的需要。计算机所具有的能自动、高速进行大量计算和数据处理的特性，使其成为现代财务工作的必然选择，会计电算化的出现不仅极大地提高了会计工作的效率，还使得会计信息系统成为了企业管理信息系统的中心，企业的所有管理活动与会计信息系统都存在着直接或间接的关系。这也为会计学科体系和会计职业的发展提供了更广阔的空间。

1.2 会计的定义

关于会计的定义，获得各国会计学者广泛认可的观点是："会计是一种信息系统，旨在向利益相关方输送会计主体的经济信息。"美国会计学会（AAA）就曾以此为基础对会计进行过相关定义。

本教材对会计的定义是：会计是以货币为主要计量单位，通过一系列专门的方法，对企业、行政事业单位等主体的经济活动进行连续、系统、全面、综合的核算和监督，并向各方利益相关者提供信息以供决策的一种经济管理活动。

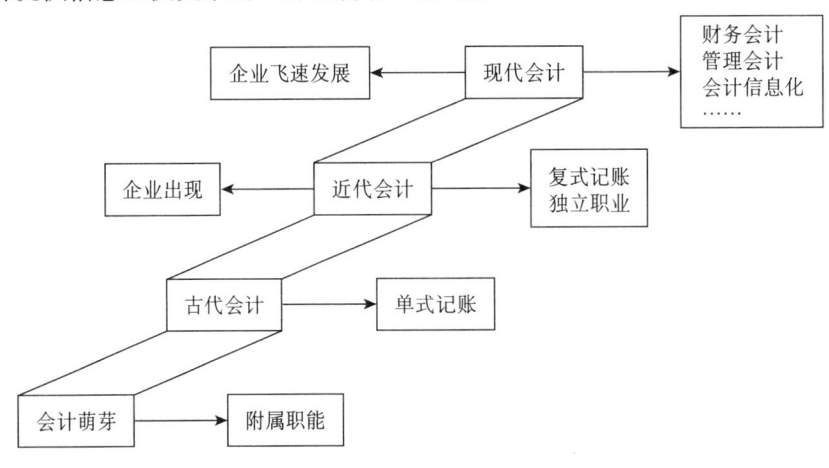

图 1-2-1

2. 会计的职能和目标

2.1 会计的职能

会计的职能是会计在经济管理活动中所具有的功能。依据《中华人民共和国会计法》（以下简称《会计法》），会计的基本职能有两项：会计核算与会计监督。随着经济的发展以及会计内容和作用的不断扩大，会计还具有预测经济前景、参与经济决策、评价经营业绩等拓展职能。

2.1.1 会计核算职能

会计核算职能，是指以货币为主要计量单位，对特定主体的经济活动进行确认、计量和报告。

我国《会计法》规定：各单位必须根据实际发生的经济业务事项进行会计核算、填制会计凭证、登记会计账簿、编制财务会计报告。任何单位不得以虚假的经济业务事项或者资料进行会计核算。会计核算的基本内容包括：款项和有价证券的收付；财物的收发、增减和使用；债权债务的发生和结算；资本、基金的增减；收入、支出、费用、成本的计算；财务成果的计算和处理；需要办理会计手续、进行会计核算的其他事项。

会计核算是会计的首要职能，它的基本特点是以货币为主要计量尺度，从价值量上对会计主体的经济活动进行全程的记录和反映。具体表现为：

（1）以货币为主要计量尺度。在会计核算中，虽然可以使用实物尺度（千克、件等）、劳动尺度（工时、工作日等）来具体反映财产物资的变化和劳动力的消耗，例如生产某产品耗用工时50小时，原材料100千克。但不同性质的计量尺度不能够综合反映会计核算的内容，而使用货币作为计量尺度，通过会计的记录、计量，就可以全面、系统地反映生产经营过程中的财务收支、实物消耗、劳动力消耗以及最终成果。

（2）会计核算具有完整性、连续性和系统性。完整性是指要对属于会计核算范畴的全部经济业务都加以确认、计量和报告，不允许遗漏其中的任何一项；连续性是指对各种经济业务要按发生的时间顺序核算，不能够间断；系统性是指要对经济业务进行分类核算和综合核算，加工整理后取得完整、连续和系统的财务信息。

（3）会计核算不仅记录已发生的业务，还要面向未来，为各单位的经营决策和管理控制提供依据。

2.1.2 会计监督职能

会针对经济活动进行核算的过程，也是实施监督的过程。会计监督是指对特定主体所发生的经济活动和相关会计核算进行真实性、合法性和合理性的监督检查，以保证经济活动按照规定的要求运行，以到达预期的效果。

真实性：各项会计核算必须以实际发生的经济业务为依据；

合法性：各项经济业务必须符合国家的法律法规和财经纪律的规定；

合理性：各项财务收支要符合会计主体的收支计划和财务目标。

根据我国《会计法》，会计监督主要包括内部监督、社会监督和国家监督。

（1）内部监督。单位内部的控制与监督是指各单位应当建立、健全本单位内部会计监督制度。单位负责人应当保证会计机构、会计人员依法履行职责，不得授意、指使、强令会计机构、会计人员违法办理会计事项。会计机构、会计人员发现会计账簿记录与实物、款项及有关资料不相符的，按照规定有权自行处理的，应当及时处理；无权处理的，应立即向单位负责人报告，请求查明原因，做出处理。

（2）社会监督。是指凡是法律法规规定须经注册会计师进行审计的单位，应向受委托的会计师事务所如实提供会计凭证、会计账簿、财务会计报告和其他会计资料以及有关情况。任何单位或者个人不得以任何方式要求或者示意注册会计师及其所在的会计师事务所出具不实或者不当的审计报告。

（3）国家监督。是指各单位必须依照有关法律、行政法规的规定，接受财政、审计、税务、人民银行、证券监管、保险监管等部门依法实施的监督检查，如实提供会计凭证、会计账簿、财务会计报告和其他会计资料以及有关情况，不得拒绝、隐匿、谎报。

会计核算主要以货币为只要计量单位来综合反映主体的经济活动,相应地,会计监督也必须依据价值指标来监督和控制经济活动。会计监督贯穿于经济活动的全过程,分为事前监督、事中监督和事后监督。它与会计核算职能是相辅相成的,只有在对经济业务活动进行正确核算的基础上,才能提供可靠资料作为监督的依据;同时,也只有严格实施会计监督,保证经济业务按规定进行,到达预期目的,才能发挥会计核算的作用。

2.2 会计的目标

会计目标,主要是指会计信息的价值或作用,是会计工作所期望完成的任务或达到的标准。会计目标并不是一成不变的,而是随着社会经济环境的变化而变化的。从会计的发展史来看,会计的目标也经历了由单纯的记录、计量向系统地进行信息输出并成为经济管理的重要组成部分演变的过程。现代会计普遍认为,会计目标就是向会计信息使用者提供满足其管理、决策等多方面需要的信息。以企业会计为例,我国《企业会计准则——基本准则》规定:财务报告的目标是向财务报告使用者提供与企业财务状况、经营成果和现金流量有关的会计信息,反映企业管理层受托责任的履行情况,有助于财务报告者使用者做出决策。

3. 会计的对象

3.1 会计对象的概念及内容

会计对象,即会计核算和监督的内容。凡是特定对象能够以货币表现的经济活动,都是会计核算和监督的内容。而以货币表现的经济活动,通常又称为价值运动或资金运动。资金运动包括特定对象的资金投入、资金运用、资金退出等过程,下面以制造业企业为例说明资金运动的过程。

(1)资金的投入。企业进行生产经营所需资金的来源包括所有者投入的资金和债权人投入的资金两部分,前者形成企业所有者权益,后者形成了企业负债。

(2)资金的运用——循环和周转。企业的经营过程包括供应、生产、销售三个阶段。在供应过程中企业要购买原材料、雇佣劳动力、建造或租入厂房等固定资产,会形成材料采购成本、固定资产购买、建造成本等,企业资金由货币资金形态转化为储备资金,即为生产和工程建设储备资料;在生产过程中,会发生原材料和生产工人劳动的消耗、固定资产的磨损等,这些最终都会归集入产品的成本,形成产品的价值,此时储备资金转化为生产资金,即各种生产资料进入生产环节,并实现形态的转换和价值的转移;产品生产完工后,入库进入待销售环节,生产资金转化为产品资金;在销售环节,企业通过销售产品实现收入,产品资金再次转换为货币资金。综上所述,资金的循环就是从货币资金开始依次转化为储备资金、生产资金、产品资金最后又回到货币资金的过程,资金周而复始地循环称为"资金的周转"。

(3)资金的退出。是指资金退出企业的资金循环与周转,不再参与企业的生产经营活动。包括偿还债务、上缴各项税金、向所有者分配利润等。

上述资金运动的三阶段如图 1-2-2 所示。

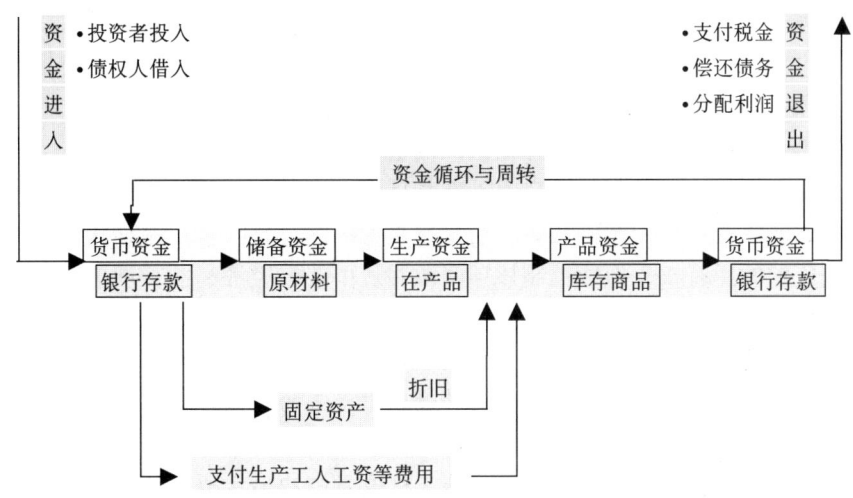

图1-2-2 制造业企业的资金运动

3.2 会计要素

会计要素是会计对象的具体化,是按照经济特征对会计对象的基本分类,是构建财务报告基本框架的元素。

我国《企业会计准则——基本准则》将会计要素分为六项:资产、负债、所有者权益、收入、费用和利润。其中前三项称为"资产负债表要素",主要反映企业的财务状况;后三项称为"利润表要素",主要反映企业的经营成果。如图1-2-3所示。

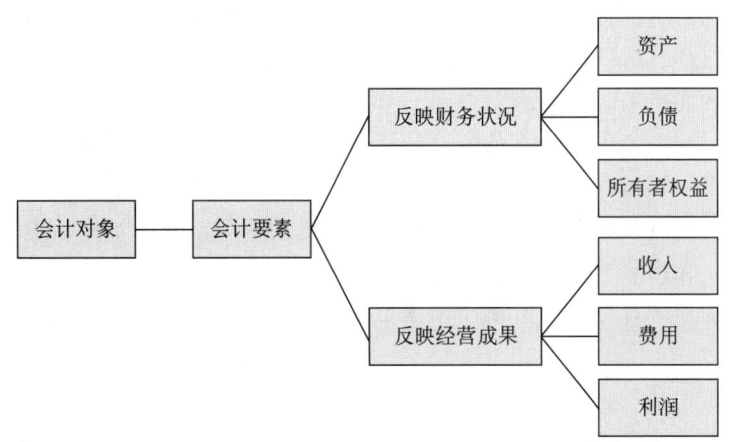

图1-2-3 会计要素的分类

3.2.1 资产

(1)资产的概念和特征。根据我国《企业会计准则——基本准则》,资产(Asset)是指企业过去的交易或事项形成的、由企业拥有或控制的、预期会给企业带来经济利益的资源。

一个企业从事生产经营活动,必须具备一定的物质资源,表现为货币资金、厂房、机器设备、原材料、专利权等,这些资源统称为"资产"。资产可以具有实物形态,如原材料、房屋建筑物等,也可以不具有实物形态,如专利权等。

资产具有以下特征：

①资产是过去的交易或事项形成的。这表明资产是企业过去已经发生的交易或事项所产生的结果，必须是现实的而不是预期的，例如企业的银行存款、库存商品等。而预期在未来发生的交易或事项不形成资产，例如计划购入的机器设备。

②资产是由企业拥有或控制的。企业拥有某项资产，从而就能够排他性地从该项资源中获取经济利益。所以在进行资产确认时，所有权是考虑的首要因素。在某些情况下，企业虽然不享有某项资源的所有权，但能控制该项资源并从中获取经济利益，承担相应风险，则该项资源也应确认为企业的资产。例如，云腾有限责任公司以融资租赁的方式向力高有限责任公司租入了一台机器设备，租赁期限几乎等同于该设备的预计使用年限，即云腾公司公司实际控制了该设备并且获取了该设备在生产经营过程中带来的收益，承担了相应的风险，则应当将该机器设备确认为云腾公司的资产。

③资产预期能够给企业带来经济利益的流入。这是资产最重要的特征。例如，企业采购的原材料、购置的固定资产等可以用于生产经营过程，制造商品或者提供劳务，对外出售后收回货款，货款即为企业所获得的经济利益。如果某一项目预期不能给企业带来经济利益，那么就不能将其确认为企业的资产。

（2）资产的确认条件。将资源确认为企业资产时，除了要符合资产的定义，还应同时满足以下两个条件：

①与该资源有关的经济利益很可能流入企业；

②该资源的成本或者价值能够可靠地计量。

（3）资产的分类。资产可以作多种分类，常见的是按流动性分类。流动性是指资产能够合理变现的能力。资产按流动性进行分类，可以分为流动资产和非流动资产。

①流动资产（Current Assets）。是指预计在一个正常经营周期内变现、出售或耗用，或者主要为交易目的而持有，或者预计在资产负债表日起一年内（含一年）变现的资产，以及自资产负债表日起一年内交换其他资产或清偿负债的能力不受限制的现金或现金等价物。主要包括库存现金、银行存款、交易性金融资产、应收及预付款项、存货等。

②非流动性资产（Non-current Assets）。是指流动资产以外的资产。主要包括长期股权投资、固定资产、无形资产等。

按流动性对资产进行分类，有助于掌握企业资产的变现能力，从而进一步分析企业的偿债能力和支付能力。

3.2.2 负债

（1）负债的概念和特征。根据我国《企业会计准则——基本准则》，负债（Liability）是指过去的交易、事项形成的现时义务，履行该义务预期将会导致经济利益流出企业。

负债具有以下特征：

①负债是由过去的交易或事项形成的现时义务。现时义务是指企业在现行条件下已承担的义务，未来发生的交易或者事项形成的义务不属于现时义务。这是负债的一项基本特征。例如，云腾公司向力高公司赊购了一批原材料，那么云腾公司就有偿还货款的义务，这就是云腾公司的负债。

②负债的清偿预期将会导致经济利益流出企业。负债是企业当前实际存在的偿还义务，要由企业在未来某个时日加以偿还。为了偿还债务，与该义务有关的经济利益预期会流出企

业，如用货币资金清偿债务或者通过提供劳务、转让其他资产等方式进行清偿。

（2）负债的确认条件。将某项义务确认为企业负债时，除了要符合负债的定义，还应同时满足以下两个条件：

①与该义务有关的经济利益很可能流出企业；

②未来流出的经济利益的金额能够可靠地计量。

（3）负债的分类。按照流动性不同，负债分为流动负债和非流动负债。

①流动负债（Current Liability）。是指预计在一个正常经营周期中偿还，或者主要为交易目的而持有，或者自资产负债表日起一年内（含一年）到期应予以清偿，或者企业无权自主地将清偿推迟至资产负债表日以后一年以上的负债。主要包括：短期借款、应付票据、应付账款、预收账款、应付职工薪酬、应交税费、其他应付款等。

②非流动负债（Non - current Liability）。是指流动负债以外的负债，主要包括长期借款、应付债券、长期应付款等。

3.2.3 所有者权益

（1）所有者权益的概念和特征。根据我国《企业会计准则——基本准则》，所有者权益（Owners' Equity）是指企业资产扣除负债后，由所有者享有的剩余权益。所有者权益又称为"净资产"，公司的所有者权益又称为"股东权益"。

所有者权益具有以下特征：

①所有者权益是一种剩余权益，只有负债的要求权得到清偿后，所有者权益才能够被清偿。它受资产和负债变动的影响而发生增减变动。

②所有者以其出资额的比例分享企业利润。与此同时，所有者也必须以其出资额承担企业的经营风险。

③所有者权益具有长期特性，并不存在确切的、约定的偿付期限。除非发生减资、清算，否则企业都不需要偿还所有者权益。

负债和所有者权益的区别如图1-2-4所示。

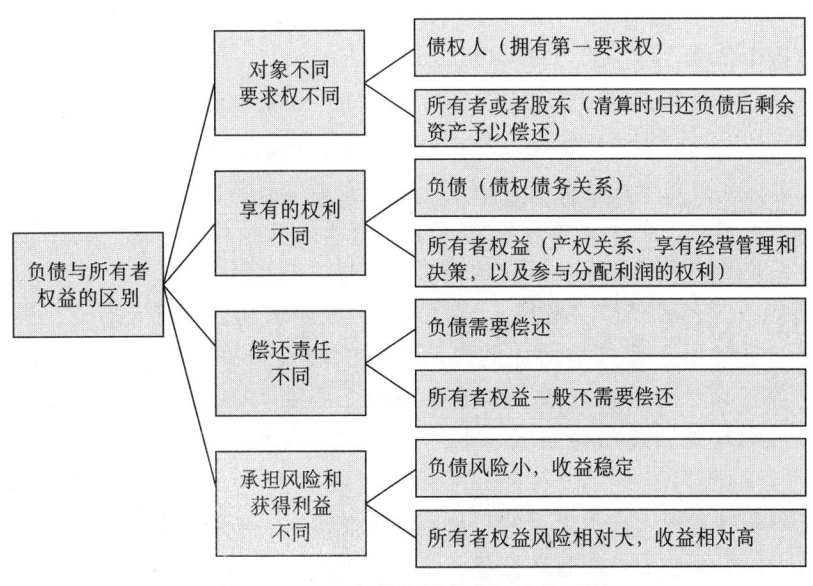

图1-2-4 负债与所有者权益的区别

（2）所有者权益的确认条件。所有者权益的确认、计量主要取决于资产、负债、收入、费用等其他会计要素的确认和计量。所有者权益在数量上等于企业资产总额扣除债权人权益后的净额，即为企业的净资产，反映所有者在企业资产中享有的经济利益。

（3）所有者权益的来源与分类。所有者权益的来源包括所有者投入的资本、直接计入所有者权益的利得和损失、留存收益等，具体表现为实收资本（股本）、资本公积、盈余公积和未分配利润等。

①实收资本：是指投资者按照企业章程或合同、协议的约定，实际投入企业的资本金以及按照有关规定由资本公积、盈余公积等转增资本的资金。

②资本公积：是指归企业所有者共有，属于公积金性质的资本金。它包括资本（股本）的溢价和其他资本公积等。

资本（股本）溢价是指所有者投入资本中超过注册资本或股本部分的金额。例如，甲、乙共同投资设立云腾有限责任公司，注册资本为100万元，甲、乙持股比例各为50%。按照章程规定，甲、乙投入资本均为50万元。经过一年经营后，为扩大生产规模，经批准，云腾公司注册资本增加到150万元，并引入第三位投资者丙加入。按投资协议，新投资者需缴入现金60万元，同时享有该公司1/3的股份。丙多缴的10万元即为资本溢价，计入资本公积，为所有投资者共同所有。

③盈余公积：是指企业按照有关规定从税后利润中提取的各种公积金，包括法定盈余公积、任意盈余公积。

④未分配利润：是指企业的税后利润按照规定进行分配以后的剩余部分，这部分利润可以在以后年度进行分配。

3.2.4 收入

（1）收入的概念和特征。根据我国《企业会计准则——基本准则》，收入（Income）是指企业在日常活动中形成的、会导致所有者权益增加的、与所有者投入资本无关的经济利益的总流入。

收入具有以下特征：

①收入是企业在日常活动中形成的。"日常活动"应理解为企业为完成其经营目标所从事的经常性活动以及与之相关的活动。如工业企业销售产品，服务企业提供劳务等。有些经济活动虽然也能为企业带来经济利益，但它不属于企业的日常活动，因此其流入的经济利益不能确认为收入。例如，企业出售固定资产不是企业的经营目标，也不属于企业的日常活动，因而出售固定资产取得的净收益应该确认为利得，而非收入。

②收入会导致所有者权益的增加。与收入相关的经济利益的流入应当会导致所有者权益的增加，不会导致所有者权益增加的经济利益的流入不符合收入的定义，不应确认为收入。例如，企业向银行借入款项，尽管也导致了企业经济利益的流入，但该流入并不导致所有者权益的增加，反而使企业承担了一项现时义务，应当确认为一项负债而不是收入。

③收入是与所有者投入资本无关的经济利益的总流入。所有者投入资本也会为企业带来经济利益的流入，但形成的是所有者权益，不是收入。

④收入不包括为第三方代收的款项。

(2) 收入的确认条件。收入的来源渠道多种多样，包括销售商品取得的收入、提供劳务取得的收入等。不同收入来源的特征虽然有所不同，但其确认条件却是相同的。当企业与客户之间的合同同时满足下列条件时，企业应当在客户取得相关商品控制权时确认收入：

①与收入相关的经济利益很有可能流入企业；
②经济利益流入的结果会导致企业资产的增加或者负债的减少；
③经济利益的流入额能够可靠计量。

(3) 收入的分类。

①按照重要性要求，即经营业务的主次分类，企业的收入可分为主营业务收入和其他业务收入。主营业务收入是指企业主要经营业务所带来得收入，其他业务收入是指企业主营业务以外的其他经营业务所取得的收入。以制造业企业为例，主营业务收入包括企业销售商品、自制半成品等取得的收入；其他业务收入包括出租固定资产、出租无形资产、销售材料等取得的收入。

②按照收入的性质分类，企业的收入可以分为销售商品收入、提供劳务收入和让渡资产使用权收入。

3.2.5 费用

(1) 费用的概念和特征。根据我国《企业会计准则——基本准则》，费用（Expense）是指企业在日常活动中发生的、会导致所有者权益减少的、与向所有者分配利润无关的经济利益的总流出。

费用具有以下特征：

①费用是企业在日常活动中形成的。这一点同收入的特征相一致。有些经济活动虽然也能造成企业经济利益的流出，但并不属于企业的日常活动，因此其流出的经济利益不属于费用。例如罚款支出就应当确认为损失，而非费用。

②费用会导致所有者权益的减少。与费用相关的经济利益的流出应当会导致所有者权益的减少，不会导致所有者权益减少的经济利益的流出不符合费用的定义，不应确认为费用。

③费用是与向所有者分配利润无关的经济利益的总流出。企业向所有者分配利润也会导致经济利益流出企业，但减少的是所有者权益，并不确认为费用。

(2) 费用的确认条件。费用的确认除了应当符合定义外，还应符合以下条件：

①与费用相关的经济利益很有可能流出企业；
②经济利益流出的结果会导致企业资产的减少或者负债的增加；
③经济利益的流出额能够可靠计量。

(3) 费用的分类。企业在销售商品、提供劳务等日常活动中所发生的费用，可划分为生产费用和期间费用。

①生产费用。生产费用是指与企业日常经营活动有关的费用，例如为生产产品、提供劳务等发生的费用，包括直接材料、直接人工和制造费用。生产费用按其实际发生情况计入生产成本，例如生产某产品所耗用的原材料和人工；当企业的产品进入销售环节时，其生产成本就转化为营业成本。营业成本包括主营业务成本和其他业务成本。

②期间费用。期间费用是指不能直接或间接计入成本，而应直接计入当期损益的相关费

用，包括管理费用、财务费用、销售费用。

3.2.6 利润

（1）利润的概念和确认。根据我国《企业会计准则——基本准则》，利润（Profit）是指企业在一定会计期间的经营成果。通常情况下，如果企业实现了利润，表明企业的所有者权益将增加，业绩得到了提升；反之，如果企业发生了亏损（即利润为负数），表明企业的所有者权益将减少，业绩下滑。利润往往是评价企业管理层业绩的一项重要指标，也是投资者等财务报告使用者进行决策时的重要参考。

利润包括收入减去费用后的净额、直接计入当期利润的利得和损失等。其中，收入减去费用后的净额反映的是企业日常活动的经营业绩，直接计入当期利润的利得和损失反映的是企业非日常活动的业绩。

（2）利润的分类。利润可分为营业利润、利润总额、净利润。

①营业利润 = 营业收入 - 营业成本 - 税金及附加 - 销售费用 - 管理费用 - 财务费用 - 信用减值损失 - 资产减值损失 + 公允价值变动收益（- 公允价值变动损失）+ 投资收益（- 投资损失）+ 其他收益 + 资产处置收益（- 资产处置损失）

其中：营业收入 = 主营业务收入 + 其他业务收入

营业成本 = 主营业务成本 + 其他业务成本

②利润总额 = 营业利润 + 营业外收入 - 营业外支出

③净利润 = 利润总额 - 所得税费用

3.3 会计等式

3.3.1 会计等式

（1）资产、负债及所有者权益间的关系。任何企业要从事生产经营活动，都必须拥有或控制一定的资产，如银行存款、存货、房屋、机器设备等。这些资产均有其来源。为企业提供资金来源者对企业的资产就有索求权，在会计上称这种索求权利为"权益"。资产与权益反映了同一经济资源的两个不同的侧面。资产表明了企业拥有哪些经济资源以及拥有多少，权益则表示资产的来源，即资产由谁提供、归谁所有。从数量方面来观察，一个企业有多少资产，就必定有多少权益；反之，有多少权益，也就必然有多少资产。从任何一个时点来观察，一个企业的资产总额必然等于权益总额。资产和权益之间的这种数量关系可以用等式表示如下：

资产 = 权益

资产最初进入企业的渠道无外乎有两种：由债权人提供和由投资人提供。既然企业的债权人和投资人为企业提供了这些资产，就必然对企业的这些资产享有权益，其中属于债权人的部分为债权人权益，通常称为"负债"；属于投资人的部分为投资人权益，称为"所有者权益"。因此，资产和权益之间的数量关系又可以表示为：

资产 = 负债 + 所有者权益

该等式反映了资产、负债和所有者权益三个会计要素之间的联系和数量关系。这种数量关系表明了企业在一定时点上的财务状况，因此这一等式被称为"静态会计等式"。它是设置会计账户、进行复式记账和编制资产负债表的理论依据。因此，会计上又称其为"基本会计等式"。

（2）收入、费用与利润间的关系。企业的资产投入营运后，随着经济活动的进行，企业一方面会取得收入，另一方面会相应地发生各类费用。合理地比较一定会计期间的收入与费用，便可确定企业在该期间内的经营成果和盈利水平，即表现为利润。若利润为正，则企业盈利；若利润为负，则企业亏损。用等式表示如下：

收入 – 费用 = 利润

该会计等式是对基本会计等式的补充和发展，称为"动态会计等式"。它体现了企业在一定会计期间的经营成果和利润实现的过程，是编制利润表的依据。

（3）会计等式之间的关系。"资产 = 负债 + 所有者权益"反映的是企业在某一时点的静态状况，"收入 – 费用 = 利润"反映的是企业在某一时期内的动态状况。企业一定时期内的资金运动结果最终要在某一时点上以静止的形式表现出来。因此，资金的动态变化最终会带来静态要素的变化，而两个会计等式也必然会建立起逻辑关系。具体来说，收入可以导致资产增加或者负债减少，继而导致所有者权益增加；费用可以导致资产减少或者费用增加，继而导致所有者权益减少。

在某一会计期间的期初时刻，企业的财务状况表现为：

资产 = 负债 + 所有者权益

随着经济活动的开展，企业一方面获取收入，一方面产生费用。因此，在该会计期间的任一时点上（不包括期初和期末），原会计等式都可以表示为：

资产 = 负债 + 所有者权益 + （收入 – 费用）

直至会计期末，通过收入 – 费用 = 利润，计算出利润，则等式又可以转化为：

资产 = 负债 + 所有者权益 + 利润

在按规定程序进行分配后，企业的留存收益又将归入所有者权益，会计等式又将恢复到会计期初的形式，即：

资产 = 负债 + 所有者权益

3.3.2 经济业务对会计等式的影响

资产和权益从两个侧面反映了企业资金的静态状况。然而，企业的资金并非是静止不动的，企业的经营运动必然会引起会计要素及其具体项目发生增减变化。会计上，把引起会计要素增减变化的业务称为"经济业务"。

企业在生产经营过程中，不断发生各种经济业务，例如取款、存现、支付工资、销售商品、购建固定资产等等。这些经济业务的发生必然引起会计要素的增减变化，但却不会破坏会计等式的平衡关系。根据基本会计等式资产 = 负债 + 所有者权益，企业经济业务可以分为以下九种基本类型：

（1）一项资产增加、另一项资产等额减少的经济业务。

【例1 – 2 – 1】 云腾公司用银行存款 50 000 元购买一台生产设备，设备已交付使用。

分析： 这项经济业务事项使云腾公司的资产（固定资产）增加了 50 000 元，但同时另一项资产（银行存款）减少了 50 000 元，也就是说企业的资产一项增加、一项减少，增减金额相同，因此资产的总额不变，会计等式依然保持不变。

$$
\begin{array}{ccc}
\text{资产} & = & \text{负债} + \text{所有者权益} \\
\begin{pmatrix} +50\,000 \\ -50\,000 \end{pmatrix} & &
\end{array}
$$

（2）一项资产增加、一项负债等额增加的经济业务。

【例1-2-2】云腾公司从银行取得了1年期的借款200 000元。

分析：这项经济业务使云腾公司的资产（银行存款）增加了200 000元，同时负债（短期借款）也增加了200 000元，也就是说企业的一项资产增加，同时一项负债也增加，增加的金额相同。因此会计等式依然保持不变。

$$
\begin{array}{ccc}
\text{资产} & = & \text{负债} + \text{所有者权益} \\
+200\,000 & & +200\,000
\end{array}
$$

（3）一项资产增加、一项所有者权益等额增加的经济业务。

【例1-2-3】云腾公司收到所有者追加的投资700 000元，款项存入银行。

分析：这项经济业务使资产（银行存款）增加700 000元，即等式左边资产增加700 000元，同时等式右边的所有者权益（实收资本）也增加700 000元，因此并没有改变等式的平衡关系。

$$
\begin{array}{ccc}
\text{资产} & = & \text{负债} + \text{所有者权益} \\
+700\,000 & & \quad\quad\quad\quad +700\,000
\end{array}
$$

（4）一项资产减少、一项负债等额减少的经济业务。

【例1-2-4】云腾公司用银行存款归还前欠货款30 000元。

分析：这项经济业务使云腾公司的资产（银行存款）减少了30 000元，同时负债（应付账款）也减少了30 000元，等式依然成立。

$$
\begin{array}{ccc}
\text{资产} & = & \text{负债} + \text{所有者权益} \\
-30\,000 & & -30\,000
\end{array}
$$

（5）一项资产减少、一项所有者权益等额减少的经济业务。

【例1-2-5】云腾公司的某一位股东请求减少出资，经股东会同意后，已通过银行退还其投资10 000元。

分析：这项经济业务使云腾公司的资产（银行存款）减少了10 000元，同时所有者权益（实收资本）减少了10 000元，也就是等式两边同时减少10 000元，等式依然成立。

$$
\begin{array}{ccc}
\text{资产} & = & \text{负债} + \text{所有者权益} \\
-10\,000 & & \quad\quad\quad\quad -10\,000
\end{array}
$$

（6）一项负债增加、另一项负债等额减少的经济业务。

【例1-2-6】云腾公司将已到期但无力支付的应付票据50 000元转入应付账款。

分析：这项经济业务使企业的一项负债（应付账款）增加了50 000元，而另一项原有负债（应付票据）减少50 000元，即企业的负债一项增加、一项减少，增减金额相同，负债总额不变，等式仍然成立。

$$\text{资产} = \text{负债} \begin{pmatrix} +50\,000 \\ -50\,000 \end{pmatrix} + \text{所有者权益}$$

（7）一项负债增加、一项所有者权益等额减少的经济业务。

【例1-2-7】 云腾公司宣告向所有者分派现金股利60 000元，尚未支付。

分析： 这项经济业务使企业的负债（应付股利）增加60 000元，同时所有者权益（未分配利润）减少60 000元，即企业一项负债增加、一项所有者权益减少，增减金额相等，等式仍然成立。

$$\text{资产} = \text{负债} + \text{所有者权益}$$
$$\phantom{\text{资产} =\ } +60\,000 -60\,000$$

（8）一项所有者权益增加、一项负债等额减少的经济业务。

【例1-2-8】 力高公司将云腾公司前欠货款10 000元转为对云腾公司的投资。

分析： 这项经济业务使云腾公司所有者权益（实收资本）增加10 000元，同时负债（应付账款）减少10 000元，增减金额相等，等式仍然成立。

$$\text{资产} = \text{负债} + \text{所有者权益}$$
$$\phantom{\text{资产} =\ } -10\,000 +10\,000$$

（9）一项所有者权益增加、另一项所有者权益等额减少的经济业务。

【例1-2-9】 云腾公司将资本公积80 000元转为实收资本。

分析： 这项经济业务使所有者权益（实收资本）增加了80 000元，同时另一项所有者权益（资本公积）又减少了80 000元，所有者权益一增一减且金额相等，等式仍然成立。

$$\text{资产} = \text{负债} + \text{所有者权益} \begin{pmatrix} +80\,000 \\ -80\,000 \end{pmatrix}$$

4. 会计核算的基本前提和会计信息质量要求

4.1 会计核算的基本前提

会计核算的基本前提又称为"会计假设"，它是企业进行会计确认、计量和报告的前提，是对会计核算所处空间范围、时间界限以及计量方式等各方面做出的合理假设。根据我国《企业会计准则——基本准则》，会计核算的基本前提包括四项：会计主体、持续经营、会计分期和货币计量。

4.1.1 会计主体

会计主体（Accounting Entity），是指会计所核算和监督的特定组织或单位，是会计确认、计量和报告的空间范围。会计主体既可以是以营利为目的的企业，也可以是国家机关、社会团体、事业单位等。典型的会计主体是企业。在此核算前提下，企业应当对自身发生的交易或事项进行会计确认、计量和报告，反映企业本身所从事的各项生产经营活动。

会计主体作为会计核算的基本前提之一，为日常的会计处理提供了空间依据。

首先，明确了会计主体，才能划定会计所要处理的经济业务事项的范围。例如，把云腾公司作为会计主体的话，在核算中所涉及的资产与负债的确认、收入的实现、费用的发生等，都是针对云腾公司而言。在此基础上，云腾公司的财务信息才能得到真实和正确的反映。

其次，明确会计主体，才能将会计主体的经济活动与其他主体的经济活动以及会计主体所有者的经济活动区分开来。严格区分会计主体与其他主体、会计主体与其所有者是规定会计主体的根本目的。因此，明确界定会计主体是开展后续核算工作的基本前提。

需注意会计主体与法律主体的区别。法律主体指的是独立承担法律责任的个体。会计主体不等同于法律主体。一般来说，法律主体往往是一个会计主体，例如，一个企业作为一个法律主体，应当建立会计核算体系，独立反映其财务状况、经营成果和现金流量。但是，会计主体不一定是法律主体。例如总公司、分公司、母公司、子公司和企业集团分别都可以作为一个会计主体，但分公司和企业集团却不是法律主体。

4.1.2 持续经营

持续经营（Going Concern），是指在可以预见的未来，企业将会按当前的规模和状态持续经营下去，不会停业，也不会大规模削减业务。它规定了会计核算的时间范围。

会计核算上所使用的一系列会计处理原则及方法都是建立在持续经营这个前提下。因为企业在不同经营状态下的会计确认、计量标准等都存在重大差异。所以，确认、计量、报告会计要素需要对会计主体的经营状态进行界定。一般认为，除非有相反的确切证据，否则，企业都将持续它的经营活动。拥有这项前提，就意味着企业将按照既定用途使用资产、按照合约清偿债务、通过经营活动获取利润等，会计核算的原则和方法也将得到确定。如果缺乏这项核算前提，会计核算执行的诸如历史成本原则、权责发生制等就将失去依据和基础，继而编制的财务报表也将不具有任何意义。

当然，任何企业在其经营活动中都存在着不能持续经营的风险，一旦进入破产清算阶段，就应选择清算会计的处理原则来进行会计处理。

4.1.3 会计分期

会计分期（Accounting Period），是指将企业持续经营的活动划分为一个个连续的、长短相同的期间。在连续反映企业经营活动的基础上，分期进行会计核算，编制财务报表，提供财务信息。

会计分期与持续经营是密切相关的。倘若持续经营的前提不成立，会计分期也就没有存在的必要性。持续经营假设了一个长期存续的经营活动时间，然而众多的利益相关者们需要的是及时的信息，以便他们做出正确的决策。这样，就必须人为地将企业的生产经营活动过程划分至一定的期间，以便分期确认、计量和报告企业的财务状况、经营成果和现金流量。会计分期这一核算前提存在的意义非常重大，产生了当期与其他期间的差别，从而出现了权责发生制和收付实现制的区别，才使不同类型的会计主体有了记账的基准，进而出现了应收、应付、折旧等会计处理方法。

我国《企业会计准则——基本准则》规定，会计期间分为年度和中期两种。每年1月1

日至 12 月 31 日作为一个会计期间称为"会计年度",短于一年的会计期间统称为"会计中期",通常包括半年度、季度和月度。

4.1.4 货币计量

货币计量(Monetary Unit),是指会计主体在会计确认、计量和报告时以货币作为计量尺度,反映会计主体的经济活动。

货币计量认为,会计是一个可运用货币对企业经济活动进行计量,并将计量结果加以传递的过程。这个假设有两层含义:

(1)以货币为主要计量单位。根据《中华人民共和国会计法》,会计核算以人民币为记账本位币。业务收支以人民币以外的货币为主的单位,可以选定其中一种货币作为记账本位币,但是编报的财务会计报告应当折算为人民币。

(2)假定作为计量单位的货币,其购买力是稳定的。

此外,需要注意货币计量是会计核算的统一计量单位,但不是唯一计量单位。在进行明细分类核算时,重量、容积、长度、台、件、工时等实物单位和劳动量单位都将成为必要的补充。

4.2 会计信息质量要求

以企业会计为例,其会计信息使用者也就是企业的利益相关者包括:企业管理者、投资者和潜在投资者、债权人、政府相关部门和社会公众等。会计信息质量要求是对企业财务报告中所提供会计信息质量的基本要求和规范。会计信息是否符合质量要求,意味着信息本身是否能对其使用者进行决策有用。它主要包括八项要求:可靠性、相关性、可理解性、可比性、实质重于形式、重要性、谨慎性和及时性。

(1)可靠性。可靠性要求企业应当以实际发生的交易或者事项为依据进行确认、计量和报告,如实反映符合确认和计量要求的各项会计要素及其他相关信息,保证会计信息真实可靠、内容完整。

(2)相关性。相关性要求企业提供的会计信息应当与财务报告使用者的经济决策需要相关,有助于财务会计报告使用者对企业过去和现在的情况作出评价,对未来的情况作出预测。企业在确认、计量和报告会计信息的过程中,要充分考虑使用者的信息需要,使会计信息具备反馈价值和预测价值。

(3)可理解性。可理解性要求企业提供的会计信息应当清晰明了,便于财务报告使用者理解和使用。企业编制财务报告、提供会计信息的目的在于使用,而要使使用者有效使用会计信息,应当能让其了解会计信息的内涵,弄懂会计信息的内容,这就要求财务报告所提供的会计信息应当清晰明了,易于理解。只有这样,才能提高会计信息的有用性,实现财务报告的目标,满足向投资者等财务报告使用者提供决策有用信息的要求。

(4)可比性。可比性要求企业提供的会计信息应当相互可比。这主要包括两层含义:

①同一企业不同时期可比。为了便于投资者等财务报告使用者了解企业财务状况、经营成果和现金流量的变化趋势,比较企业在不同时期的财务报告信息,全面、客观地评价过去、预测未来,从而做出决策,会计信息质量的可比性要求同一企业不同时期发生的相同或者相似的交易或者事项,应当采用一致的会计政策,不得随意变更。但是,满足会计信息可比性要求,并非表明企业不得变更会计政策,如果按照规定或者在会计政策变更后可以提供

更可靠、更相关的会计信息,则可以变更会计政策。有关会计政策变更的情况,应当在附注中予以说明。

②不同企业相同会计期间可比。即要求不同企业同一会计期间发生的相同或者相似的交易或者事项,应当采用规定的会计政策,确保会计信息口径一致、相互可比,便于会计信息使用者对比评价。

(5)实质重于形式。实质重于形式要求企业应当按照交易或者事项的经济实质进行会计确认、计量和报告,不仅仅以交易或者事项的法律形式为依据。

企业发生的交易或事项,在多数情况下其经济实质和法律形式是一致的,但在有些情况下会出现不一致。如果仅按法律形式进行,忽略其经济实质,那么,所提供的会计信息也将误导信息使用者。例如,企业按照销售合同销售商品但又签订了售后回购协议,虽然从法律形式上实现了收入,但如果企业没有将商品所有权上的主要风险和报酬转移给购货方,没有满足收入确认的各项条件,即使签订了商品销售合同或者已将商品交付给购货方,也不应当确认销售收入。

(6)重要性。重要性要求企业提供的会计信息应当反映与企业财务状况、经营成果和现金流量有关的所有重要交易或者事项。

在实务中,如果会计信息的省略或者错报会影响投资者等财务报告使用者据此做出决策的,该信息就具有重要性。重要性的应用需要依赖职业判断,企业应当根据其所处环境和实际情况,从项目的性质和金额大小两方面加以判断。

(7)谨慎性。谨慎性要求企业对交易或者事项进行会计确认、计量和报告应当保持应有的谨慎,不应高估资产或者收益、低估负债或者费用。

在市场经济环境下,企业的生产经营活动面临着许多风险和不确定性,如应收款项的可收回性、固定资产/无形资产的使用寿命、售出存货可能发生的退货或者返修等。会计信息质量的谨慎性要求,需要企业在面临不确定性因素的情况下做出职业判断时,应当保持应有的谨慎,充分估计到各种风险和损失,既不能高估资产或者收益,也不能低估负债或者费用。

(8)及时性。及时性要求企业对于已经发生的交易或者事项及时进行确认、计量和报告,不得提前或者延后。

会计信息的价值在于帮助所有者或者其他方面做出经济决策,具有时效性。即使是可靠、相关的会计信息,如果不及时提供,对于使用者的效用就大大降低甚至不再具有实际意义。在会计确认、计量和报告过程中贯彻及时性,需做到:

①及时收集会计信息,即在经济交易或者事项发生后,及时收集整理各种原始单据或者凭证。

②及时处理会计信息,即按照会计准则的规定,及时对经济交易或者事项进行确认或者计量,并编制出财务报告。

③及时传递会计信息,即按照国家规定的有关时限,及时将财务报告传递给财务报告使用者,便于其及时使用和决策。

5. 会计核算基础

会计核算基础,是指会计确认、计量和报告的基础,是确认一定会计期间的收入和费用从而确认损益的标准。

在实务中,经常会发生这样的情形:销售并未实现,但款项已经收到(比如预付款);

或者款项已经支付，但并不是为了本期的生产经营活动，而是企业预交了下一年度的保险费。这样的情形下，企业交易事项发生时间与相关货币的收支时间并不完全一致，那么应该以哪个时间为标准进行会计确认、计量和报告呢？诸如此类的经济业务必须以所采用的会计核算基础为依据来进行处理。会计核算基础有两种：权责发生制和收付实现制。

权责发生制（Accrual Basis）：是指收入、费用的确认应当以收入和费用的实际发生作为确认标准，合理确认当期损益的一种会计核算基础。凡是当期已经实现的收入和已经发生和应当承担的费用，不论款项是否收付，都应确认为当期的收入和费用；凡是不属于当期的收入和费用，即使款项已经在当期收付，也不应当作为当期的收入和费用。会计分期假设是产生权责发生制这一会计核算基础的直接原因。

收付实现制（Cash Basis）：是指以收到或支付现金作为确认收入和费用的标准，即收到现金时确认收入，支出现金时确认费用。

【**例 1-2-10**】云腾公司 8 月份发生的部分经济业务如表 1-2-2 所示，请分别采用权责发生制和收付实现制确定其收入和费用的归属期。

表 1-2-2

业务内容	业务发生期	现款收付期	权责发生制下的归属期	收付实现制下的归属期
7月2日发生费用2 000元，款项当日支付	7月	7月	7月	7月
7月5日销售商品60 000元，款项于21日收到	7月	7月	7月	7月
7月12日购入原材料20 000元，款项于8月10日支付	7月	8月	7月	8月
7月20日，发生费用4 000元，款项于8月12日支付	7月	8月	7月	8月
7月25日，预收货款50 000元，商品于8月15日发出	8月	7月	8月	7月
7月31日，预付9月电费5 000元	9月	7月	9月	7月

我国《企业会计准则——基本准则》规定，企业应当以权责发生制为基础进行会计确认、计量和报告。

6. 会计核算方法体系

会计核算方法体系，由设置会计科目和账户、复式记账、填制和审核会计凭证、登记会计账簿、成本计算、财产清查、编制财务会计报告等专门方法构成。它们相互联系、紧密结合，确保会计工作有序进行。

6.1 设置会计科目和账户

设置科目是对会计核算的具体内容进行进一步分类。由于会计对象的具体内容是复杂多样的，要对其进行系统的核算和监督，就必须对会计要素进行分类，以便分门别类地、连续地记录，据以取得多种不同性质、符合经营管理所需要的信息和指标。而账户是以会计科目为名称开设的账页户头，具有一定的格式，是连续、系统地登记某一项经济业务增减变化情况及其结果的载体。

6.2 复式记账

复式记账是指对所发生的每项经济业务,以相等的金额,同时在两个或两个以上相互联系的账户中进行登记的一种记账方法。采用复式记账方法,可以全面反映每一笔经济业务的来龙去脉,而且可以防止差错及便于检查账簿记录的正确性和完整性。复式记账是会计核算方法体系的核心。

6.3 填制和审核会计凭证

会计凭证包括原始凭证和记账凭证,是记录经济业务、明确经济责任的书面证明,是登记账簿的依据,是会计核算工作的起点。正确填制和审核会计凭证,是核算和监督经济活动、财务收支的基础,是做好会计工作的前提。

6.4 登记会计账簿

登记账簿是以审核无误的会计凭证为依据,运用复式记账的原理,在账簿中分类、连续、完整地记录各项经济业务的一种专门方法,能够为经济管理提供完整、系统的会计核算资料。账簿记录所提供的各种核算资料,是编制财务报表的直接依据。

6.5 成本计算

成本计算是指对生产经营中发生的产品生产费用,按照一定对象归集和分配,以便计算产品的总成本和单位成本的一种专门方法。产品成本是综合反映企业生产经营活动的一项重要指标。通过成本计算,可以考核生产经营过程的费用支出水平,为企业进行经营决策提供重要数据。

6.6 财产清查

财产清查是指通过对货币资金、实物资产和往来款项等财产物资进行盘点和核对,确定其实存数、查明账存数与实存数是否相符的一种专门方法。通过财产清查,可以提高会计记录的正确性,保证账实相符。同时,还可以查明各项财产物资的保管和使用情况以及各种结算款项的执行情况,以便对积压或损毁的物资和逾期未收到的款项及时采取措施,进行清理和加强对财产物资的管理。

6.7 编制财务会计报告

编制财务会计报告主要以账簿资料为依据,经过一定形式的加工整理而产生一套完整的核算指标,以报告性文件的方式全面系统地反映企业在某一特定日期的财务状况或某一会计期间的经营成果和现金流量。

以上会计核算的七种方法,虽各有特定的含义和作用,但并不是独立的,而是相互联系、相互依存、彼此制约的,它们构成了一个完整的会计核算方法体系。

7. 职业启航——会计要素综合实作

(1) 根据云腾公司相关经济事项,判断其属于哪个会计要素,并将金额填入表

1-2-3 中。

表 1-2-3

序号	经济事项	资产	负债	所有者权益	收入	费用	利润
1	存放在银行的存款 50 000 元						
2	应向购货单位收取货款 20 000 元						
3	购买一批原材料,价值 10 000 元						
4	本月的广告费用 1 000 元						
5	投资者投入的货币资金 100 000 元						
6	企业销售产品取得收入 50 000 元						
7	向银行借入短期借款 50 000 元						
8	拥有一项专利权,价值 24 000 元						
9	企业销售产品的销售成本 30 000 元						
10	购买机器设备一台,价值 36 000 元						
11	本月产生水电费 5 000 元						
12	本月实现利润 14 000 元						

(2) 云腾公司本年 12 月 31 日的资产、负债和所有者权益的情况如表 1-2-4 所示。

表 1-2-4

资　产	金额	负债和所有者权益	金额
库存现金	1 000	短期借款	10 000
银行存款	27 000	应付账款	32 000
应收账款	35 000	应交税费	9 000
原材料	52 000	长期借款	B
无形资产	A	实收资本	240 000
固定资产	200 000	资本公积	23 000
合计	375 000	合计	C

要求:
①计算表中 A、B、C 项目金额;
②计算该企业的流动资产总额:
    流动资产总额 =
③计算该企业的流动负债总额:
    流动负债总额 =

扫码知答案 2

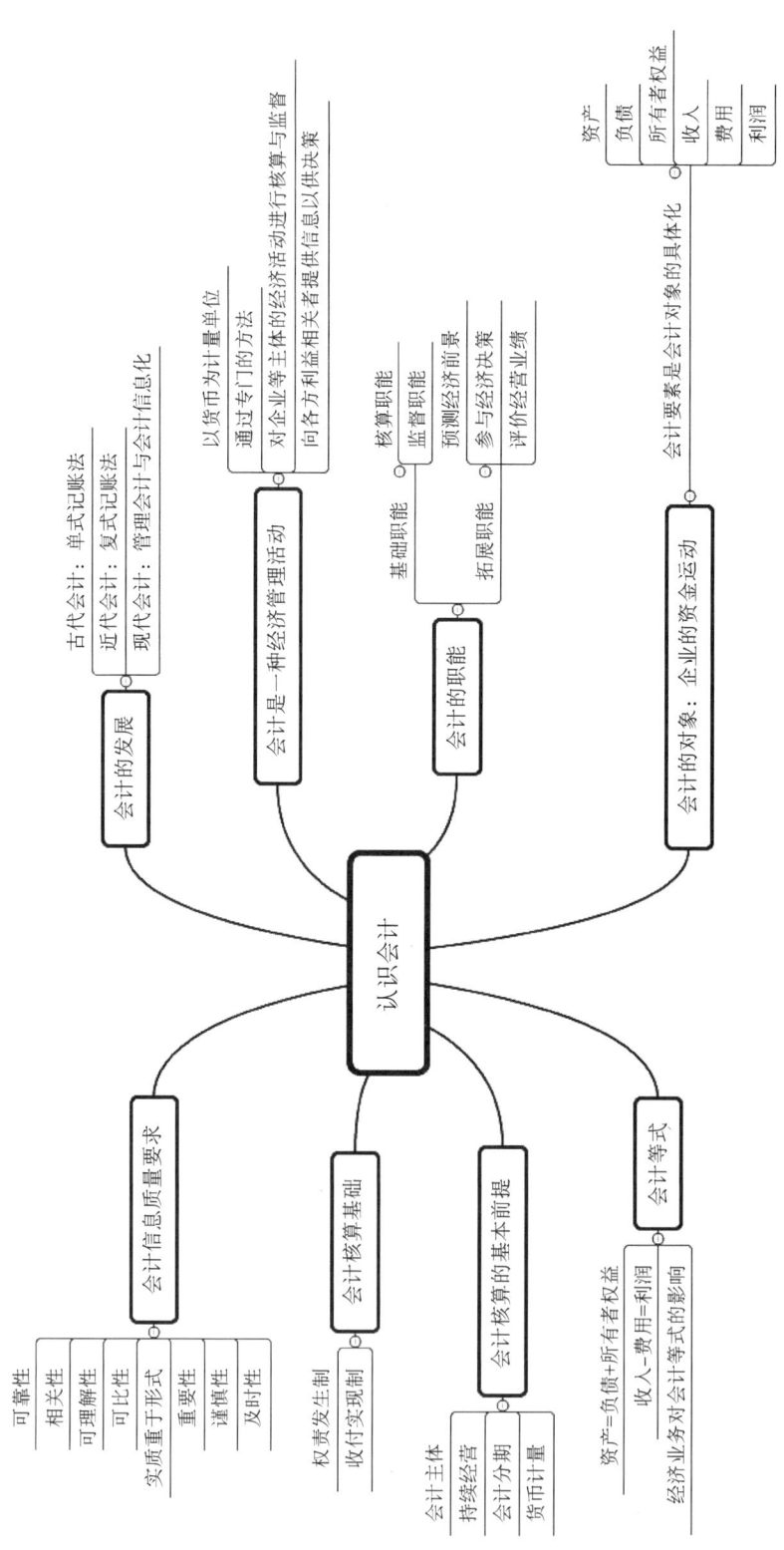

任务三
认识会计职业

1. 会计职业在当代财经领域的发展

会计，是一个较为特殊的职业，也是每一个组织中最重要的岗位之一。"账房先生"曾经是中国古代会计职业的一个典型代表，而在当今社会，也仍然有不少人认为会计职业仅仅局限于出纳、会计、会计主管等传统财务岗位。然而，随着经济的高速增长，各行业的繁荣发展，会计已经成为了企业经营管理的重要岗位。会计与财经领域多种职业都有密切的联系，许多财经类高端职业就是在会计职业的基础上发展形成的。

目前，与会计有关的财经类高端职业包括：会计师、注册会计师、管理会计师、首席财务官等。

（1）会计师。对会计职业而言，它是社会需求量最大、分布范围最广泛的一种职业。上至国务院及各部委，下至普通企事业单位，都需要配备会计师。会计师在企事业单位中主要从事会计核算和财务管理工作，专业知识结构需要满足其从事会计核算和财务管理的内在需要。

（2）注册会计师（CPA）。会计师事务所被界定为履行经济鉴定职能的中介机构。就企业年度会计报表审计而言，注册会计师发表的审计意见，是对会计报表所提供信息的可信性的一种合理保证。中国注册会计师的业务范围主要包括：审计、纳税申报和管理咨询业务。在我国，审计业务是属于注册会计师的法定义务，非注册会计师不得承办。注册会计师行业的前景非常看好，市场需求缺口很大。同时，取得注册会计师资格的难度也逐年增加。注册会计师属于高收入、高风险的职业。注册会计师作为专业人士，应当具备相应的专业胜任能力，并恪守职业道德，独立、客观、公正地履行职责。

（3）管理会计师。管理会计师是指从事财务分析、计划与预算、成本会计、内部审计的专业财务人员，在企业内负责完成管理会计的目标，向企业各级管理机构提供各类信息，如计划、评价和控制经营活动、维护资产安全。管理会计师的需求巨大，是会计职业发展的未来趋势，各财经高校也将培养管理会计人才作为重要目标。

（4）首席财务官（CFO）。首席财务官是公司财务管理的最高负责人，根据所供职的单位不同，也被称为总会计师、财务总经理、财务董事及财务总监等。总会计师主要是在国有大中型企业中适用，是在单位主要负责人领导下，主管本单位的会计机构、会计核算、会计监督工作的负责人。就在企业中的作用而言，财务总监很大程度上等同于总会计师。但财务总监属于大财务概念，除了进行会计核算，还参与融资、制定预算和监督等各项经济活动。财务总监是公司财务管理的最高负责人，既要拥有会计记录和控制的财务职能，又要具备领导管理职能，经常与首席执行官（CEO）搭档合作。

2. 会计机构与会计人员

2.1 会计机构与会计岗位设置

根据我国《会计基础工作规范》的规定，各单位应当根据会计业务的需要设置会计机构；不具备单独设置会计机构条件的，应当在有关机构中配备专职会计人员。

会计工作岗位一般可分为：会计机构负责人或者会计主管人员、出纳、财产物资核算、工资核算、成本费用核算、财务成果核算、资金核算、往来结算、总账报表、稽核、档案管理等。开展会计电算化和管理会计的单位，可以根据需要设置相应工作岗位，也可以与其他工作岗位相结合。会计工作岗位可以一人一岗、一人多岗或者一岗多人，但出纳人员不得兼管稽核、会计档案保管和收入、费用、债权债务账目的登记工作。会计人员的工作岗位应当有计划地进行轮换。

2.2 会计人员任用

（1）根据我国《会计基础工作规范》，国家机关、国有企业、事业单位任用会计人员应当实行回避制度。单位领导人的直系亲属不得担任本单位的会计机构负责人、会计主管人员。会计机构负责人、会计主管人员的直系亲属不得在本单位会计机构中担任出纳工作。

（2）根据我国《会计基础工作规范》，会计人员应当具备必要的专业知识和专业技能，熟悉国家有关法律、法规、规章和国家统一会计制度，遵守职业道德。会计人员应当按照国家有关规定参加会计业务的培训。各单位应当合理安排会计人员的培训，保证会计人员每年有一定时间用于学习和参加培训。

（3）我国《会计法》规定："国有的和国有资产占控股地位或主导地位的大、中型企业必须设置总会计师。"其他单位可以视情况自行决定是否设总会计师。设总会计师的单位，总会计师人选必须由本单位主要行政领导人提名，政府主管部门任命或者聘任；免职与解聘程序与任命和聘任程序相同。

（4）设总会计师的单位，会计人员的任用、晋升、调动、奖惩应该先征求总会计师的意见；会计机构负责人或者会计主管人员的人选，应由总会计师考核，并按程序进行审批。

中国会计名人堂

杨纪琬（1917–1999年），我国著名会计学家。1935年考入国立上海商学院会计系，毕业后留校任教。1939—1949年期间，其先后担任国立上海商学院、东吴大学、之江大学、大夏大学、光华大学的会计学助教、讲师及教授，于1949年调入财政部会计司工作，担任会计司司长等职务。1980年，杨纪琬教授开始主持起草新中国成立以来的第一部《会计法》，并于80年代初与阎达五教授一道提出并完善了会计管理理论。杨纪琬在任其间，建议及推动恢复了中国注册会计师制度，他是中国会计制度的奠基人之一。在其逝世后，中国官方发表的《杨纪琬同志生平》中称他为"新中国会计界公认的一代名师"，为中国会计制度和会计准则的建设、会计理论、会计教育和注册会计师事业的发展，贡献毕生精力，做出了巨大而杰出的贡献。

葛家澍（1921—2013年），我国著名会计学家。1945年毕业于厦门大学商学院会计系并留校任教,在校内历任会计核算教研室副主任、经济系副主任。1982年厦门大学成立经济学院,葛家澍被任命为首任经济学院院长。他先后被聘为国务院学位委员会学科(经济学科)评议组第一届和第二届成员,是我国第一批会计学博士生导师兼中国会计学会副会长、财政部企业会计准则专家咨询组成员。通过对会计基本理论的研究,葛家澍教授在20世纪50年代便创立了系统的、严密的"资金运动"理论,被誉为"资金运动学派"。70年代末80年代初,葛家澍教授开始全面研究当代西方财务会计理论并借鉴、吸收其中有用成分,为我国经济体制改革与会计改革服务。此后,又将目光投向财务会计的各个领域,包括通货膨胀会计、国际会计、公认会计原则等,为我国会计界开展这些问题的研究做出了开拓性的贡献。葛家澍教授认同并推崇"会计信息系统论"这一观点,认为会计是一个信息系统,从经济信息在现代经济管理中的特殊重要性、会计信息在经济信息中的地位、会计固有的反映职能、会计特有的数据加工处理方法等方面出发将会计界定为"以提供财务信息为主",并强调这是会计学科区别于其他微观经济学科的本质特点。

阎达五(1929—2003年),我国著名会计学家。中国会计学会副会长、中国会计准则委员会委员、北京市人民政府专业顾问、中国人民大学会计财务理论研究所所长。1947年考入私立北平华北文法学院的法律系和经济系,1949年初进入华北大学(中国人民大学前身)。中国人民大学正式成立后,阎达五教授作为该校会计专业的创始人之一,一直从事会计教学和科研工作。1980年,他与杨纪琬教授合作,在中国会计学会成立大会上发表了题为《开展我国会计理论研究的几点意见——兼论会计学的科学属性》的学术论文,第一次明确提出了"会计管理"的概念。之后,他们又连续发表论文和专著,进一步阐述和论证会计管理理论,在我国会计学界和会计实际工作者中产生了重大影响,并引起国外会计学者浓厚的兴趣,是我国会计管理学派的创始人之一。

娄尔行(1915—2000年),我国著名会计学家和教育家,中国会计学会副会长,中国审计学会副会长及顾问,上海财经大学会计学系名誉系主任、博士生导师。1937年毕业于国立上海商学院会计系,同年赴美国密歇根大学企业管理研究生院深造。1950年起,他先后在上海财经学院、上海社会科学院、复旦大学和上海财经大学任教授,担任上海财经大学会计学系主任、名誉系主任。娄尔行教授于1950年出版了第一本著作《成本会计学》,于20世纪50年代中期主编出版了《工业会计学》。1984年主编出版的《资本主义企业财务会计》第一次系统全面地向国内会计界介绍了西方会计学中具有代表性的基本理论和实务,对我国会计学的发展产生了重要影响。1987年,他率上海财经大学会计系部分教师与美国学者合作出版了用英文撰写的《中华人民共和国会计与审计》,这是建国以来第一部系统阐述中国会计和审计历史、现状及制度的英文版学术著作,成为国际会计界了解中国会计的一个窗口。

模块二 会计核算方法

【案例引入】

Y公司为2010年上市的股份有限公司,经营范围为自营本企业生产的机电产品、成套设备及相关技术的出口业务(国家组织统一联合经营的出口商品及核定公司经营的进口商品除外);自营本企业生产、科研所需要的机械设备、零配件、原辅材料的进口业务,自营本企业的进料加工和三来一补贸易业务。公司主营业务为非等速传动轴及相关零部件的研发、生产与销售。目前,公司拥有162条专业化生产线,具备年产600万套非等速传动轴的生产能力,能够生产8000多个品种。公司产品共分轻型、中型、重型和工程机械四大系列,主要用于商用车、工程机械(装载机、起重机)、特种车辆等。王先生作为Y公司的潜在投资者,一直关注Y公司的经营动态和财务状况。2019年年初,该公司发布了2018年年报,详细披露了过去一年公司经营状况和财务信息。王先生通过分析近5年的信息,得出了是否要投资该公司的决定。

资产负债表	2018-12-31	2017-12-31	2016-12-31	2015-12-31	2014-12-31
流动资产:					
货币资金	3.882亿元	6.152亿元	3.969亿元	4.071亿元	3.099亿元
以公允价值计量且其变动计入当期损益的金融资产	—	—	—	—	—
应收票据	3.240亿元	4.168亿元	2.779亿元	1.854亿元	2.088亿元
应收账款	4.145亿元	3.676亿元	3.236亿元	3.552亿元	3.695亿元
预付款项	5045万元	2776万元	3842万元	3206万元	5657万元
应收利息	—	—	—	—	—
应收股利	—	—	—	—	—
其他应收款	194.6万元	278.0万元	257.9万元	287.2万元	542.9万元
存货	2.528亿元	2.264亿元	2.116亿元	2.488亿元	2.996亿元
划分为持有待售的资产	—	—	—	—	—

续表

资产负债表	2018-12-31	2017-12-31	2016-12-31	2015-12-31	2014-12-31
一年内到期的非流动资产	—	—	—	—	—
其他流动资产	1.678 亿元	1896 万元	2.252 亿元	2.295 亿元	2.915 亿元
流动资产合计	16.00 亿元	16.76 亿元	14.76 亿元	14.61 亿元	15.41 亿元
非流动资产					
可供出售金融资产	200.0 万元	200.0 万元	200.0 万元	200.0 万元	200.0 万元
持有至到期投资	—	—	—	—	—
长期应收款	—	—	—	—	—
长期股权投资	—	—	—	2134 万元	3429 万元
投资性房地产					
固定资产	7.565 亿元	7.487 亿元	6.815 亿元	6.473 亿元	4.209 亿元
在建工程	5566 万元	—	2605 万元	3307 万元	1.639 亿元
工程物资	—	—	—	—	—
固定资产清理					
生产性生物资产	—	—	—	—	—
油气资产					
无形资产	3.252 亿元	2.281 亿元	2.338 亿元	2.333 亿元	1.850 亿元
开发支出	—	—	—	—	—
商誉					
长期待摊费用	—	—	—	—	—
递延所得税资产	2096 万元	1567 万元	1492 万元	1460 万元	1468 万元
其他非流动资产	4596 万元	5565 万元	8728 万元	6872 万元	5893 万元
非流动资产合计	12.06 亿元	10.50 亿元	10.46 亿元	10.20 亿元	8.797 亿元
资产总计	28.06 亿元	27.26 亿元	25.22 亿元	24.81 亿元	24.21 亿元
流动负债:					
短期借款	—	—	—	—	—
以公允价值计量且其变动计入当期损益的金融负债	—	—			
应付票据	600.0 万元	100.0 万元	1314 万元	3166 万元	1819 万元
应付账款	2.485 亿元	3.101 亿元	1.990 亿元	2.093 亿元	1.995 亿元
预收款项	642.7 万元	330.3 万元	695.1 万元	835.0 万元	601.1 万元
应付职工薪酬	870.1 万元	1081 万元	669.0 万元	441.9 万元	677.0 万元
应交税费	977.5 万元	1110 万元	827.9 万元	849.1 万元	894.2 万元

续表

资产负债表	2018-12-31	2017-12-31	2016-12-31	2015-12-31	2014-12-31
应付利息	—	—	—	—	—
应付股利	—	—	—	—	—
其他应付款	4884万元	2814万元	2702万元	1699万元	1504万元
预计流动负债	—	—	—	—	—
划分为持有待售的负债	—	—	—	—	—
一年内到期的非流动负债	310.5万元	222.8万元	222.8万元	214.8万元	214.8万元
其他流动负债	—	—	—	—	—
流动负债合计	3.314亿元	3.667亿元	2.633亿元	2.813亿元	2.566亿元
非流动负债：					
长期借款	—	—	—	—	—
应付债券	—	—	—	—	—
其中：优先股	—	—	—	—	—
永续债	—	—	—	—	—
长期应付款	—	—	—	—	—
预计负债	—	—	—	—	—
递延收益	2888万元	1146万元	1394万元	1643万元	1732万元
递延所得税负债	613.5万元	—	—	—	—
其他非流动负债	—	—	—	—	—
非流动负债合计	3501万元	1146万元	1394万元	1643万元	1732万元
负债合计	3.664亿元	3.781亿元	2.773亿元	2.978亿元	2.739亿元
所有者权益（或股东权益）：					
实收资本（或股本）	5.610亿元	5.610亿元	5.610亿元	5.610亿元	2.805亿元
其他权益工具	—	—	—	—	—
其中：优先股	—	—	—	—	—
永续债	—	—	—	—	—
资本公积	8.930亿元	8.930亿元	8.930亿元	8.930亿元	11.74亿元
库存股	—	—	—	—	—
盈余公积	1.554亿元	1.348亿元	1.005亿元	9016万元	8425万元
未分配利润	8.295亿元	7.583亿元	6.895亿元	6.390亿元	6.086亿元
归属于母公司股东权益合计	24.39亿元	23.47亿元	22.44亿元	21.83亿元	21.47亿元
少数股东权益	57.30万元	47.26万元	47.27万元	36.85万元	27.30万元
股东权益合计	24.40亿元	23.48亿元	22.45亿元	21.84亿元	21.47亿元
负债和股东权益合计	28.06亿元	27.26亿元	25.22亿元	24.81亿元	24.21亿元

利润表	2018-12-31	2018-09-30	2018-06-30	2018-03-31	2017-12-31
营业收入	17.20 亿元	12.84 亿元	9.223 亿元	3.658 亿元	15.23 亿元
营业成本	11.90 亿元	8.935 亿元	6.490 亿元	2.559 亿元	10.65 亿元
研发费用	7333 万元	5580 万元	—	—	7862 万元
税金及附加	1784 万元	1263 万元	812.1 万元	351.3 万元	1813 万元
销售费用	1.003 亿元	6972 万元	4867 万元	1632 万元	9773 万元
管理费用	9174 万元	6955 万元	8070 万元	3570 万元	7103 万元
财务费用	-771.5 万元	-641.8 万元	-355.5 万元	66.74 万元	-236.6 万元
资产减值损失	412.6 万元	388.9 万元	535.8 万元	422.6 万元	168.6 万元
加：公允价值变动收益	—	—	—	—	—
加：投资收益	1225 万元	1243 万元	1243 万元	—	283.2 万元
营业利润	3.083 亿元	2.103 亿元	1.505 亿元	5291 万元	2.207 亿元
加：营业外收入	35.20 万元	51.54 万元	19.30 万元	32.96 万元	147.5 万元
减：营业外支出	161.1 万元	112.2 万元	95.03 万元	22.36 万元	343.9 万元
利润总额	3.070 亿元	2.097 亿元	1.498 亿元	5302 万元	2.187 亿元
减：所得税费用	3559 万元	2623 万元	1851 万元	767.6 万元	3141 万元
净利润	2.714 亿元	1.834 亿元	1.313 亿元	4534 万元	1.873 亿元
其中：归属于母公司股东的净利润	2.713 亿元	1.834 亿元	1.312 亿元	4531 万元	1.872 亿元
少数股东损益	10.04 万元	7.696 万元	6.077 万元	2.837 万元	11.67 万元
扣除非经常性损益后的净利润	2.228 亿元	1.609 亿元	1.159 亿元	4233 万元	1.644 亿元
每股收益					
基本每股收益	0.48	0.33	0.23	0.08	0.33
稀释每股收益	0.48	0.33	0.23	0.08	0.33
其他综合收益	—	—	—	—	—
归属于母公司股东的其他综合收益	—	—	—	—	—
归属于少数股东的其他综合收益	—	—	—	—	—
综合收益总额	2.714 亿元	1.834 亿元	1.313 亿元	4534 万元	1.873 亿元
归属于母公司所有者的综合收益总额	2.713 亿元	1.834 亿元	1.312 亿元	4531 万元	1.872 亿元
归属于少数股东的综合收益总额	10.04 万元	7.696 万元	6.077 万元	2.837 万元	11.67 万元

通过学习，我们知道会计是以货币为主要计量单位，通过一系列专门的方法，对企业、行政事业单位等主体的经济活动进行连续、系统、全面、综合的核算和监督，并向各方利益相关者提供信息以供决策的一种经济管理活动。那么，究竟如何对经济业务进行核算和监督？如何最终得出相关的经营财务信息呢？那就需要一套专门的会计核算方法。

会计核算方法是会计核算职能作用于会计对象以实现会计目标所运用的方法与手段。会计核算方法体系由设置会计科目与账户、复式记账、填制与审核会计凭证、登记账簿、成本计算、财产清查和编制财务会计报告组成。

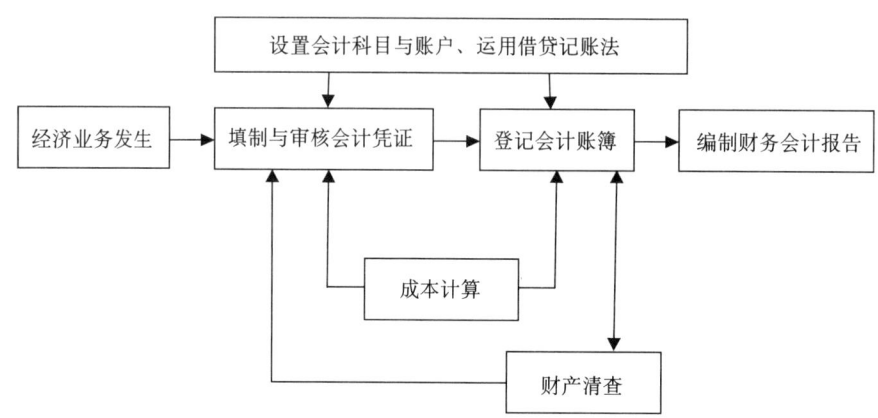

任务一
设置账户

【导言】

企业的经济业务是多种多样的，有时是错综复杂的。要想描述这些经济业务，需要建立与之相应的会计系统，以便全面、连续、系统、综合地反映经济业务的实质，为信息使用者提供有用的财务信息，而要建立这个系统，首先要做的就是设置账户。

【任务目标——知识目标】

* 理解会计科目的概念及其与会计要素的关系
* 明确会计科目设置的一般要求和分类
* 掌握账户的概念和基本结构
* 理解会计科目与账户的关系

【任务目标——能力目标】

* 能根据简单的经济业务设置会计科目
* 能根据简单的经济业务开设账户

1. 会计科目

1.1 会计科目的概念

企业经营过程中，经济业务的发生必然引起各项会计要素的增减变化。会计为了核算和监督经济活动，需要对其增减变化及其结果进行记录。不同的会计要素具有不同的性质和内容，即便是同一会计要素，其具体内容的性质、流动性以及形成的原因也不完全相同，它们在经济活动中所起到的作用也不一样。为了全面、连续、系统地核算和监督经济活动，就需要按照会计要素的不同特点，根据经济管理的要求，将会计要素作进一步的分类，从而形成了会计科目。

会计科目（Account Title），简称科目，是对会计要素的具体内容进行分类核算所规定的具体项目。

通过设置会计科目对经济业务进行分门别类的核算，能为企业内部经营管理和外部有关各方提供所需要的一系列会计信息。因此，会计科目是进行会计核算和提供会计信息的基础。会计对象、会计要素和会计科目之间的关系如图2-1-1所示。

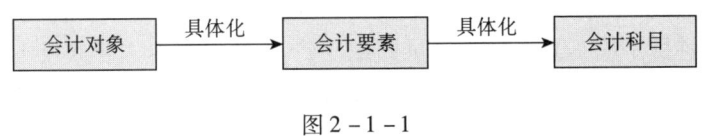

图2-1-1

1.2 会计科目的设置原则

在我国，由财政部统一规定会计科目的名称、编号和内容，企业根据自身的经营特点和管理要求从中选择并确定本企业的会计科目。

设置会计科目一般应遵循以下原则：

（1）合法性原则——会计科目的设置和使用必须符合国家统一的会计制度的规定，在此基础上，企业可根据自身的经营特点和管理要求，在不影响会计核算要求和会计报表指标汇总以及对外提供统一的财务报表的前提下，适当自行增设、减少或合并某些会计科目。

（2）相关性原则——会计科目的设置和使用应当为提供有关各方所需要的会计信息服务，满足对外报告和对内管理的要求。要充分考虑会计信息使用者对本企业会计信息的需要，提高会计信息的相关性，满足各方对会计信息的需求。

（3）实用性原则——会计科目的设置和使用应当符合单位自身特点，满足单位实际需要。在合法性原则的基础上，企业应当充分考虑企业自身组织形式、所属行业、经营内容、管理要求等自身特点，设置符合企业需要的会计科目。

1.3 会计科目的分类

会计科目可按其反映的经济内容、经济业务的详略程度进行分类。

1.3.1 会计科目按照反映的经济内容分类

会计科目按照反映的经济内容不同，可分为资产类科目、负债类科目、共同类科目、所有者权益类科目、成本类科目和损益类科目。

（1）资产类科目。资产类科目是对资产要素的具体内容进行分类核算的项目，按资产的流动性，分为反映流动资产的科目和反映非流动资产的科目。反映流动资产的科目主要有"库存现金""银行存款""交易性金融资产""原材料"等；反映非流动资产的科目主要有"长期股权投资""固定资产""在建工程""无形资产"等。

（2）负债类科目。负债类科目是对负债要素的具体内容进行分类核算的项目，按负债偿还期限的长短，分为反映流动负债的科目和反映非流动负债的科目。反映流动负债的科目主要有"短期借款""应付账款""应付职工薪酬""应交税费"等；反映非流动负债的科目主要有"长期借款""应付债券""长期应付款"等。

（3）共同类科目。共同类科目是指既反映资产要素内容、又反映负债要素内容的科目，主要适用于金融企业，如"清算资金往来""外汇买卖""衍生工具"等科目。该类科目本书暂不涉及。

（4）所有者权益类科目。资者权益类科目是对所有者权益要素的具体内容进行分类核算的项目，可分为反映资本的科目和反映留存收益的科目。反映资本的科目有"实收资本（或股本）""资本公积"等；反映留存收益的科目有"盈余公积""本年利润""利润分配"等。

（5）成本类科目。成本类科目是对可归属于产品生产成本、劳务成本等的具体内容进行分类核算的项目。按成本的内容和性质不同，可分为反映制造成本的科目和反映劳务成本的科目等。反映制造成本的科目主要有"生产成本"、"制造费用"等；反映劳务成本的科目有"劳务成本"。

（6）损益类科目。损益类科目是对生产经营过程中取得的各项收入和发生的各项费用等的具体内容进行分类核算的项目。反映收入的科目主要有"主营业务收入"、"其他业务收入"等；反映费用的科目主要有"主营业务成本"、"其他业务成本"、"管理费用"、"财务费用"、"销售费用"等。

1.3.2 会计科目按照反映经济业务的详略程度分类

会计科目按照反映经济业务的详略程度不同，可分为总分类科目和明细分类科目。

（1）总分类科目。又称总账科目或一级科目，是对会计要素的具体内容进行总括分类、提供总括信息的会计科目。如"原材料"、"应付账款"、"实收资本"等科目。该类科目一般由国家统一的会计制度进行规定。制造业常用会计科目名称和编号见表2-1-1。

表2-1-1　　　　常用会计科目名称和编号

一、资产类					
序号	编号	会计科目名称	序号	编号	会计科目名称
1	1001	库存现金	6	1122	应收账款
2	1002	银行存款	7	1123	预付账款
3	1012	其他货币资金	8	1131	应收股利
4	1101	交易性金融资产	9	1132	应收利息
5	1121	应收票据	10	1221	其他应收款

续表

11	1231	坏账准备	28	1524	长期股权投资
12	1401	材料采购	29	1525	长期股权投资减值准备
13	1402	在途物资	30	1526	投资性房地产
14	1403	原材料	31	1531	长期应收款
15	1404	材料成本差异	32	1601	固定资产
16	1405	库存商品	33	1602	累计折旧
17	1406	发出商品	34	1603	固定资产减值准备
18	1407	商品进销差价	35	1604	在建工程
19	1408	委托加工物资	36	1605	工程物资
20	1411	周转材料	37	1606	固定资产清理
21	1461	存货跌价准备	38	1701	无形资产
22	1481	持有待售资产	39	1702	累计摊销
23	1482	持有待售资产减值准备	40	1703	无形资产减值准备
24	1505	债权投资	41	1711	商誉
25	1521	其他债权投资	42	1801	长期待摊费用
26	1522	其他债权投资减值准备	43	1811	递延所得税资产
27	1523	其他权益工具投资	44	1901	待处理财产损溢

二、负债类

序号	编号	会计科目名称	序号	编号	会计科目名称
45	2001	短期借款	54	2241	其他应付款
46	2201	应付票据	55	2245	持有待售负债
47	2202	应付账款	56	2601	长期借款
48	2203	预收账款	57	2602	应付债券
49	2204	合同负债	58	2701	长期应付款
50	2211	应付职工薪酬	59	2711	专项应付款
51	2221	应交税费	60	2801	预计负债
52	2231	应付利息	61	2901	递延所得税负债
53	2232	应付股利			

三、共同类（略）

四、所有者权益类

序号	编号	会计科目名称	序号	编号	会计科目名称
62	4001	实收资本（股本）	67	4104	利润分配
63	4002	资本公积	68	4201	库存股
64	4101	盈余公积	69	4301	专项储备
65	4102	其他综合收益	70	4401	其他权益工具
66	4103	本年利润			

续表

五、成本类

序号	编号	会计科目名称	序号	编号	会计科目名称
71	5001	生产成本	73	5201	劳务成本
72	5101	制造费用	74	5301	研发支出

六、损益类

序号	编号	会计科目名称	序号	编号	会计科目名称
75	6001	主营业务收入	84	6403	税金及附加
76	6051	其他业务收入	85	6601	销售费用
77	6101	公允价值变动损益	86	6602	管理费用
78	6103	资产处置损益	87	6603	财务费用
79	6104	其他收益	88	6701	资产减值损失
80	6111	投资收益	89	6702	信用减值损失
81	6301	营业外收入	90	6711	营业外支出
82	6401	主营业务成本	91	6801	所得税费用
83	6402	其他业务成本	92	6901	以前年度损益调整

（2）明细分类科目。明细分类科目又称明细科目，是对总分类科目所包含的内容作进一步分类，提供更为详细和具体会计信息的科目。

在会计实务中，为了管理需要，可在总分类科目下设置二级明细科目，在二级明细科目下设置三级明细科目。总分类科目和明细分类科目反映的经济内容相同，只是提供的核算信息详细程度不同。总分类科目对明细分类科目起统驭和控制作用，明细分类科目对总分类科目起补充说明作用。以原材料科目为例，明细分类科目的设置如表2-1-2所示。

表2-1-2　　　　会计科目按照反映经济业务的详略程度分类举例

总分类科目 （一级科目）	明细分类科目	
	二级科目	三级科目
原材料	原料及主要材料	角钢
		圆钢
		生铁
	辅助材料	润滑剂
		防锈剂
	燃料	汽油
		柴油
		原煤

2. 账户

2.1 账户的概念

2.1.1 账户的概念

账户（Account），是根据会计科目设置的，具有一定格式和结构，用来分类记录会计要素增减变动情况及其结果的载体。

会计科目只是对会计要素进行分类的项目名称。为了分门别类地记录经济业务的发生而引起的会计要素的增减变动及其结果，为会计信息使用者提供各种会计信息，还必须根据设置的会计科目在账簿中开设账户，通过账户对各项经济业务进行序时、连续、系统的记录。设置账户是会计核算的一种专门方法。

2.1.2 会计科目与会计账户的关系

会计科目与账户是两个不同的概念，二者之间既有联系又有区别。它们的联系是：会计科目是设置会计账户的依据，是账户的名称；会计账户是会计科目的具体运用，会计科目所反映的经济内容，就是会计账户所登记的内容。它们之间的区别是：会计科目只是对会计要素的具体内容进行分类的项目名称，本身没有结构；会计账户则是在会计科目分类的基础上，对经济活动引起的会计要素增减变动情况及其结果进行记录，因此账户必须具备一定的结构，能具体反映资金运用状态。

在实际工作中，对会计科目和会计账户不加严格区分，相互通用。

2.2 账户的结构

2.2.1 账户的金额要素

账户的功能在于连续、系统、完整地提供经济业务中各会计要素增减变动及其结果的具体信息。会计要素在特定会计期间增加和减少的金额，分别称为账户的"本期增加方发生额"和"本期减少方发生额"，统称为"本期发生额"；会计要素在会计期末的增减变动结果，称为账户的"余额"，具体表现为"期初余额"和"期末余额"，账户上期的期末余额转入本期，即为本期的期初余额，账户本期的期末余额转入下期，即为下期的期初余额。

账户的期初余额、期末余额、本期增加方发生额和本期减少方发生额，统称为账户的四个"金额要素"。对于同一账户而言，它们之间的基本关系为：

期末余额 = 期初余额 + 本期增加方发生额 − 本期减少方发生额

2.2.2 账户的结构

账户的结构，是指账户的组成部分及其相互关系。在会计实务中，为了便于考查经济业务的相关信息，账户通常包括以下内容：

（1）账户名称，即会计科目；
（2）日期，即所依据记账凭证中注明的日期；
（3）凭证字号，即所依据记账凭证的编号；
（4）摘要，即经济业务的简要说明；
（5）金额，即增加额、减少额和余额。

账户的一般结构如表 2−1−3 所示。

表 2-1-3　　　　　　　　　账户名称（会计科目）

年		凭证编号	摘要	增加额	减少额	余额
月	日					

为便于说明问题，在教学过程中和实际对账时通常将上列账户的结构简化为"T"字形。T形账户结构如图 2-1-2 所示。

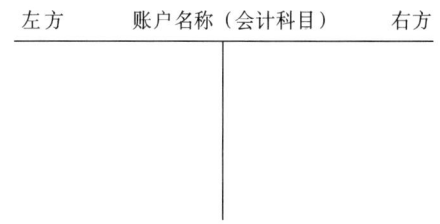

图 2-1-2　T 形账户结构

企业经济业务变化多样，但所引起的各项会计要素的变化，从数量上看不外乎有增加和减少两种情况。因此，账户分为左方和右方两个部分，按相反方向来记录增加额和减少额，即一方记录增加额，另一方记录减少额。如果账户在左方记录增加额，则在右方记录减少额；反之，如果账户在右方记录增加额，则在左方记录减少额。至于哪一方记录增加，哪一方记录减少，取决于企业所采用的记账方法和所记录经济内容的性质。而账户的余额，一般与记录的增加额在同一方向。

以"银行存款"账户为例，T形账户的登记方法如图 2-1-3 所示。

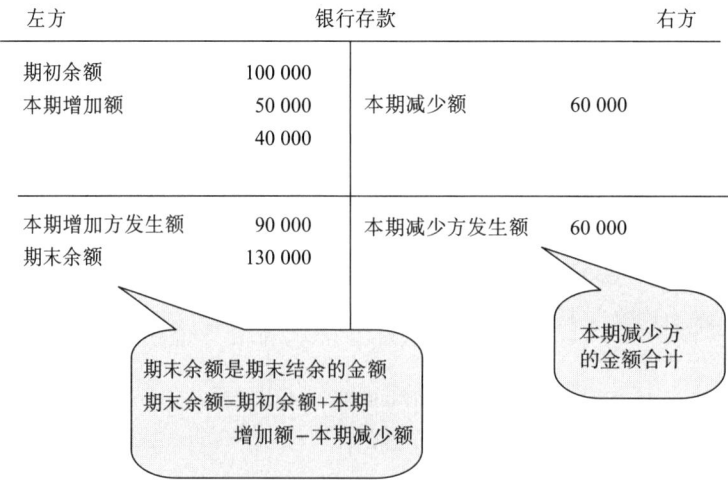

图 2-1-3　T 形账户登记方法

2.3 账户的分类

同会计科目一样,账户也是根据其反映的经济内容、经济业务的详略程度进行分类。

2.3.1 账户根据反映的经济内容分类

账户根据反映的经济内容分类,可分为资产类账户、负债类账户、共同类账户、所有者权益类账户、成本类账户和损益类账户六类。

2.3.2 账户根据反映的经济业务详略程度分类

账户根据反映的经济业务详略程度分类,分为总分类账户和明细分类账户。

总分类账户,又称总账账户或一级账户,是指根据总分类科目设置的,用来对会计要素具体内容进行总括分类核算的账户。总分类账户提供总括的核算资料和信息,只使用货币计量单位对其所属的明细分类账户资料综合核算,总分类账户以下统称为明细分类账户。

明细分类账户,又称明细账户,是指根据明细分类科目设置的,用来对会计要素具体内容进行明细分类核算的账户。明细分类账户提供明细核算资料和信息,除了采用货币计量外,必要时还需要采用实物计量、劳动计量等单位来计量,是对总分类账户的具体化和补充说明。

总分类账户和明细分类账户核算的内容相同,只是反映的经济业务详细程度不同。总分类账户统驭控制其所属明细分类账户,明细分类账户则从属于总分类账户,对其进一步补充说明。

总分类账户是企业的基本会计账户,每个企业应当设置总分类账户,但不是所有的总分类账户都需要设置明细分类账户,企业应当根据实际情况和内部经营管理的要求,设置相应的明细分类账户。

3. 职业启航——设置账户综合实作

(1)云腾公司 2019 年 3 月 31 日资产、负债及所有者权益构成项目如表 2-1-4 所示,请确定各项目所属的总分类账户的名称,并根据反映的经济内容分类,分析各会计账户的类别。

表 2-1-4

序号	项　　目	账户名称	账户类别
1	车间使用的机器设备 150 000 元		
2	银行里的存款 220 000 元		
3	应付某单位的货款 5 000 元		
4	投资者投入的资本 1 210 800 元		
5	尚未交纳的税金 9 500 元		
6	库存现金 800 元		
7	应收力高公司货款 45 000 元		
8	库存生产用原材料 235 500 元		

续表

序号	项　目	账户名称	账户类别
9	运输用的货车 80 000 元		
10	管理部门使用的计算机 12 000 元		
11	预收通达公司购货款 55 000 元		
12	从银行借入的半年期借款 150 000 元		
13	暂付采购员差旅费 5 000 元		
14	应付给职工的薪酬 12 500 元		
15	已完工入库的产成品 35 900 元		
16	预付嘉美公司货款 30 000 元		
17	生产甲产品的专利权 650 000 元		
18	公司提取的盈余公积 16 400 元		

（2）云腾公司 2019 年 4 月 30 日银行存款日记账余额为 300 000 元，该公司 5 月份发生的银行存款收付业务相关资料如下：

①5 日，以银行存款归还短期借款 33 000 元。　　（银付 01 号）
②8 日，收到投资者投入资金 70 000 元存入银行。　（银收 01 号）
③15 日，以银行存款偿还前欠货款 36 000 元。　　（银付 02 号）
④19 日，将现金 10 000 元存入银行。　　　　　　（现付 01 号）
⑤25 日，从银行提取现金 51 000 元，准备发放工资。（银付 03 号）
⑥30 日，以银行存款支付广告费 20 000 元。　　　（银付 04 号）

扫码知答案 3

要求：根据上述经济业务资料，登记银行存款日记账，并结出 5 月末的银行存款日记账期末余额。

表 2-1-5　　　　　　　　　　　银行存款日记账

2017 年		凭证编号	摘要	增加额	减少额	余额
月	日					
5	1		期初余额			300 000
	5	银付 01 号				
	8	银收 01 号				
	15	银付 02 号				
	19	现付 01 号				
	25	银付 03 号				
	30	银付 04 号				
	31		本月合计			

本任务思维导图

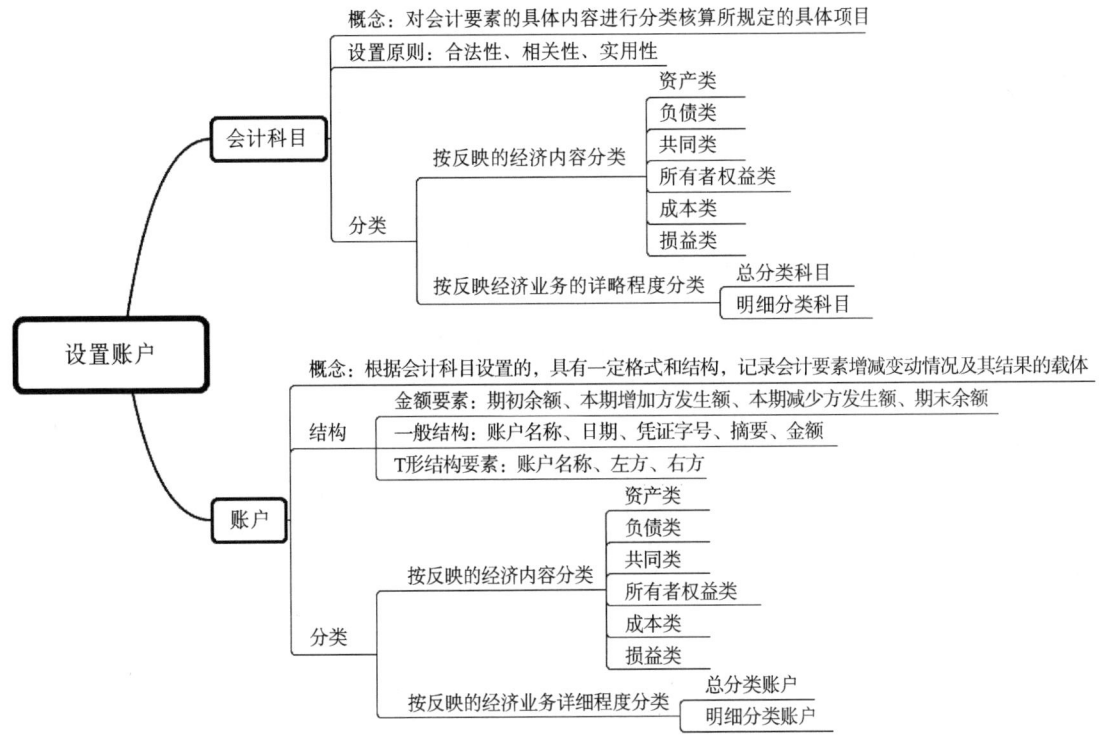

任务二
复式记账

【导言】

设置会计科目，对会计要素做出了进一步分类；设置账户，为会计信息的加工处理提供了必要的"场所"。但对经济业务发生所引起的会计要素增减变动及其结果加以记录，不能仅设置账户，还需要运用记账方法加以解决。目前世界各国普遍采用的记账方法是复式记账法，而复式记账法中又以借贷记账法应用最为广泛。

【任务目标——知识目标】

* 了解借贷记账法的组成
* 掌握借贷记账法下账户的具体结构
* 掌握借贷记账法的概念和基本内容

【任务目标——能力目标】
* 能根据借贷记账法开设账户
* 能根据记账规则和会计等式进行试算平衡

1. 复式记账的概念及种类

1.1 复式记账的概念

记账方法，是指客观发生的会计事项在有关账户（或账簿）中进行记录时所采用的方法。按其登记经济交易或事项方式不同，可分为单式记账法和复式记账法两种。

单式记账法是对发生的每一项经济业务，只在一个账户中加以登记。单式记账法记账简单，但是账户设置不完整，各账户之间的记录没有直接联系，无法全面反映各项经济业务的来龙去脉。由于这种记账方法存在严重缺陷，在现代会计核算中已不再使用。

复式记账法是对于每一笔经济业务，都以相等的金额在两个或两个以上相互联系的账户中进行登记，全面系统地反映会计要素增减变动的一种记账方法。

复式记账法的理论依据是资金运动的内在规律，也就是会计等式。任何一项经济业务的发生，都会引起资产与权益同时变化或引起资产内部或权益内部的变化，复式记账法可将这些变化在账户中全面清晰地反映出来，揭示有关账户之间的内在平衡关系。复式记账法要求对发生的每项经济业务，至少在两个账户中进行记录。例如，从银行提取现金1 000元，涉及"库存现金"和"银行存款"两个相互联系的账户，一方面在"库存现金"账户中登记增加1 000元，另一方面在"银行存款"账户中登记减少1 000元，清楚地记录了库存现金和银行存款增减变化的原因。因此与单式记账法相比，复式记账法可以全面地反映经济业务内容和资金运动的来龙去脉，能够进行试算平衡，便于对账和查账，目前被世界各国广泛采用。

1.2 复式记账的种类

复式记账法由于记账符号、账户结构、记账规则和试算平衡等方面的不同，可分为借贷记账法、增减记账法和收付记账法等。我国《企业会计准则》明确规定"会计记账采用借贷记账法"，从而统一了我国的会计记账方法。

2. 借贷记账法

2.1 借贷记账法的概念

借贷记账法，是以资产与权益的平衡关系为基础，以"借""贷"二字作为记账符号，以"有借必有贷，借贷必相等"作为记账规则的一种复式记账方法。

2.2 借贷记账法的内容

2.2.1 记账符号

记账符号，是指在账户中表示记账方向的记号。借贷记账法以"借"字和"贷"字作为记账符号。现代会计中，"借""贷"二字仅是专门的记账符号，代表记账方向是借方还是贷方，本身已无意义。

2.2.2 账户结构

借贷记账法下,账户的左方为借方,右方为贷方。对于某一具体账户而言,借方表示增加还是贷方表示增加,要根据账户的性质来确定。

通常而言,资产、成本和费用类账户的增加用"借"表示,减少用"贷"表示;负债、所有者权益和收入类账户的增加用"贷"表示,减少用"借"表示。备抵账户的结构与所调整账户的结构正好相反。

(1) 资产和成本类账户的结构。在借贷记账法下,资产类账户的结构是:借方登记增加额,贷方登记减少额,期末余额一般在借方,有些账户可能无余额。其余额计算公式为:

期末借方余额 = 期初借方余额 + 本期借方发生额 – 本期贷方发生额

资产类账户结构用 T 形账户表示见图 2 – 2 – 1。

借方	资产和成本类账户	贷方
期初余额		
本期增加额		本期减少额
本期借方发生额合计		本期贷方发生额合计
期末余额		

图 2 – 2 – 1 资产类账户结构

(2) 负债和所有者权益类账户的结构。在借贷记账法下,负债类、所有者权益类账户的结构是:借方登记减少额,贷方登记增加额,期末余额一般在贷方,有些账户可能无余额。其余额计算公式为:

期末贷方余额 = 期初贷方余额 + 本期贷方发生额 – 本期借方发生额

负债类、所有者权益类账户结构用 T 形账户表示见图 2 – 2 – 2。

借方	负债和所有者权益类账户	贷方
		期初余额
本期减少额		本期增加额
本期借方发生额合计		本期贷方发生额合计
		期末余额

图 2 – 2 – 2 负债类、所有者权益类账户结构

(3) 损益类账户的结构。损益类账户主要包括收益类账户和费用支出类账户,它们的结构相反。

①收益类账户结构。在借贷记账法下,收益类账户结构与权益类账户结构基本相同,不

同之处是收益类账户期末一般没有余额。收益类账户的结构是：贷方登记增加额，借方登记减少额，本期收益净额在期末转入"本年利润"账户，用以计算当期损益，结转后无余额。

收益类账户结构用 T 形账户表示见图 2-2-3。

借方	收益类账户	贷方
本期减少额 本期转出额		本期增加额
本期借方发生额合计		本期贷方发生额合计

图 2-2-3　收益类账户结构

②费用支出类账户结构。在借贷记账法下，费用支出类账户的结构是：借方登记增加额，贷方登记减少额，本期费用支出净额在期末转入"本年利润"账户，用以计算当期损益，结转后无余额。

费用支出类账户结构用 T 形账户表示见图 2-2-4。

借方	费用支出类账户	贷方
本期增加额		本期减少额 本期转出额
本期借方发生额合计		本期贷方发生额合计

图 2-2-4　费用支出类账户结构

在借贷记账法下，全部账户用 T 形账户表示其结构，总结如图 2-2-5 所示。

借方	账户名称（会计科目）	贷方
资产增加、成本费用支出增加 负债、所有者权益减少、收益转销		资产减少、成本费用支出转销 负债、所有者权益增加、收益增加
期末余额：资产余额		期末余额：负债、所有者权益余额

图 2-2-5　全部账户结构

2.2.3　记账规则

记账规则，是指采用某种记账方法登记具体经济业务时应当遵循的规律。

在借贷记账法下，记账规则为"**有借必有贷，借贷必相等**"。

"有借必有贷"：每一笔经济业务的记录需要找到两个或两个以上相互联系的账户，记入一个（或几个）账户借方的同时，必然记入另一个（或几个）账户的贷方。

"借贷必相等"：每一笔经济业务，记入借方账户的金额和记入贷方账户的金额一定相等。

现以企业发生的经济业务为例，说明借贷记账法下记账规则的运用。

【例 2-2-1】云腾公司 2018 年 12 月 31 日资产、负债及所有者权益各账户的期末余额如表 2-2-1 所示。

表 2-2-1　　　　　　　　　　　　账户期末余额表　　　　　　　　　　金额单位：元

资产类账户	金额	负债及所有者权益类账户	金额
库存现金	10 000	短期借款	500 000
银行存款	490 000	应付账款	1 000 000
应收账款	900 000	应付股利	400 000
原材料	2 200 000	实收资本	2 800 000
固定资产	2 300 000	资本公积	900 000
		利润分配	300 000
合计	5 900 000	合计	5 900 000

该公司 2018 年 12 月 31 日资产总额为 5 900 000 元、负债总额为 1 900 000 元、所有者权益总额为 4 000 000 元，资产 = 负债 + 所有者权益。

云腾公司 2019 年 1 月发生如下经济业务：

(1) 7 日，公司某投资者继续投入货币资金 3 500 000 元，款项已存入公司银行存款账户。

分析：该笔经济业务，一方面使企业银行存款增加了 3 500 000 元，"银行存款"账户属于资产类账户，增加应记入该账户的借方；另一方面使企业所有者投入资本增加了 3 500 000 元，"实收资本"账户属于所有者权益类账户，增加应记入该账户的贷方。记入账户后的情况如图 2-2-6 所示。

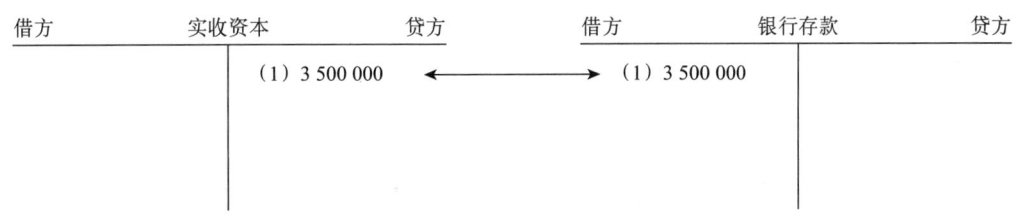

图 2-2-6

(2) 10 日，向力高公司购入原材料，价值 36 000 元，款项尚未支付。

分析：该笔经济业务，一方面使企业原材料增加了 36 000 元，"原材料"账户属于资产类账户，增加应记入该账户的借方；另一方面使企业应付账款增加了 36 000 元，"应付账款"账户属于负债类账户，增加应记入该账户的贷方。记入账户后的情况如图 2-2-7 所示。

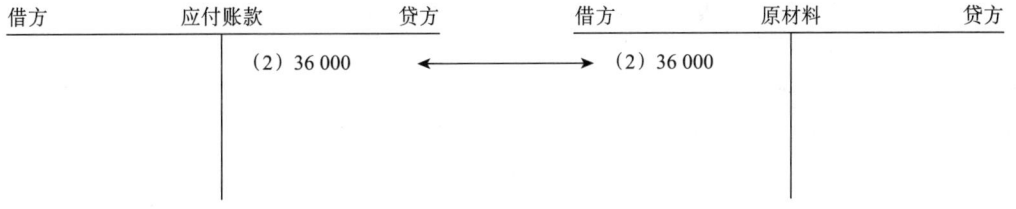

图 2-2-7

(3) 11 日，用银行存款 270 000 元归还前欠银行的短期借款。

分析：该笔经济业务，一方面使企业银行存款减少了 270 000 元，"银行存款"账户属于资产类账户，减少应记入该账户的贷方；另一方面使企业短期借款减少了 270 000 元，"短期借款"账户属于负债类账户，减少应记入该账户的借方。记入账户后的情况如图 2-2-8 所示。

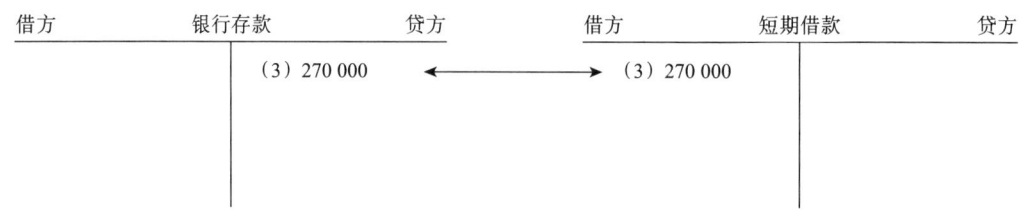

图 2-2-8

(4) 15 日，投资者法定减资，公司以银行存款 500 000 元发还。

分析：该笔经济业务，一方面使企业银行存款减少了 500 000 元，"银行存款"账户属于资产类账户，减少应记入该账户的贷方；另一方面使企业所有者投入资本减少了 500 000 元，"实收资本"账户属于所有者权益类账户，减少应记入该账户的借方。记入账户后的情况如图 2-2-9 所示。

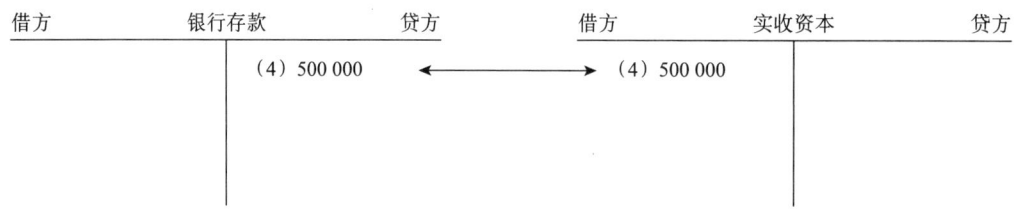

图 2-2-9

(5) 18 日，公司开出转账支票 150 000 元，购入机器设备一台。

分析：该笔经济业务，一方面使企业银行存款减少了 150 000 元，"银行存款"账户属于资产类账户，减少应记入该账户的贷方；另一方面使企业机器设备增加了 150 000 元，"固定资产"账户属于资产类账户，增加应记入该账户的借方。记入账户后的情况如图 2-2-10 所示。

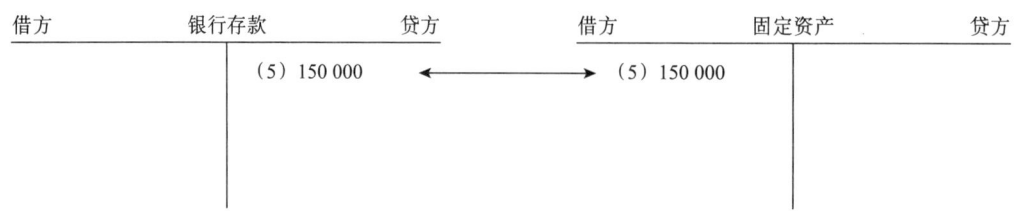

图 2-2-10

(6) 20 日，公司开出一张面值 46 000 元商业汇票偿还前欠志远公司货款。

分析：该笔经济业务，一方面使企业应付票据增加了 46 000 元，"应付票据"账户属于负债类账户，增加应记入该账户的贷方；另一方面使企业应付账款减少了 46 000 元，"应付账款"账户属于负债类账户，减少应记入该账户的借方。记入账户后的情况如图 2-2-11 所示。

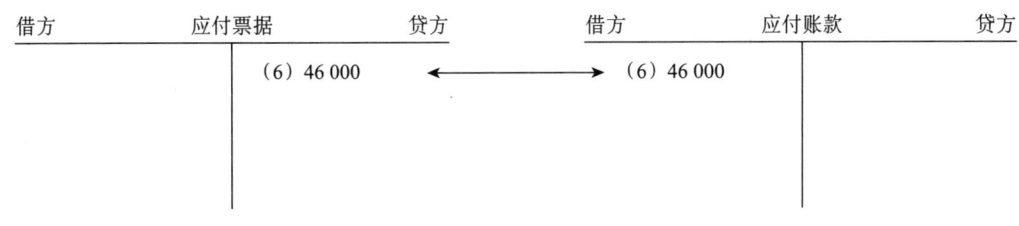

图 2-2-11

（7）24 日，公司将资本公积 600 000 元转增资本。

分析：该笔经济业务，一方面使企业资本公积减少了 600 000 元，"资本公积"账户属于所有者权益类账户，减少应记入该账户的借方；另一方面使企业实收资本增加了 600 000 元，"实收资本"账户属于所有者权益类账户，增加应记入该账户的贷方。记入账户后的情况如图 2-2-12 所示。

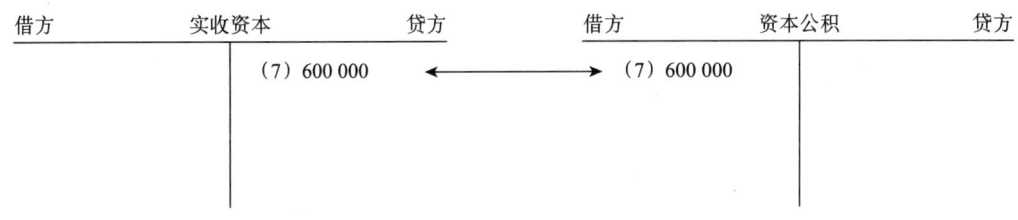

图 2-2-12

（8）27 日，公司按法定程序宣告向投资者分配股利 160 000 元，尚未支付。

分析：该笔经济业务，一方面使企业利润减少了 160 000 元，"利润分配"账户属于所有者权益类账户，减少应记入该账户的借方；另一方面使企业应付投资者股利增加了 160 000 元，"应付股利"账户属于负债类账户，增加应记入该账户的贷方。记入账户后的情况如图 2-2-13 所示。

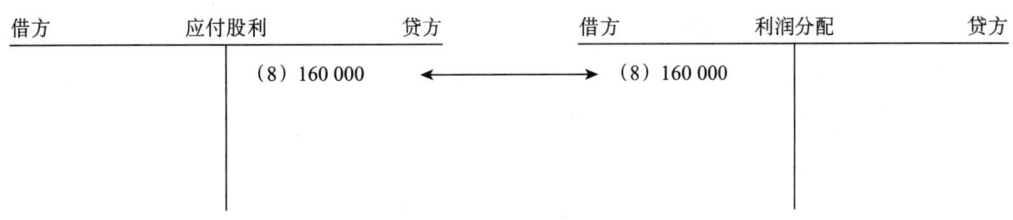

图 2-2-13

（9）31 日，公司欠力高公司货款 100 000 元，经双方协商，该债务转为力高公司对本公司的投资。

分析：该笔经济业务，一方面使企业应付账款减少了 100 000 元，"应付账款"账户属于负债类账户，减少应记入该账户的借方；另一方面使企业投入资本增加了 100 000 元，"实收资本"账户属于所有者权益类账户，增加应记入该账户的贷方。记入账户后的情况如图 2－2－14 所示。

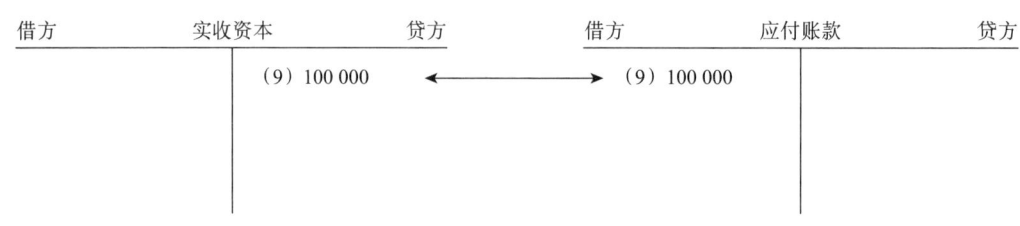

图 2－2－14

以上举例，包括了企业所有会发生的经济业务类型。无论发生哪一种类型的经济业务，都会以相等的金额同时记入有关账户的借方和与之相对应的贷方。这就是借贷记账法的记账规则"有借必有贷，借贷必相等"的要求。

2.2.4 账户对应关系和会计分录

（1）账户的对应关系。在借贷记账法下，对于每一笔经济业务，都必须用相等的金额在两个或两个以上相互联系的账户中分别在借方和贷方进行登记，账户之间就形成了应借、应贷的相互关系。这种账户之间形成的应借、应贷的相互关系，称为账户的对应关系，又称为账户的依存关系。存在对应关系的账户称为**对应账户**。

例如，用银行存款 15 500 元支付广告费，需要在"销售费用"账户的借方和"银行存款"账户的贷方进行登记，此时，这两个账户之间就产生了对应关系，这两个账户就形成了对应账户。通过账户的对应关系，可以了解经济业务的内容。

（2）会计分录。

①会计分录的含义。为了保证账簿记录的正确性，对每一项经济业务，在记入有关账户之前，首先应根据经济业务发生时取得或填制的相关凭证，确定应记入的会计账户名称、借贷方向及记账金额，即编制会计分录。

会计分录（Accounting Entry），简称分录，是对每项经济业务列示应借、应贷的账户名称及其金额的一种记录。一笔完整的会计分录，必须包括应借应贷方向、相互对应的会计科目及其金额三个要素。

例如，云腾公司收到投资者投入货币资金 1 500 000 元，已存入企业存款账户。根据相关凭证，编制会计分录为：

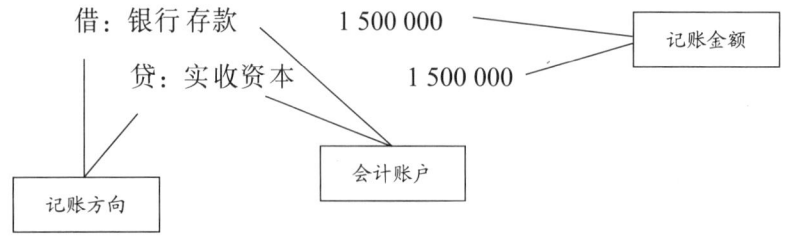

在我国，会计分录通常记载于记账凭证中。

②会计分录的编制步骤。运用借贷记账法编制会计分录,可按下列步骤进行:

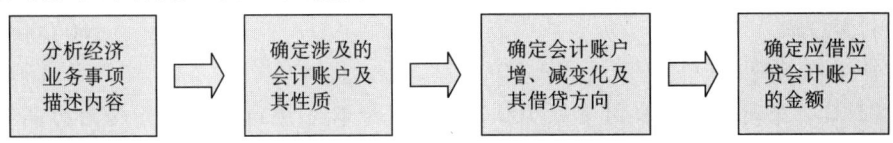

例如,云腾有限责任公司用银行存款 350 000 元购入专利权一项。编制会计分录时分析步骤如下:

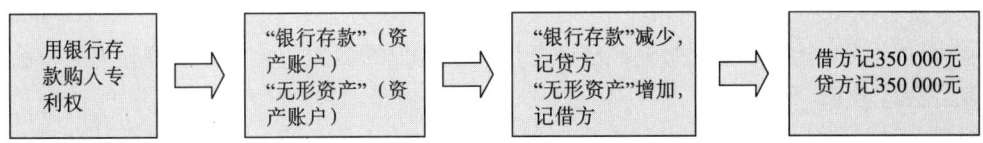

③会计分录书写格式。为保证借贷账户清晰明了,编制会计分录时,书写格式应注意:先借后贷(先写借方,再写贷方)、上借下贷(每个账户占一行,借方在上,贷方在下)、借贷错开(贷方的文字和数字都要比借方后退两格书写)。

承上例,书写会计分录如下:

借:无形资产　　　　　　　　　　　　　　　　　　　　　　　350 000
　　贷:银行存款　　　　　　　　　　　　　　　　　　　　　　350 000

【例 2-2-2】承上例,上述经济业务用会计分录表示如下:

(1) 7 日,公司某投资者继续投入货币资金 3 500 000 元,款项已存入公司银行存款账户。

借:银行存款　　　　　　　　　　　　　　　　　　　　　　　3 500 000
　　贷:实收资本　　　　　　　　　　　　　　　　　　　　　　3 500 000

(2) 10 日,向力高公司购入原材料,价值 36 000 元,款项尚未支付。

借:原材料　　　　　　　　　　　　　　　　　　　　　　　　36 000
　　贷:应付账款　　　　　　　　　　　　　　　　　　　　　　36 000

(3) 11 日,用银行存款 270 000 元归还前欠银行的短期借款。

借:短期借款　　　　　　　　　　　　　　　　　　　　　　　270 000
　　贷:银行存款　　　　　　　　　　　　　　　　　　　　　　270 000

(4) 15 日,投资者法定减资,公司以银行存款 500 000 元发还。

借:实收资本　　　　　　　　　　　　　　　　　　　　　　　500 000
　　贷:银行存款　　　　　　　　　　　　　　　　　　　　　　500 000

(5) 18 日,公司开出转账支票 150 000 元,购入机器设备一台。

借:固定资产　　　　　　　　　　　　　　　　　　　　　　　150 000
　　贷:银行存款　　　　　　　　　　　　　　　　　　　　　　150 000

(6) 20 日,公司开出商业汇票一张偿还前欠志远公司货款,面值 46 000 元。

借:应付账款　　　　　　　　　　　　　　　　　　　　　　　46 000
　　贷:应付票据　　　　　　　　　　　　　　　　　　　　　　46 000

(7) 24 日,公司将资本公积 600 000 元转增资本。

借:资本公积　　　　　　　　　　　　　　　　　　　　　　　600 000
　　贷:实收资本　　　　　　　　　　　　　　　　　　　　　　600 000

(8) 27 日，公司按法定程序宣告向投资者分配股利 160 000 元，尚未支付。

 借：利润分配   160 000
  贷：应付股利   160 000

(9) 31 日，公司欠力高公司货款 100 000 元，经双方协商，该债务转为力高公司对本公司的投资。

 借：应付账款   100 000
  贷：实收资本   100 000

④会计分录的分类。根据每笔经济业务所涉及账户的多少，会计分录可分为简单会计分录和复合会计分录。

简单会计分录：借贷双方均只涉及一个科目的会计分录，即一借一贷的会计分录。

复合会计分录：由两个以上（不含两个）对应账户所组成的会计分录，即一借多贷、多借一贷、多借多贷的会计分录。

一般来讲，复合会计分录可以分解为若干个简单会计分录，但不允许将不同类型的交易或事项合并编制复合会计分录。

以上举例涉及的会计分录均为简单会计分录。复合会计分录举例如下：

【例 2-2-3】 云腾公司向志远公司销售商品一批，增值税专用发票注明价款 300 000 元，增值税销项税额 39 000 元。收到对方开出的转账支票一张 250 000 元，其余款项尚未收到。编制会计分录如下：

 借：银行存款   250 000
   应收账款——志远公司   89 000
  贷：主营业务收入   300 000
    应交税费——应交增值税（销项税额）   39 000

2.2.5 试算平衡

(1) 试算平衡的含义。企业对日常发生的经济业务都要记入有关账户，为了保证记录的正确性，需要对全部账户的记录进行检查，借以验证账户记录是否正确，这个过程就是试算平衡。

试算平衡（Trial Balance），是指根据借贷记账法的记账规则和资产与权益的恒等关系，通过对所有账户的发生额和余额的汇总计算和比较，来检查账户记录是否正确的一种方法。包括发生额试算平衡和余额试算平衡。

(2) 试算平衡的分类。

①发生额试算平衡。发生额试算平衡是以借贷记账法的记账规则"有借必有贷，借贷必相等"作为依据，根据本期所有账户的借方发生额合计和贷方发生额合计的恒等关系，来检查账户发生额记录是否正确的一种方法。

由于每笔经济业务的记录均要遵守记账规则，这就必然使借贷双方金额相等，相互平衡。将一定时期的若干笔经济业务全部记入有关账户后，其借贷金额仍然能够保持相等。发生额试算平衡，表现为全部账户本期借方发生额合计与全部账户本期贷方发生额合计保持平衡，即：

全部账户本期借方发生额合计 = 全部账户本期贷方发生额合计

在实际工作中,发生额试算平衡是通过编制发生额试算平衡表进行的。

【例 2-2-4】承例 2-2-2,云腾公司 2019 年 1 月根据所编制的会计分录在有关账户中登记后,依据各账户的本期发生额编制的发生额试算平衡表如表 2-2-2 所示。

表 2-2-2　　　　　　　　　　　发生额试算平衡表　　　　　　　　　　　单位:元

会计科目	本期发生额	
	借方	贷方
库存现金		
银行存款	3 500 000	920 000
应收账款		
原材料	36 000	
固定资产	150 000	
短期借款	270 000	
应付票据		46 000
应付账款	146 000	36 000
应付股利		160 000
实收资本	500 000	4 200 000
资本公积	600 000	
利润分配	160 000	
合计	5 362 000	5 362 000

②余额试算平衡。余额试算平衡是以资产与权益的恒等关系,即"资产 = 负债 + 所有者权益"作为依据,根据所有会计账户的借方余额合计和所有账户贷方余额合计的恒等关系,来检查账户记录是否正确的一种方法。

一般来说,资产类账户的余额在借方,负债和所有者权益类账户的余额在贷方。根据会计恒等式的基本原理,余额试算平衡,表现为全部账户借方余额合计与全部账户贷方余额合计保持平衡,即:

全部账户借方余额合计 = 全部账户贷方余额合计

根据余额时点的不同,余额试算平衡可分为期初余额试算平衡和期末余额试算平衡。用公式表示为:

全部账户借方期初余额合计 = 全部账户贷方期初余额合计
全部账户借方期末余额合计 = 全部账户贷方期末余额合计

在实际工作中,余额试算平衡是通过编制余额试算平衡表进行的。

【例 2-2-5】承例 2-2-1、例 2-2-2、例 2-2-4,云腾公司 2019 年 1 月末根据所编制的会计分录在有关账户中登记后,依据各账户的期末余额编制的余额试算平衡表如表 2-2-3 所示。

表 2-2-3　　　　　　　　　　　余额试算平衡表　　　　　　　　　　　单位：元

会计科目	期末余额	
	借方	贷方
库存现金	10 000	
银行存款	3 070 000	
应收账款	900 000	
原材料	2 236 000	
固定资产	2 450 000	
短期借款		230 000
应付票据		46 000
应付账款		890 000
应付股利		560 000
实收资本		6 500 000
资本公积		300 000
利润分配		140 000
合计	8 666 000	8 666 000

在实际工作中，也可将发生额及余额试算平衡表合并编制。

【例 2-2-6】承例 2-2-1、例 2-2-2、例 2-2-4、例 2-2-5，云腾公司 2019 年 1 月末根据所编制的会计分录在有关账户中登记后，依据各账户的期初余额、本期发生额和期末余额编制的试算平衡表如表 2-2-4 所示。

表 2-2-4　　　　　　　　账户本期发生额及余额试算平衡表　　　　　　　　单位：元

会计科目	期初余额		本期发生额		期末余额	
	借方	贷方	借方	贷方	借方	贷方
库存现金	10 000				10 000	
银行存款	490 000		3 500 000	920 000	3 070 000	
应收账款	900 000				900 000	
原材料	2 200 000		36 000		2 236 000	
固定资产	2 300 000		150 000		2 450 000	
短期借款		500 000	270 000			230 000
应付票据				46 000		46 000
应付账款		1 000 000	146 000	36 000		890 000
应付股利		400 000		160 000		560 000
实收资本		2 800 000	500 000	4 200 000		6 500 000
资本公积		900 000	600 000			300 000
利润分配		300 000	160 000			140 000
合计	5 900 000	5 900 000	5 362 000	5 362 000	8 666 000	8 666 000

通过编制发生额及余额试算平衡表进行账户记录检查时，如果试算结果不平衡，说明企业账户记录一定错误；反之，如果企业账户记录正确，试算结果一定平衡。

需要指出的是，如果试算平衡，只能说明账户记录基本正确，因为有些错误对于借贷双方的平衡关系并不产生影响，不能通过试算平衡来发现。例如，有些经济业务全部漏记；有些经济业务全部重复记录；有些经济业务会计账户用错；有些经济业务颠倒了记账方向。为了纠正账户记录的这些错误，还必须辅之以其他会计检查方法。

本任务思维导图

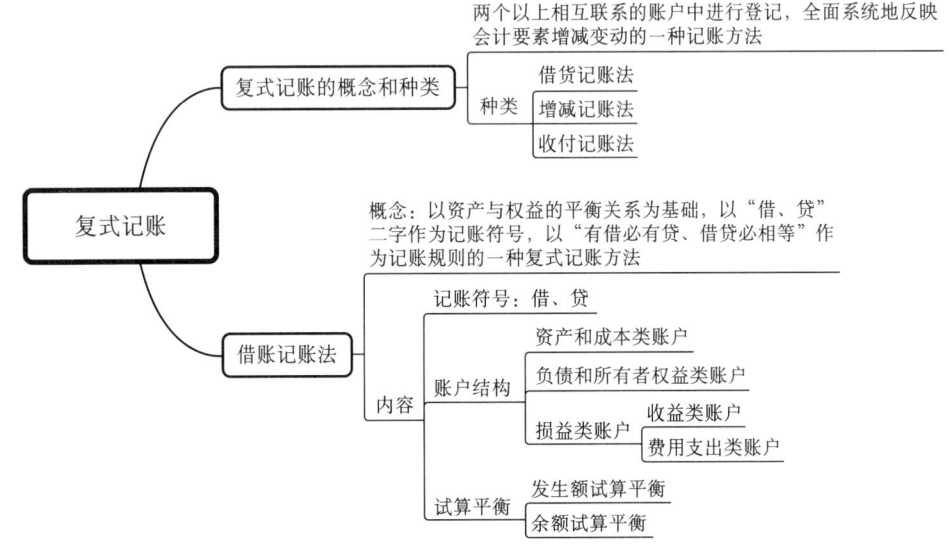

任务三
填制和审核会计凭证

【导言】

会计的最基本职能是核算，即企业在实际工作中一旦发生经济业务，必须进行确认、计量、报告等工作。实际工作中，如何证明上述经济业务的发生或完成呢？现举例加以说明：

云腾公司的采购部张经理到财务部门找到会计人员说（口头），他上星期到东北出差购入农副产品一批，支付货款234 000元，让会计人员把这234 000元还给他。会计人员能支付这笔货款给张经理吗？

云腾公司销售部门经理到财务部门找到会计人员说其在上月销售时发票金额开错，多收了客户的1 500元，他本人已经把钱还给客户，让会计人员退回其1 500元的钱。会计人员能退还这笔款项吗？

云腾公司后勤管理部门驾驶员到财务部门找到会计人员说本月为公司跑业务，共加油4 520元，要求会计人员把该笔加油款项支付给本人。会计人员能支付这笔款项吗？

显然，这三笔款项会计人员都不能支付。实际工作中，一旦发生经济业务，必须取得或填制具有书面形式的有效的文字证明，即会计凭证，才能办理相关的业务。会计凭证包括原始凭证和记账凭证，是记录经济业务、明确经济责任的书面证明，是登记账簿的依据，是会计核算工作的起点。正确填制和审核会计凭证,是核算和监督经济活动、财务收支的基础,是做好会计工作的前提。

【任务目标——知识目标】
* 理解原始凭证和记账凭证的概念、基本分类
* 掌握原始凭证和记账凭证的填制要求
* 掌握记账凭证的填制方法
* 掌握原始凭证和记账凭证的审核内容
* 了解会计凭证的传递与保管

【任务目标——能力目标】
* 能识别不同种类的原始凭证
* 能填制与审核原始凭证与记账凭证

1. 会计凭证的概念和种类

1.1 会计凭证的概念

会计凭证(Accounting Vocher),简称"凭证",是记录经济业务发生或完成情况的书面证明,也是登记账簿的依据。填制和审核会计凭证是会计核算的一种重要方法。

填制或取得会计凭证是会计工作的起点和基础。

任何单位在处理经济业务时,都必须按规定的程序和要求,由经办人员取得或填制有关凭证,以书面形式记录和证明所发生经济业务的性质、内容、数量、金额等,并在凭证上签名或盖章,以对经济业务的合法性和凭证的真实性、完整性负责,明确经济责任。填制或取得会计凭证后,要由有关人员进行审核,经审核无误,才能作为记账依据。

1.2 会计凭证的作用

合法地取得、正确地填制和审核会计凭证,是会计核算工作的起点,也是保障会计信息真实可靠的关键,在会计核算工作中具有重要作用。

(1)记录经济业务,提供记账依据。会计凭证是登记账簿的依据,会计凭证所记录的有关信息是否真实、可靠、及时,对能否保证会计信息质量具有至关重要的影响。

(2)明确经济责任,强化内部控制。任何会计凭证除记录有关经济业务的基本内容外,还必须由有关部门和人员签章,对会计凭证所记录经济业务的合法性和真实性、完整性负责,以防止舞弊行为,强化内部控制。

(3)监督经济活动,控制经济运行。通过对会计凭证的审核,既可以监督、检查每一项经济业务是否符合国家有关法律、法规、制度规定,又可以查明是否存在违法乱纪、铺张浪费的行为,以保证对经济活动的事中控制,促进经济活动健康发展。

1.3 会计凭证的种类

企业实际工作中发生的经济业务活动内容繁多且种类丰富,而用于记录、监督经济业务

的会计凭证也多种多样。为了认识、掌握和运用会计凭证，就需要对会计凭证加以分类。

会计凭证按填制的程序和用途不同，分为原始凭证和记账凭证。

2. 填制和审核原始凭证

2.1 原始凭证的概念和种类

2.1.1 原始凭证的概念

原始凭证（Source Document）又称"单据"，是在经济业务发生或完成时取得或填制的，用以记录或证明经济业务的发生或完成情况，明确有关经济责任的书面凭证。

原始凭证是在经济业务发生的过程中直接产生的，是经济业务发生的最初证明，对经济业务的发生或完成起证明作用，为会计核算工作提供了最直接的依据。如采购原材料取得的增值税专用发票、生产部门领用材料的领料单、出差取得的机票/车票等，都属于原始凭证的范围。

2.1.2 原始凭证的分类

（1）原始凭证按取得的来源不同分类，可分为自制原始凭证和外来原始凭证。

自制原始凭证——在执行或完成某项经济业务时，由本单位内部经办业务的部门或人员自行填制的、仅供本单位内部使用的原始凭证。如收料单、领料单、限额领料单、产品出库单、成品入库单、借款单、工资结算汇总表等。

外来原始凭证——在经济业务发生或完成时，从其他单位或个人处直接取得的原始凭证。外来原始凭证都是一次凭证。如企业购买货物时从供应商处取得的增值税专用发票、对外单位支付款项时取得的收据、职工出差取得的机票/车票等，都是外来原始凭证。

（2）原始凭证按照格式的不同分类，可分为通用凭证和专用凭证两类。

通用凭证：是指由有关部门统一印制、在一定范围内使用的具有统一格式和使用方法的原始凭证。如增值税专用发票、银行转账结算凭证等。

专用凭证：是指由单位自行印制、仅在本单位内部使用的原始凭证。如领料单、差旅费报销单、工资费用分配表、折旧计算表等。

（3）原始凭证按照填制手续及内容的不同分类，可分为一次凭证、累计凭证、汇总凭证。

一次凭证——只反映一笔经济业务，或者同时反映若干项同类性质的经济业务，其填制手续是一次完成的原始凭证。如由仓库保管员填制的收料单、车间或班组向仓库领用材料时填制的领料单等，都是一次凭证。

累计凭证——在一定时期内多次记录发生的同类型经济业务的原始凭证。其特点是在一张凭证内可以连续登记相同性质的经济业务，随时结出累计数及结余数，并按照费用限额进行费用控制，期末按实际发生额记账。累计凭证是多次有效的原始凭证。具有代表性的累计凭证是限额领料单。

汇总凭证：也称为汇总原始凭证，对一定时期内反映经济业务内容相同的若干张原始凭证，按照一定标准综合填制的原始凭证。汇总原始凭证合并了同类型经济业务，简化了记账工作量，如发料凭证汇总表、收料凭证汇总表、工资结算汇总表、差旅费报销单等都是汇总凭证。

2.2 原始凭证的基本内容

由于各项经济业务的内容和经济管理的要求不同，各种原始凭证的名称、格式和内容也是多种多样的。但是，所有的原始凭证作为经济业务的原始依据，必须详细载明有关经济业务的发生或完成情况，明确经办单位和人员的经济责任。所以，原始凭证应包括的基本内容有：

（1）原始凭证名称；
（2）填制原始凭证的日期和凭证编号；
（3）接受原始凭证的单位名称；
（4）经济业务内容（含数量、单价、金额等）；
（5）填制凭证单位名称或填制人姓名；
（6）填制单位签章、有关部门和人员签章；
（7）凭证附件。

原始凭证除了应当具备上述内容之外，还应当符合下列要求：

第一，从外单位取得的原始凭证，必须盖有填制单位的公章；对外开出的原始凭证，必须加盖本单位的公章。从个人取得的原始凭证，必须有填制人员的签名或盖章。这里说的"公章"是指具有法律效力和特定用途、能够证明单位身份和性质的印鉴，包括业务公章、财务专用章、发票专用章、结算专用章等。

第二，自制的原始凭证，必须有经办单位的领导或者由单位领导指定的人员签名或盖章。

第三，购买实物的原始凭证，必须有验收证明。如需要入库的实物，必须填写入库验收单，由实物保管人员验收后在入库单上如实填写实收金额，并加盖印章；不需要入库的实物，除经办人员在凭证上签章外，必须交给实物保管人员或者使用人员进行验收后在凭证上签章。这样的要求，目的是为了明确经济责任，保证账物相符，防止盲目采购，避免物资短缺和流失。

第四，支付款项的原始凭证，必须有收款单位和收款人的收款证明，不能仅以支付款项的有关凭证如银行汇款凭证等代替，其目的是为了防止舞弊行为的发生。

第五，发生销货退回的，除填制退货发票外，还必须有退货验收证明；退款时，必须取得对方的收款收据或者汇款银行的凭证，不得以退货发票代替收据。

如果由于特殊情况，可先用银行的有关凭证作为临时收据，待收到收款单位的收款证明后，再将其附在原付款凭证之后，作为正式的原始凭证。

第六，职工出差借款凭据，必须附在记账凭证之后。收回借款时，应当另开收据或者退还借款副本，不得退还原借款收据。因为借款和还回借款是互有联系的两项经济业务，必须分别在会计账目上独自反映出来，否则，将会使会计资料失去完整性。

第七，上级有关部门批准的经济业务，应当将批准文件作为原始凭证附件。如果批准文件需要单独归档的，应当在凭证上注明文件的批准机关名称、日期和文号，以便确认经济业务的审批情况和方便查阅。

2.3 原始凭证的填制要求

原始凭证是填制记账凭证的依据,是会计核算最基础的原始资料,所有的原始凭证都必须经过财会人员的审核,才能作为记账的依据。要保证会计核算工作的质量,必须从保证原始凭证的质量做起,正确填制原始凭证。

相关链接

原始凭证的填制要求

原始凭证填制时,应符合下列要求:

(1) 记录要真实。原始凭证所填列的经济业务内容和数字必须真实可靠,符合实际情况。

(2) 内容要完整。原始凭证所要求填列的项目必须逐项填列齐全,不得遗漏和省略,也不得简化。

(3) 手续要完备。单位自制的原始凭证必须有经办单位领导人或者其他指定人员的签名盖章;对外开出的原始凭证必须加盖本单位公章;从外部取得的原始凭证,必须盖有填制单位的公章;从个人取得的原始凭证,必须有填制人员的签名盖章。

(4) 书写要清楚、规范。原始凭证要按规定填写,文字要简要,字迹要清楚,易于辨认,不得使用未经国务院公布的简化汉字。大小写金额必须相符且填写规范,小写金额用阿拉伯数字逐个书写,不得写连笔字。在金额前要填写人民币符号"¥",人民币符号"¥"与阿拉伯数字之间不得留有空白。金额数字一律写到角、分,无角、分的,写"00"或符号"—";有角无分的,分位写"0",不得用符号"—"。大写金额用汉字壹、贰、叁、肆、伍、陆、柒、捌、玖、拾、佰、仟、万、亿、元、角、分、零、整等,一律用正楷或行书字书写。大写金额前未印有"人民币"字样的,应加写"人民币"三个字,"人民币"字样和大写金额之间不得留有空白。大写金额到元或角为止的,后面要写"整"或"正"字;有分的,不写"整"或"正"字。如小写金额为¥3 008.00,大写金额应写成"叁仟零捌元整"。

(5) 编号要连续。如果原始凭证已预先印有编号,在书写错误作废时,应加盖"作废"戳记,妥善保管,不得撕毁。

(6) 不得涂改、刮擦、挖补。原始凭证有错误的,应当由出具单位重开或更正,更正处应当加盖出具单位印章。原始凭证金额有错误的,应当由出具单位重开,不得在原始凭证上更正。

(7) 填制要及时。各种原始凭证一定要及时填写,并按规定的程序及时送交会计机构、会计人员进行审核。

2.3.1 一次凭证的填制

一次凭证,是指只反映一笔经济业务,或者同时反映若干项同类性质的经济业务,其填制手续是一次完成的原始凭证。下面以"收料单"和"领料单"的填制为例,说明一次凭证的填制方法。

(1) 收料单的填制。企业外购材料，都应履行入库手续，由仓库保管人员根据供应单位开来的发票账单严格审核，对运达入库的材料认真计量，并按实收数量认真填制"收料单"（见表2-3-1）。收料单一式三联：一联留仓库，据以登记材料物资明细账和材料卡片；一联随发票账单到会计部门报账；一联交采购人员存查。

表 2-3-1　　　　　　　　　　　　收　料　单

供应单位：××　　　　　　　　　　　　　　　　　　　　　　　凭证编号：0343
发票编号：0025　　　　　　　　××年×月×日　　　　　　　　收料仓库：第1仓库

材料类别	材料编号	材料名称及规格	计量单位	数量		金额（元）			
				应收	实收	单价	买价	运杂费	合计
备注						合计			

主管　　　　　　　会计　　　　　　　审核　　　　　　　记账　　　　　　　收料

(2) 领料单的填制。企业、车间或部门从仓库中领用各种材料，都应履行出库手续，由领料经办人根据需要材料的情况填写领料单，并经该单位主管领导批准到仓库领用材料。领料单（见表2-3-2）一式三联：一联留领料部门备查；一联留仓库，据以登记材料物资明细账和材料卡片；一联转会计部门或月末经汇总后转会计部门据以进行总分类核算。

表 2-3-2　　　　　　　　　　　　领　料　单

领料部门：第二车间　　　　　　　　　　　　　　　　　　　　凭证编号：0019
领料用途：A产品生产　　　　　　　××年×月×日　　　　　　发料仓库：第1仓库

材料类别	材料编号	材料名称	规格	计量单位	数量		单价	金额
					请领	实领		
备注							合计	

发料　　　　　　　领料　　　　　　　领料单位负责人　　　　　　　记账

2.3.2　累计凭证的填制

累计凭证，是在一定时期不断重复地反映同类经济业务的完成情况，由经办人于每次经济业务完成后在其上面重复填制而成。下面以"限额领料单"的填制为例，说明累计凭证的填制方法。

限额领料单（见表2-3-3）是在有效期间内（一般为一个月），只要领用数量不超过限额就可以连续使用。一料一单，一式两联，一联交仓库据以发料，一联交领料部门据以领料。领料单位领料时，在该单内注明请领数量，经负责人签章批准后，持往仓库领料。仓库发料时，根据材料的品名、规格在限额内发料，同时将实发数量及限额余额填写在限额领料单内，领料双方在单内签章。使用限额领料单领料，全月不能超过生产计划部门下达的全月领用限额。

表 2-3-3   **限额领料单**

领料部门：一车间   凭证编号：041

用 途：制造甲产品   2019 年 4 月   发料仓库：4

材料类别	材料编号	材料名称及规格	计量单位	领用限额	实际领用	单价	金额	备注
	01	A	kg	100	90	30.00	2 700.00	

供应部门负责人：陈实   生产计划部门负责人：李昕

日期	数量		领料人签章	发料人签章	扣除代用数量	退料			限额结余
	请领	实发				数量	收料人	发料人	
1	30	30	张弛	赵立					70
10	30	30	张弛	赵立					40
20	30	30	张弛	赵立					10
合计	90	90							10

生产计划部门负责人：刘松   供应部门负责人：钱众   仓库负责人：王月

2.3.3 汇总凭证的填制

汇总凭证，是指为了简化凭证的填制工作，将一定时期若干份记录同类经济业务的原始凭证定期地汇总编制一张汇总凭证，集中反映某项经济业务的完成情况。下面我们以"发出材料汇总表"的填制为例，说明汇总凭证的填制方法。见表 2-3-4 所示。

表 2-3-4   **发出材料汇总表**

2019 年 3 月 31 日   单位：元

会计科目	领料部门	原材料	燃料	合计
生产成本	一车间	25 000.00	6 800.00	31 800.00
	二车间	31 000.00	7 200.00	38 200.00
	小计	56 000.00	14 000.00	70 000.00
管理费用	管理部门	2 000.00		2 000.00
	小计	2 000.00		2 000.00
制造费用	一车间	2 000.00	900.00	2 900.00
	二车间	3 000.00	1 000.00	4 000.00
	小计	5 000.00	1 900.00	6 900.00
合计		63 000.00	15 900.00	78 900.00

会计负责人：金鑫   复核：周平   制表：李忠

提示：汇总凭证只能将相同内容的经济业务汇总在一起，填列在一张汇总凭证上，不能将两类或两类以上的经济业务汇总填列在一张汇总凭证上。

2.3.4 外来原始凭证的填制要求

外来原始凭证是在企业同外单位发生经济业务时，由外单位的经办人员填制的。因此，会计人员在记录经济业务时，应注意外来原始凭证的填制内容是否完整有效。外来原始凭证一般由税务局等部门统一印制，或经税务部门批准由经营单位印制，在填制时加盖出具凭证单位公章方为有效，对于一式多联的原始凭证必须用复写纸套写，如表2-3-5所示。

表2-3-5

云南省增值税专用发票
发 票 联

开票日期：2019年11月25日　　　　　　　　　　　　　　　　　　　　　　No083300

购货单位	名　称	东海海洋制罐厂			纳税人登记号								44082668989760								
	地址、电话	东海大汤镇泰大街16号			开户银行及账号								工行东海分行大汤支行 0669402836								
商品或劳务名称		计量单位	数量	单价	金　额								税率(%)	税　额							
					百	十	万	千	百	十	元	角	分		百	十	万	千	百	十	元	角	分
铁皮		Kg	20 000	0.92			1	8	4	0	0	0	0	13				2	3	9	2	0	0
合　计					¥		1	8	4	0	0	0	0		¥			2	3	9	2	0	0
价税合计（大写）		⊗仟⊗佰⊗拾贰万零柒佰玖拾贰元零角零分												（小写）¥207 92.00									
销货单位	名　称	湖南韶音铁厂			纳税人登记号								4401257386039l6								
	地址、电话	韶音市风采路260号 0579-3384207			开户银行及账号								工行韶音支行风采分理处								

第二联 发票联 购货方记账

收款人：李琼　　　　　　　　　　　　　　　　　　　开票单位（未盖章无效）

2.4 原始凭证的审核

审核原始凭证是正确组织会计核算的重要方法之一，也是实行会计监督的一个重要手段。会计部门和经办业务的有关部门，必须对原始凭证进行严格审核。原始凭证的审核内容主要包括：原始凭证的真实性、合法性、合理性、完整性、正确性和及时性。

真实性： 日期是否真实、业务内容是否真实、数据是否真实等。

合法性： 经济业务是否符合国家有关政策、法规、制度的规定，是否有违法违纪等行为。

合理性： 原始凭证所记录经济业务是否符合企业经济活动的需要、是否符合有关的计划和预算规定等。

完整性： 原始凭证的内容是否齐全，包括有无漏记项目、日期是否完整、数字是否清晰、文字是否工整、有关签字是否齐全、凭证联次是否正确等。

正确性： 各项金额的计算及填写是否正确，有无刮擦、涂改和挖补等。

及时性： 审查填制日期，尤其是支票、银行汇票、银行本票等原始凭证，更应仔细验证其签发日期。

经审核的原始凭证，应根据不同情况进行处理：

一是对于完全符合要求的原始凭证，应及时据以编制记账凭证入账；

二是对于真实、合法、合理但内容不够完整、填写有错误的原始凭证，应退回有关经办人员，由其负责将有关凭证补充完整、更正错误或重开后，再办理正式会计手续；

三是对于不真实、不合法的原始凭证，会计机构和会计人员有权不予接受，并向单位负责人报告。

3. 填制和审核记账凭证

3.1 记账凭证的概念和种类

3.1.1 记账凭证的概念

记账凭证（Voucher）又称记账凭单，是会计人员根据审核无误的原始凭证，按照经济业务事项的内容加以归类，并据以确定会计分录的会计凭证。它是登记账簿的直接依据。

由于原始凭证来自不同的单位，种类繁多，数量庞大，格式不一，不能清楚地表明应记入的会计科目的名称和方向，同时也未经过会计的专业方法进行加工，不能为会计管理和决策工作提供所需的会计信息，因此需要采用会计的专门方法进一步进行加工整理，即在取得原始凭证的基础上，根据其所反映的不同经济业务，加以归类和整理，填制具有统一格式的记账凭证，确定会计分录，并将相关的原始凭证附在后面。这样不仅可以简化记账工作、减少差错，而且有利于原始凭证的保管，便于对账和结账，提高会计工作质量。

3.1.2 记账凭证的分类

（1）按记录经济业务内容的不同分类，记账凭证可分为通用记账凭证和专用记账凭证。

①通用记账凭证：用来记录所有经济业务的记账凭证。

②专用记账凭证：用来记录某类经济业务的凭证。专用记账凭证按记录的具体经济业务不同，又分为收款凭证、付款凭证和转账凭证。

收款凭证是指专门用来记录现金和银行存款收款业务的凭证，它是根据现金和银行存款收款业务的原始凭证填制的。

付款凭证是指专门用来记录现金和银行存款付款业务的凭证，它是根据现金和银行存款付款业务的原始凭证填制的。

转账凭证是指用以记录不涉及现金和银行存款业务的会计凭证，它是根据有关转账业务的原始凭证填制的。

（2）按填列方式的不同分类，记账凭证可分为复式记账凭证和单式记账凭证。

①复式记账凭证：是指将每一笔经济业务事项所涉及的全部会计科目及其发生额均在同一张记账凭证中反映的一种凭证。

复式记账凭证全面反映了经济业务账户的对应关系，便于了解经济业务的全貌，了解资金运动的来龙去脉，便于查账，同时减少了填制记账凭证的工作量，减少了记账凭证的数量。

在实际工作中，我国大多数企业都使用复式记账凭证。

②单式记账凭证：是指每一张记账凭证只填列经济业务事项所涉及的一个会计科目及其金额的记账凭证。每张记账凭证只填列一个会计科目，其对方科目只供参考，不据以记账。即把某一项经济业务的会计分录，按其所涉及的会计科目，分散填制两张或两张以上的记账凭证。

单式记账凭证反映内容单一，便于分工记账，便于按会计科目汇总，但一张凭证不能反映每一笔经济业务的全貌，不便于检查会计分录的正确性。在实际工作中，银行会计进行核算时，有时会使用单式记账凭证。

3.2 记账凭证的基本内容

记账凭证的种类较多，格式不一，但其主要作用都在于对原始凭证进行分类、整理，按照复式记账法的要求，运用会计科目，编制会计分录，据以登记账簿。因此，记账凭证必须具备以下基本内容：

（1）记账凭证的名称；
（2）填制记账凭证的日期；
（3）记账凭证的编号；
（4）经济业务事项的内容摘要；
（5）经济业务事项所涉及的会计科目及其记账方向；
（6）经济业务事项的金额；
（7）记账标记；
（8）所附原始凭证张数；
（9）会计主管、记账、审核、出纳、制单等有关人员签章，收款凭证和付款凭证还应由出纳人员签名或盖章。

3.3 记账凭证的填制要求

（1）记账凭证各项内容必须完整。正确填写摘要、一级科目、二级科目或明细科目，账户的对应关系、金额都应正确无误。

（2）记账凭证的书写应清楚、规范。

（3）除结账和更正错误的记账凭证可以不附原始凭证外，其他记账凭证必须附有原始凭证。记账凭证上应注明所附的原始凭证张数，以便查核。如果根据同一原始凭证填制数张记账凭证时，则应在未附原始凭证的记账凭证上注明"附件××张，见第××号记账凭证"。

（4）填制记账凭证的依据，必须是经审核无误的原始凭证。记账凭证可以根据每一张原始凭证填制，或根据若干张同类原始凭证汇总编制，也可以根据原始凭证汇总表填制，但不得将不同内容和类别的原始凭证汇总填制在一张记账凭证上。

（5）记账凭证应连续编号。不同的情况采用不同的编号方法，例如，业务极少的单位可按年编顺序号。采用收、付、转三种记账凭证的单位，应采用字号编号法，即把不同类型的记账凭证用字加以区别，再把同类记账凭证顺序号加以连续。三种格式的记账凭证，采用字号编号法时，具体地编为"收字第××号""付字第××号""转字第××号"。如果一笔经济业务需要填制一张以上记账凭证时，可以采用分数编号法编号。例如，某笔经济业务需要填制两张转账凭证，该转账凭证的顺序号为8，则这两账转账凭证分别编为"转字第 $8\frac{1}{2}$ 号"、"转字第 $8\frac{2}{2}$ 号"。每月末最后一张记账凭证的编号旁应加注"全"字。

（6）填制记账凭证时若发生错误，应当重新填制。已登记入账的记账凭证在当年内发现填写错误时，可以用红字填写一张与原内容相同的记账凭证，在摘要栏注明"注销某月某日某号凭证"字样,同时再用蓝字重新填制一张正确的记账凭证,注明"订正某月某日某号凭证"字样。如果会计科目没有错误,只是金额错误,也可将正确数字与错误数字之间的差额另编一张调整的记账凭证,调增金额用蓝字,调减金额用红字。发现以前年度记账凭证有错误的,应当用蓝字填制一张更正的记账凭证。

(7) 记账凭证填完经济业务事项后,如有空行,应当自金额栏最后一笔金额数字下的空行处至合计数上的空行处划线注销。

3.4 记账凭证的填制方法

3.4.1 收款凭证的填制方法

收款凭证是用来记录现金和银行存款收款业务的凭证。由出纳人员根据审核无误的原始凭证收款后填制,分为现金收款凭证和银行存款收款凭证。收款凭证左上角的"借方科目"按收款的性质填写"库存现金"或"银行存款";日期填写的是编制本凭证的日期;右上角填写编制收款凭证的顺序号;"摘要"填写对所记录的经济业务的简要说明;"贷方科目"填写与收入现金或银行存款相对应的会计科目;"记账签章"是指该凭证已登记账簿的标记,防止经济业务事项重记或漏记;"金额"是指该项经济业务事项的发生额;该凭证右边"附件×张"是指本记账凭证所附原始凭证的张数;最下边分别由有关人员签章,以明确经济责任。

【例 2-3-1】2019 年 10 月 5 日,云腾公司收回力高公司前欠货款 58 500 元存入银行(银收字第 20 号)。收款凭证如表 2-3-6 所示。

表 2-3-6　　　　　　　　　　收　款　凭　证

借方科目:银行存款　　　　　2019 年 10 月 5 日　　　　　凭证编号银收字第 20 号

对方单位(或缴款人)	摘要	贷方科目		金额									记账
		总账科目	明细科目	千	百	十	万	千	百	十	元	角	分	
力高公司	收到前欠货款	应收账款	力高公司				5	8	5	0	0	0	0	√
合　计　金　额							¥ 5	8	5	0	0	0	0	

会计主管:赵伟　　稽核:李明　　记账:王红　　出纳:孙玉　　制单:王红

附件 1 张

3.4.2 付款凭证的填制方法

付款凭证是用来记录现金和银行存款付款业务的凭证,由出纳人员根据审核无误的原始凭证付款后填制,分为现金付款凭证和银行存款付款凭证。付款凭证的编制方法与收款凭证基本相同,只是左上角由"借方科目"换为"贷方科目",凭证中间的"贷方科目"换为"借方科目"。

提示: 对于涉及现金和银行存款之间相互划转的经济业务,一般只编制付款凭证,不编收款凭证,以避免重复记账。例如将现金存入银行,只编现金付款凭证,不编银行存款收款凭证；从银行提取现金，只编银行存款付款凭证，不编现金收款凭证。出纳人员应根据会计人员审核无误的收款凭证和付款凭证办理收付业务。

【例 2-3-2】 10 月 6 日，业务人员陈明出差，向财务科预借差旅费 800 元，以现金支付（现付字第 1 号）。付款凭证如表 2-3-7 所示。

表 2-3-7　　　　　　　　　　　　　付　款　凭　证

贷方科目：库存现金　　　　　　　　2019 年 10 月 6 日　　　　　　　　凭证编号现付字第 1 号

对方单位	摘要	借方科目		金额									记账
		总账科目	明细科目	千	百	十	万	千	百	十	元	角	分	
	借支差旅费	其他应收款	陈明					8	0	0	0	0	√
	合　计　金　额						¥	8	0	0	0	0	

会计主管：赵伟　　　　稽核：李明　　　　记账：王红　　　　出纳：孙玉　　　　制单：王红

3.4.3　转账凭证的填制方法

转账凭证是指用以记录不涉及现金和银行存款收付业务的凭证，如原材料的领用、成本的结转等。它是由会计人员根据审核无误的原始凭证填制的，将经济业务事项中所涉及全部会计科目填列在凭证内，借方科目在先，贷方科目在后，按照先借后贷的顺序记入"会计科目"栏中的"总账科目"和"明细科目"，并按应借、应贷方向分别记入"借方金额"或"贷方金额"栏。其他项目的填列与收、付款凭证相同。

【例 2-3-3】 10 月 19 日，车间领用 A 材料 3 600 元，用以生产甲产品（转字第 87 号）。转账凭证如表 2-3-8 所示。

表 2-3-8　　　　　　　　　　　　　转　账　凭　证

2019 年 10 月 19 日　　　　　　　　凭证编号转字第 87 号

摘要	总账科目	明细科目	借方金额									贷方金额									记账
			千	百	十	万	千	百	十	元	角	分	千	百	十	万	千	百	十	元	角	分	
甲产品生产	生产成本	甲产品					3	6	0	0	0	0										
领用甲材料	原材料	A 材料															3	6	0	0	0	0	√
	合　计　金　额						¥	3	6	0	0	0	0				¥	3	6	0	0	0	0	

会计主管：赵伟　　　　稽核：李明　　　　记账：王红　　　　出纳：孙玉　　　　制单：王红

应当指出,在同一项经济业务中,如果既有现金或银行存款的收付业务,又有转账业务,应相应地填制收、付款凭证和转账凭证。例如陈明出差回来,报销差旅费 700 元,出差前已预借 800 元,剩余 100 元交回现金。对于这项经济业务,应根据收款收据的记账联填制现金收款凭证,同时根据差旅费报销凭单填制转账凭证。

在实际工作中,规模小、业务较少的单位也可以不根据经济业务的内容分别填制收、付、转等专用记账凭证,而统一填制通用记账凭证,其格式与转账凭证相同。

3.5 记账凭证的审核

记账凭证填制完成后,还应经专人审核。记账凭证的审核主要包括以下内容:

(1) 内容是否真实。审核记账凭证是否附有原始凭证,原始凭证是否齐全,内容是否合法,记账凭证所记录的经济业务与所附原始凭证所反映的经济业务内容是否相符。

(2) 项目是否齐全。项目填写是否齐全,如日期、摘要、凭证编号、明细科目、附件张数以及有关人员签章等。

(3) 科目是否正确。记账凭证的应借、应贷科目是否正确,账户对应关系是否清晰,所使用的会计科目及其核算内容是否符合会计准则的规定。

(4) 金额是否正确。记账凭证与原始凭证的有关金额是否一致,计算是否正确,记账凭证汇总表的金额与记账凭证的金额是否相符等。

(5) 书写是否正确。文字、数字是否工整、清晰,是否按规定进行更正等。此外,出纳人员在办理收款或付款业务后,应在凭证上加盖"收讫"或"付讫"的戳记,以避免重收重付。

在审核过程中,要求会计人员既要熟悉和掌握国家政策、法令、规章制度和计划、预算的有关规定,又要熟悉和了解本单位的经营情况,如果发现差错,应查明原因,按规定办法及时处理和更正。只有经过审核无误的记账凭证,才能据以登记账簿。

4. 传递和保管会计凭证

4.1 传递会计凭证

传递会计凭证是指从会计凭证自取得或填制时起至归档保管过程中,在单位内部有关部门和人员之间传送的程序。会计凭证的传递要能够满足内部控制制度的要求,使传递程序合理有效,同时尽量节约传递时间,减少传递的工作量。

由于企业生产组织特点、经济业务内容和管理要求不同,会计凭证的传递也有所不同。为此,各会计主体应根据具体情况制定每一种凭证的传递程序和方法。应当满足以下要求:

(1) 明确会计凭证各联次的用途和传递路线。既要保证会计凭证经过必要的处理和审批环节,又要避免会计凭证在不必要的环节停留,确保有关部门和人员在及时了解情况、掌握资料、划清责任的前提下,提高工作效率。

(2) 合理确定会计凭证的传递时间。在保证各有关部门和人员有足够时间完成凭证处理工作的前提下,尽量减少会计凭证在各个环节的停留时间,做到不拖延、不积压会计凭证,以免影响正常的会计工作。

（3）完善会计凭证传递中的衔接手续。做到既严密完备，又简单易行，确保凭证的收发、交接都能按照规定的手续和制度办理，强化会计凭证的安全和完整。

4.2　保管会计凭证

保管会计凭证是指会计凭证登账后的整理、装订和归档存查工作。由于会计凭证是记账的依据，是重要的经济档案和历史资料，因此必须按照要求对会计凭证妥善整理，并归档保管，不得丢失或任意销毁。

保管会计凭证主要有下列要求：

（1）会计凭证应定期装订成册，防止散失。会计部门在依据会计凭证记账以后，应定期（每天、每旬或每月）对各种会计凭证进行分类整理，将各种记账凭证按照编号顺序，连同所附的原始凭证一起加具封面、封底，装订成册，并在装订线上加贴封签，由装订人员在装订线封签处签名或盖章。会计凭证的封面样式如图 2 – 3 – 1 所示。

从外单位取得的原始凭证遗失时，应取得原签发单位盖有公章的证明，并注明原始凭证的号码、金额、内容等，由经办单位会计机构负责人、会计主管人员和单位负责人批准后，才能代作原始凭证。若确实无法取得证明的，如车票丢失，则应由当事人写明详细情况，由经办单位会计机构负责人、会计主管人员和单位负责人批准后，代作原始凭证。

册数号	本月共　册
	本册第　册

会 计 凭 证 封 面

自　年　月　日起至　月　日止

记账凭证种类	凭　单　起　讫　号　数	附原始凭证张数
收款凭证	共　张自第　号至第　号	共　张
付款凭证	共　张自第　号至第　号	共　张
转账凭证	共　张自第　号至第　号	共　张
记账凭证	共　张自第　号至第　号	共　张
备　注		

亚共纸品193-15

20　年　月　日装订

会计主管人员　　复核　　装订员

图 2 – 3 – 1　会计凭证的封面样式

（2）会计凭证封面应注明单位名称、凭证种类、凭证张数、起止号数、年度、月份、会计主管人员、装订人员等有关事项，会计主管人员和保管人员应在封面上签章。

（3）会计凭证应加贴封条，防止抽换凭证。原始凭证不得外借，其他单位如有特殊原因确实需要使用时，经本单位会计机构负责人、会计主管人员批准，可以复制。向外单位提供的原始凭证复制件，应在专设的登记簿上登记，并由提供人员和收取人员共同签名、盖章。

（4）原始凭证较多时，可单独装订，但应在凭证封面注明所属记账凭证的日期、编号和种类，同时在所属的记账凭证上应注明"附件另订"及原始凭证的名称和编号，以便查阅。对各种重要的原始凭证，如押金收据、提货单等，以及各种需要随时查阅的退回单据，应另编目录，单独保管，并在有关的记账凭证和原始凭证上分别注明日期和编号。

（5）严格遵守会计凭证的保管期限要求，期满前不得任意销毁。每年装订成册的会计凭证，在年度终了时可暂由单位会计机构保管一年，期满后应当移交本单位档案机构统一保管；未设立档案机构的，应当在会计机构内部指定专人保管。出纳人员不得兼管会计档案。

5. 职业启航——凭证的识别、填制和审核综合实作

5.1 原始凭证的识别、填制与审核

5.1.1 真假增值税专用发票的识别要点

（1）识别增值税专用发票的真假，主要从以下几个方面进行：

①在"发票联"和"抵扣联"印有水印图案。即有两组4个标准的税徽图案组成的环形，中间有正反"税"字的拼音字母"SHUI"。将专用发票联和抵扣联背面对光检查，可以看见水印防伪图案。

②有红色荧光防伪标记。发票联和抵扣联中票头套印的是全国统一发票监制章，采用红色荧光油墨印刷，在紫外线灯发票鉴别仪照射下呈洋红色。

③有无色荧光防伪标记。即在发票联和抵扣联的中间采用无色荧光油墨套印"国家税务总局监制"字样和左右两边的花纹图案，用肉眼是看不见的，用紫外线灯发票鉴别仪器照射呈洋红色荧光。

目前发现的假发票，一类是伪造的，另一类是变造的。伪造的发票，其纸质、字体、防伪图案、版面印色等均不同于真发票，在其印制的联次、字轨号码或装订顺序上，经常出现混乱和错位现象；变造的发票，是在真发票上采用刮、擦、挖补等手段，更改或增添发票上的有关内容。

（2）识别增值税普通发票的真假，主要从以下几个方面进行：

①看是否采用专用水印纸印刷，水印图案为菱形，中间标有"SW"字样，发票联不加印底纹。

②看制章和发票号码是否采用有色荧光油墨套印，印色为大红色，在紫外线照射下为橘红色。

③不具备使用水印无碳压感条件的地区，可暂时使用无水印普通无碳压感纸印制的发票联，但发票监制章及发票号码采用有色荧光油墨套印。

5.1.2 原始凭证的填制

（1）增值税专用发票的填制。2019年9月8日，云腾公司（开户银行：昆明商业银行永新支行；账号：2005001；纳税登记号：501112005001888；地址：昆明市春城路112号；电话：0871-67174356）向昆阳钢铁厂（开户银行：昆阳商业银行白塔支行；账号：6005566；纳税登记号：201120055880066；地址：昆阳市文翔路77号；电话：0871-65542312；收款人：李明；开票人：苏臣）购买Φ10mm圆钢10 000千克，每千克15.00元，增值税率为13%。款项采用"托收承付"结算。请填制完成下列"增值税专用发票"。

表 2-3-9

云南省增值税专用发票
发 票 联

开票日期： 年 月 日   №083300

购货单位	名 称				纳税人登记号												
	地址、电话				开户银行及账号												

商品或劳务名称	计量单位	数量	单价	金 额 (百十万千百十元角分)	税率(%)	税 额 (万千百十元角分)
合 计						

价税合计（大写） 佰 拾 万 仟 佰 拾 元 角 分   (小写) ¥ _____

销货单位	名 称			纳税人登记号	
	地址、电话			开户银行及账号	

收款人：   开票单位（未盖章无效）

（2）现金支票的填制。2019年9月15日，云腾公司开出现金支票3 500元，从红星家具厂购入管理用办公家具一批，款项已支付（开户银行：昆明商业银行永新支行；账号：2005001）。请填制下列现金支票。

表 2-3-10

昆明商业银行 现金支票存根 $\frac{BX}{02}$00109277 附加信息 _____ _____ 出票日期：年月日 收款人： 金　额： 用　途： 单位主管　会计	**昆明商业银行**　现金支票　$\frac{BX}{02}$00109277 出票日期（大写）　年　月　日　　付款行名称： 收款人：　　　　　　　　　　　　　出票人账号： 人民币（大写）　[亿千百十万千百十元角分] 用途_____ 上列款项请从 我账户内支付 出票人签章　　　　　　复核　　　记账 本支票付款期限十天

（3）委托收款凭证的填制。2019年9月16日，云腾公司向天地房地产公司销售一批钢板，价税共计22 600元，已到银行办妥委托收款手续（付款人：云南大理天地房地产公司，账号：2501234456；地址：下关文华路18号）。请填制委托收款凭证。

表2-3-11　　　　　　　　　委托收款凭证（回单）

委邮　　　　　　　　委托日期　年　月　日　　　　　　　　　　第1075号

汇款人	全　称		收款人	全　称		此联是汇出银行给汇款人的回单
	账号或住址			账号或住址		
	汇出地点	云南省大理市		汇入地点	云南省昆明市	
	汇出行名称	工商银行大理支行		汇入行名称	商业银行永新支行	
金额	人民币（大写）			千 百 十 万 千 百 十 元 角 分		
汇款用途：销售商品		委托收款凭证名称	增值税专用发票	附寄单证张数	1	
备注：		款项收妥日起　　年　月　日		收款人开户银行盖章　　年　月　日		

（4）银行汇票申请书的填制。2019年9月18日，云腾公司向银行提交"银行汇票申请书"，办理银行汇票6 767元，用于从昆钢三厂煤矿购买钢材（开户行：昆钢建行三支行，账号25066534）。请填制银行汇票申请书。

表2-3-12　　　　　　　中国工商银行汇票申请书（存根）　　1

申请日期　年　月　日　　　　　　　　　　　　第156号

汇款人		收款人		此联由汇款人留存作记账凭证
账号或住址		账号或住址		
兑付地点		兑付行	汇款用途	
汇款金额	人民币（大写）		千 百 十 万 千 百 十 元 角 分	
备　注		科　目＿＿＿＿＿＿ 对方科目＿＿＿＿＿＿ 财务主管　　　复核　　　经办		

5.1.3　原始凭证的审核

2019年9月19日，云腾公司营销部门的王强因出差，预借差旅费4 000元。根据已填写的内容，审核所填内容的完整性、合理性、真实性等。

5.2　记账凭证的填制与审核

云腾公司会计部门人员配备如下：会计主管赵伟，稽核人员李明，会计人员王红，出纳孙玉，制单员王红。2019年9月发生下列业务，根据相关资料分别填制收款凭证、付款凭证和转账凭证。

表 2-3-13　　　　　　　　　　　借款单（记账）

2019 年 9 月 19 日

借款单位	营销部	姓名	王强	级别		出差地点	玉溪等地
						天数	15天
事由	新产品推广		借款金额（大写）	人民币 零肆仟元			￥4 000.00整
单位负责人签署			借款人签章	王强	注意事项	一、本单由借款人填写 二、凡借用公款必须使用本单 三、第三联为正式借据由借款人和单位负责人签章 四、出差返回后三日内结算	
会计主管审批	同意 赵伟		出纳	同意		现金付讫	

5.2.1　收款凭证的填制

2019 年 9 月 3 日，云腾公司销售货物一批，开具增值税专用发票，金额为 400 000 元，销项税额 52 000 元，货款及税款已收存银行（银收字第 16 号）。请填制收款凭证。

表 2-3-14　　　　　　　　　　　收　款　凭　证

借方科目：　　　　　　　　　　　　　年　月　日　　　　　　　　　　凭证编号＿＿字第＿号

对方单位（或缴款人）	摘要	贷方科目		金额										记账
		总账科目	明细科目	千	百	十	万	千	百	十	元	角	分	
合　计　金　额														

会计主管：　　　　　稽核：　　　　　记账：　　　　　出纳：　　　　　制单：

5.2.2　付款凭证的填制

2019 年 9 月 7 日，云腾公司购入原材料木材一批，增值税专用发票注明货款金额为 200 000 元，增值税进项税额 26 000 元，货款及税款已开出转账支票支付（银付字第 21 号），材料尚未入库，公司采用实际成本法核算。请填制付款凭证。

5.2.3　转款凭证的填制

2019 年 9 月 13 日，云腾公司营销部门领用原材料木材一批，金额为 5 000 元（转字第 25 号）。请填制转账凭证。

表2-3-15

付 款 凭 证

贷方科目：　　　　　　　　　　　年　月　日　　　　　　　　　　　凭证编号＿＿字第＿号

对方单位（或缴款人）	摘要	借方科目		金额										记账
		总账科目	明细科目	千	百	十	万	千	百	十	元	角	分	
合　计　金　额														

附件　张

会计主管：　　　　　稽核：　　　　　记账：　　　　　出纳：　　　　　制单：

表2-3-16

转 账 凭 证

年　月　日　　　　　　　　　　　凭证编号＿＿字第＿号

摘要	总账科目	明细科目	借方金额										贷方金额										记账
			千	百	十	万	千	百	十	元	角	分	千	百	十	万	千	百	十	元	角	分	
合　计　金　额																							

附件　张

会计主管：　　　　　稽核：　　　　　记账：　　　　　制单：

扫码知答案5

本任务思维导图

填制与审核会计凭证

- **会计凭证的概念与作用**
  - 概念：记录经济业务发生或完成情况的书面证明
  - 作用：
    - 登记账簿，提供记账依据
    - 明确经济责任，强化内部控制
    - 监督经济活动，控制经济运行

- **填制与审核记账凭证**
  - 记账凭证的分类
    - 按记录经济业务内容分
      - 通用记账凭证
      - 专用记账凭证
        - 收款记账凭证
        - 付款记账凭证
        - 转账记账凭证
    - 按列示方式分
      - 复式记账凭证
      - 单式记账凭证
  - 记账凭证的填制与审核
    - 填制
      - 通用记账凭证的填制
      - 专用记账凭证的填制
    - 审核
      - 内容是否真实
      - 项目是否齐全
      - 科目是否正确
      - 金额是否正确
      - 书写是否正确

- **填制与审核原始凭证**
  - 原始凭证的分类
    - 按取得的来源分
      - 自制原始凭证
      - 外来原始凭证
    - 按格式分
      - 通用凭证
      - 专用凭证
    - 按填制手续及内容分
      - 一次凭证
      - 累计凭证
      - 汇总凭证
  - 原始凭证的填制与审核
    - 填制
      - 一次凭证的填制
      - 累计凭证的填制
      - 汇总凭证的填制
      - 外来原始凭证的填制
    - 审核
      - 真实性
      - 合法性
      - 合理性
      - 完整性
      - 正确性
      - 及时性

- **传递与保管会计凭证**
  - 传递会计凭证
    - 明确会计凭证各联次的用途和传递路线
    - 合理规定会计凭证传递的时间
    - 完善会计凭证传递的衔接手续
  - 保管会计凭证
    - 会计凭证传递完毕，防止散失
    - 会计凭证封面应注明有关事项及签章
    - 会计凭证应加贴封条，防止抽换
    - 会计凭证较多时，可单独装订
    - 严格遵守保管期限要求，期满前不得任意销毁

任务四
主要经济业务的核算——以小型制造业为例

【导言】

不同企业的经济业务各有特点,其生产经营业务流程也不尽相同。制造业企业是产品的生产单位,其完整的生产经营过程由供应过程、生产过程和销售过程所构成。

资金筹集过程:企业要从各种渠道筹集生产所需的资金,主要包括接受投资者投资和向债权人借入各种款项。完成筹资任务,企业就可以进入供、产、销过程。

供应过程:是生产准备过程,在这个过程中,企业购买机器设备等劳动资料,购买原材料等劳动对象,为生产产品做好物资上的准备。

生产过程:是产品生产过程,企业为了生产产品,要消耗各种材料物资,发生固定资产磨损,支付职工薪酬,支付水电费等其他费用。产品生产过程中所发生的各种费用,叫做生产费用。所有的生产费用都要归集和分配到一定种类的产品上,形成各种产品的生产成本或制造成本。处在生产过程的某个阶段尚未完工的产品,称为在产品或在制品。随着产品完工入库,企业的在产品存货便转化为产成品存货。

销售过程:是产品价值的实现过程。企业通过销售产品并按照销售价格与购买单位办理各种款项的结算,收回货款。对于企业而言,销售产品是其主营业务,在主营业务之外,企业还会发生一些诸如销售材料、出租固定资产等其他业务。另外,销售过程中还要发生包装费、广告费、推销费等销售费用,需要计算并及时交纳各种销售税金、结转销售成本,这些都属于销售过程的核算内容。

财务成果形成与分配过程:企业在生产经营过程中所获得的各项收入遵循配比的要求抵偿了各项成本、费用之后的差额,形成了企业的利润。企业的实现的利润,一部分要以所得税的形式交纳所得税,另一部分(即税后利润)要按照规定的程序进行利润分配,并将税后利润按照规定提取盈余公积、按企业章程或决议向投资者分配利润。因此,利润的形成、所得税的计算及交纳、盈余公积金的提取,向投资者分配利润等业务形成了企业的财务成果业务。

针对企业生产经营过程中发生的上述经济业务,账务处理的主要内容有:
(1)资金筹集经济业务的核算;
(2)供应过程经济业务的核算;
(3)生产过程经济业务的核算;
(4)销售过程经济业务的核算;
(5)财务成果形成与分配过程经济业务的核算。

本任务在讲解主要经济业务核算的同时,要求根据教学案例以及职业起航的实训内容同步填制记账凭证,实现"教、学、做"一体化,确实提高学生的实践能力。

【任务目标——知识目标】
*掌握制造企业主要经济业务核算设置的账户及其用途和结构

【任务目标——能力目标】
*能编制制造业企业主要经济业务的会计分录并同步填制记账凭证

1. 资金筹集经济业务的核算

企业的资金筹集业务按其资金来源通常分为所有者投入资本和借入资金。所有者投入资本形成所有者的权益（通常称为"权益资本"），包括投资者的投资及其增值，这部分资本的所有者既享有企业的经营收益，也承担企业的经营风险；借入资金形成债权人的权益（通常称为"债务资本"），主要包括企业向债权人借入的资金和结算形成的负债资金等，这部分资金的所有者享有按约收回本金和利息的权利。

1.1 所有者投入资本业务核算

1.1.1 所有者投入资本业务构成

所有者投入资本按照投资主体的不同可以分为国家资本金、法人资本金、个人资本金和外商资本金（含我国港澳台投资者向境内企业投入的资本金）等。

所有者投入的资本主要包括实收资本（或股本）和资本公积。

实收资本，是指企业的投资者按照企业章程、合同或协议的约定，投资者实际投入企业的资本。实收资本的构成比例或股东的股份比例，是确定所有者在企业所有者权益中份额的基础，也是企业进行利润或股利分配的主要依据。

资本公积，是企业收到投资者投入的超出其在企业注册资本（或股本）中所占份额的投资，以及其他资本公积等。投资者投入企业的资本，一般情况下与企业实际收到的资本数额是完全相同的。在一些特殊情况下（如溢价发行股票），投资者投入的资本数额会大于注册资本。大于注册资本的部分，就不能作为实收资本，而应作为资本公积单独核算。资本公积作为企业所有者权益的重要组成部分，主要用于转增资本。

1.1.2 账户设置

（1）"实收资本"（或股本）账户。"实收资本"账户（股份有限公司一般设置"股本"账户）属于所有者权益类账户，用以核算企业接受投资者投入的实收资本。

该账户贷方登记所有者投入企业资本金的增加额，借方登记所有者投入企业资本金的减少额。期末余额在贷方，反映企业期末实收资本（或股本）总额。

该账户可按投资者的不同设置明细账户，进行明细核算。

（2）"资本公积"账户。"资本公积"账户属于所有者权益类账户，用以核算企业收到投资者出资额超出其在注册资本或股本中所占份额的部分，以及其他资本公积。

该账户借方登记资本公积的减少额，贷方登记资本公积的增加额。期末余额在贷方，反映企业期末资本公积的结余数额。

该账户可按资本公积的来源不同,分别"资本溢价(或股本溢价)""其他资本公积"进行明细核算。本教材仅介绍资本溢价的核算。

(3)"银行存款"账户。"银行存款"账户属于资产类账户,用以核算企业存入银行或其他金融机构的各种款项,但是银行汇票存款、银行本票存款、信用卡存款、信用证保证金存款、存出投资款、外埠存款等,通过"其他货币资金"账户核算。

该账户借方登记存入的款项,贷方登记提取或支出的存款。期末余额在借方,反映企业存在银行或其他金融机构的各种款项。

该账户应当按照开户银行、存款种类等分别进行明细核算。

(4)"应交税费"账户。"应交税费"账户属于负债类账户,用以核算企业按照税法等规定计算应交纳的各种税费,包括增值税、消费税、所得税、资源税、土地增值税、城市维护建设税、房产税、土地使用税、车船使用税、教育费附加、矿产资源补偿费等。企业代扣代交的个人所得税等,也通过本账户核算。

该账户贷方登记各种应交未交税费的增加额,借方登记实际交纳的各种税费。期末余额一般在贷方,反映企业尚未交纳的税费;期末余额也可能在借方,反映企业多交或尚未抵扣的税费。

增值税是以商品(含应税劳务、应税行为)在流转环节中实现的增值额作为计税依据而征收的一种流转税。

在我国境内销售货物、提供加工、修理或修配劳务、销售应税劳务、无形资产和不动产以及进口货物的企业单位和个人为增值税纳税人。

根据经营规模大小及会计核算水平的健全程度,增值税纳税人分为一般纳税人和小规模纳税人。计算增值税的方法分为一般计税方法和简易计税方法。

增值税一般计税方法,是先按当期销售额和适用的税率计算出销项税额,然后以该销项税额对当期购进项目支付的税款(即进项税额)进行抵扣,从而间接算出当期的应纳税额。当期应纳税额的计算公式:

当期应纳税额 = 当期销项税额 − 当期进项税额

为了核算企业应交增值税的情况,应在"应交税费"总账下设置"应交增值税"明细账。

1.1.3 账务处理

(1)接受货币资金投资。企业接受投资者投入的货币资金,借记"银行存款"账户,按其在注册资本或股本中所占份额,贷记"实收资本(或股本)"账户,按其差额,贷记"资本公积——资本溢价(或股本溢价)"账户。

【例2-4-1】甲公司、乙公司共同投资设立云腾有限责任公司,注册资本为1 000 000元,甲公司、乙公司持股比例各为50%。按照章程规定,甲公司、乙公司投入资本均为500 000元。云腾公司已如期收到各投资者一次缴足的款项。云腾公司应编制如下会计分录:

借:银行存款　　　　　　　　　　　　　　　　　　　　1 000 000
　　贷:实收资本——甲公司　　　　　　　　　　　　　　　500 000
　　　　　　　　——乙公司　　　　　　　　　　　　　　　500 000

表 2-4-1　　　　　　　　2019 最新增值税税率表（2019 年 4 月 1 日后）

	增值税项目		税率
一般纳税人	销售或者进口货物（另有列举的货物除外）；销售劳务		13%
	销售或者进口： 1. 粮食等农产品、食用植物油、食用盐； 2. 自来水、暖气、冷气、热水、煤气、石油液化气、天然气、二甲醚、沼气、居民用煤炭制品； 3. 图书、报纸、杂志、音像制品、电子出版物； 4. 饲料、化肥、农药、农机、农膜； 5. 国务院规定的其他货物		9%
	购进农产品进项税额扣除率		扣除率
	对增值税一般纳税人购进农产品，原适用 10% 扣除率的，扣除率调整为 9%		9%
	对增值税一般纳税人购进用于生产或者委托加工 13% 税率货物的农产品，按照 10% 扣除率计算进项税额		10%
	"营改增"项目		税率
	交通运输服务	陆路运输服务、水路运输服务、航空运输服务（含航天运输服务）和管道服务、无运输工具承运业务	9%
	邮政服务	邮政普遍服务、邮政特殊服务、其他邮政服务	9%
	电信服务	基础电信服务	9%
		增值电信服务	6%
	建筑服务	工程服务、安装服务、修缮服务、装饰服务和其他建筑服务	9%
	销售不动产	转让建筑物、构筑物等不动产所有权	9%
	金融服务	贷款服务、直接收费金融服务、保险服务和金融商品转让	6%
	现代服务	研发和技术服务、信息技术服务、文化创意服务、物流辅助服务、鉴证咨询服务、广播影视服务、商务辅助服务、其他现代服务	6%
		有形动产租赁服务	13%
		不动产租赁服务	9%

续表

	增值税项目		税率
一般纳税人	生活服务	文化体育服务、教育医疗服务、旅游娱乐服务、餐饮住宿服务、居民日常服务、其他生活服务	6%
	销售无形资产	转让技术、商标、著作权、商誉、自然资源和其他权益性无形资产使用权或所有权	6%
		转让土地使用权	9%

【例2-4-2】一年后,为扩大经营规模,经批准,云腾公司注册资本增加到1 500 000元,并引入第三位投资者丙公司加入。按投资协议,新投资者需以货币600 000元出资,同时享有该公司1/3的股份。云腾公司已收到该项投资。假定不考虑其他因素,云腾公司应编制如下会计分录:

借:银行存款　　　　　　　　　　　　　　　　　600 000
　　贷:实收资本——丙公司　　　　　　　　　　　　　　500 000
　　　　资本公积——资本溢价　　　　　　　　　　　　　100 000

(2) 接受非货币资金投资。企业接受投资作价投入的材料物资、房屋、建筑物、机器设备等固定资产以及无形资产投入的资本,应按合同或协议约定价值确定各项资产价值(但合同或协议约定价值不公允的除外)和在注册资本中应享有的份额,对于投资合同或协议约定的价值超过其在注册资本中所占份额的部分,应当记入"资本公积"。借记"原材料""库存商品""固定资产""无形资产"等账户,按其在注册资本或股本中所占份额,贷记"实收资本(或股本)"账户,按其差额,贷记"资本公积——资本溢价(或股本溢价)"账户。

【例2-4-3】力高公司设立时收到A公司以原材料投资,该批材料投资各方协议价300 000元(不含增值税进项税额),增值税进项税额39 000元。A公司开具了增值税专用发票,不考虑资本溢价。力高公司应编制如下会计分录:

借:原材料　　　　　　　　　　　　　　　　　　300 000
　　应交税费——应交增值税(进项税额)　　　　　　39 000
　　贷:实收资本——A公司　　　　　　　　　　　　　　339 000

【例2-4-4】力高公司扩大生产经营规模,引入新投资者B公司加入。按投资协议B公司以生产经营设备投资,投资各方协议价250 000元,增值税进项税额为32 500元,B公司的投资占力高公司注册资本500 000元的40%。力高公司应编制如下会计分录:

借:固定资产　　　　　　　　　　　　　　　　　250 000
　　应交税费——应交增值税(进项税额)　　　　　　32 500
　　贷:实收资本——B公司　　　　　　　　　　　　　　200 000
　　　　资本公积——资本溢价　　　　　　　　　　　　　82 500

(3) 资本公积转增资本。企业经股东大会或类似权力机构决议,用资本公积转增资本时，应冲减资本公积，同时按照转增资本前的实收资本（或股本）的结构比例，将转增的金额记入"实收资本"（或"股本"）账户下所有者的明细分类账户。

【例2-4-5】云腾公司经批准后拟将资本公积90 000元，按甲公司、乙公司、丙公司在注册资金中所占的比例转增资本金。假如3家公司持股比例均为公司股份的1/3，云腾公司应编制如下会计分录：

借：资本公积——资本溢价　　　　　　　　　　　　　　　　90 000
　　贷：实收资本——甲公司　　　　　　　　　　　　　　　　30 000
　　　　　　　　——乙公司　　　　　　　　　　　　　　　　30 000
　　　　　　　　——丙公司　　　　　　　　　　　　　　　　30 000

1.2 负债筹资业务的核算

1.2.1 负债筹资业务构成

负债筹资主要包括短期借款、长期借款以及结算形成的负债等。

企业在生产经营过程中，由于周转资金不足，可以向银行或其他金融机构借款，以补充资金的不足。企业向银行或其他金融机构借入的款项，按其借款期限划分为短期借款和长期借款。短期借款是指企业为了满足其生产经营对资金的临时性需要而向银行或其他金融机构等借入的偿还期限在一年以内（含一年）的各种借款。长期借款是指企业向银行或其他金融机构等借入的偿还期限在一年以上（不含一年）的各种借款。

结算形成的负债主要有应付账款、应付职工薪酬、应交税费等。

1.2.2 账户设置

（1）"短期借款"账户。该账户属于负债类账户，用以核算企业的短期借款。

该账户贷方登记短期借款本金的增加额，借方登记减少额。期末余额在贷方，反映企业期末尚未归还的短期借款。

该账户可按借款种类、贷款人和币种进行明细核算。

（2）"长期借款"账户。该账户属于负债类账户，用以核算企业的长期借款。

该账户贷方登记长期借款本息的增加额，借方登记减少额。期末余额在贷方，反映企业期末尚未偿还的长期借款。

该账户可按贷款单位和贷款种类，分别"本金""利息调整"等进行明细核算。

（3）"应付利息"账户。该账户属于负债类账户，用以核算企业按照合同约定应支付的利息，包括吸收存款、分期付息到期还本的长期借款、企业债券等应支付的利息。

该账户贷方登记企业按合同利率计算确定的应付未付利息，借方登记归还的利息。期末余额在贷方，反映企业应付未付的利息。

该账户可按存款人或债权人进行明细核算。

（4）"财务费用"账户。该账户属于损益类账户，用以核算企业为筹集生产经营所需资金等而发生的筹资费用，包括利息支出（减利息收入）、汇兑损益以及相关的手续费、企业发生的现金折扣或收到的现金折扣等。为购建或生产满足资本化条件的资产发生的应予资本化的借款费用不在本账户核算,通过"在建工程""制造费用"等账户核算。

该账户借方登记手续费、利息费用等的增加额,贷方登记应冲减财务费用的利息收入等。期末结转后,该账户无余额。

该账户可按费用项目进行明细核算。

1.2.3 账务处理

(1) 短期借款的账务处理。企业取得短期借款时,应当借记"银行存款"账户,贷记"短期借款"账户;短期借款利息一般按月支付或按季结算并于季末一次支付。因此,按照权责发生制的要求,对按季结算并于季末一次支付的利息应当按期预提。预提时,按预计当月应负担的借款利息,借记"财务费用"账户,贷记"应付利息"账户;实际支付的月份,按照已经预提的利息金额,借记"应付利息"账户,按照实际支付的利息金额与预提数的差额(尚未提取的部分)借记"财务费用"账户,按照实际支付的利息金额,贷记"银行存款"账户。

【例 2-4-6】 云腾公司因生产经营需要,于本月 1 日向银行借入 500 000 元、年利率 6%、借款期限 3 个月的借款,当日借款资金已划入公司开户银行。云腾公司应编制如下会计分录:

借:银行存款   500 000
  贷:短期借款   500 000

【例 2-4-7】 云腾公司于本月 1 日向银行借入期限为 10 个月、年利率为 9.6% 的短期借款 2 000 000 元,该借款利息按月预提,按季支付,到期归还本金。会计处理如下:

- 借入款项时:

借:银行存款   2 000 000
  贷:短期借款   2 000 000

- 当月月末预提当月利息时:

借:财务费用   16 000
  贷:应付利息   16 000

- 在每季度末支付借款利息时:

借:应付利息   32 000
  财务费用   16 000
  贷:银行存款   48 000

注:应付利息 32 000 元为预提的第一、第二个月的利息,财务费用 16 000 元为第三个月尚未预提的利息。

- 借款到期归还本金时:

借:短期借款   2 000 000
  贷:银行存款   2 000 000

(2) 长期借款的账务处理。企业借入长期借款,应按实际收到的金额借记"银行存款"账户,按借款本金贷记"长期借款——本金"账户,如存在差额,还应借记"长期借款——利息调整"账户。

长期借款的利息费用,应当按以下原则计入有关成本、费用:属于企业筹建期间的,计入管理费用;属于生产经营期间的,如果长期借款用于购建固定资产符合资本化条件的资产，在资产尚未达到预定可使用状态前，所发生的利息支出应当资本化，计入在建工程等相关资产成本；资产达到预定可使用状态后发生的利息支出，以及按规定不予资本化的利息支出，计入财务费用。

资产负债表日，应按确定的长期借款的利息费用，借记"在建工程""制造费用""财务费用""研发支出"等账户，按确定的应付未付利息，贷记"应付利息"或"长期借款——应计利息"账户。

【例2-4-8】云腾公司于本月1日向银行借入600 000元、借款期限为3年、年利率为9%的专门借款，该笔借款当日用于生产线的建造。合同约定该借款利息按季支付，本金到期归还。公司应编制如下会计分录：

- 本月1日借入时：

借：银行存款　　　　　　　　　　　　　　　　　　　　　600 000
　　贷：长期借款——本金　　　　　　　　　　　　　　　　　　600 000

- 本月月末预提当月利息时：

借：在建工程　　　　　　　　　　　　　　　　　　　　　　4 500
　　贷：应付利息　　　　　　　　　　　　　　　　　　　　　　4 500

应计提的利息金额 = 600 000 × 9% ÷ 12 = 4 500（元）

- 季度末支付本季度利息时：

借：应付利息　　　　　　　　　　　　　　　　　　　　　　9 000
　　在建工程　　　　　　　　　　　　　　　　　　　　　　4 500
　　贷：银行存款　　　　　　　　　　　　　　　　　　　　　13 500

在该生产线达到预定可使用状态后，此笔长期借款如仍未到期，产生的利息则记入"财务费用"。

- 到期归还借款本金时：

借：长期借款——本金　　　　　　　　　　　　　　　　　600 000
　　贷：银行存款　　　　　　　　　　　　　　　　　　　　　600 000

2. 供应过程经济业务的核算

供应过程是为生产做准备的过程，为了产品生产，就需要做好多方面的物资准备工作，其中较为重要的就是准备劳动资料（购建固定资产）和劳动对象（购买原材料）。

2.1 固定资产业务的核算

2.1.1 固定资产业务的概念及特征

固定资产，是指为生产商品、提供劳务、出租或者经营管理而持有、使用寿命超过一个会计年度的有形资产。

固定资产同时具有以下特征：

（1）属于有形资产。固定资产一般表现为房屋、建筑物、机器、运输工具等，都具有实物形态。这一特征是固定资产与无形资产的重要区别。

（2）为生产商品、提供劳务、出租或者经营管理而持有。企业持有固定资产是为了生产产品,提供劳务,出租或经营管理,而不是为了销售。这一特征是固定资产与存货的重要区别。

(3)使用寿命超过一个会计年度。使用寿命,是指企业使用固定资产的预计期间,或者该固定资产所能生产产品或提供劳务的数量。这一特征,可以将固定资产与流动资产区分开来。

2.1.2 固定资产成本

固定资产成本,是指企业购建某项固定资产达到预定可使用状态前所发生的一切合理、必要的支出。

企业可以通过外购、自行建造、投资者投入、非货币性资产交换、债务重组、企业合并和融资租赁等方式取得固定资产。不同取得方式下,固定资产成本的具体构成内容及其确定方法也不尽相同。

外购固定资产的成本,包括购买价款、相关税费等使固定资产达到预定可使用状态前所发生的可归属于该项资产的运输费、装卸费、安装费和专业人员服务费等。

2.1.3 账户设置

(1)"在建工程"账户。该账户属于资产类账户,用以核算企业基建、更新改造等在建工程发生的支出。

该账户借方登记企业各项在建工程的实际支出,贷方登记工程达到预定可使用状态时转出的成本等。期末余额在借方,反映企业期末尚未达到预定可使用状态的在建工程的成本。

该账户可按"建筑工程""安装工程""在安装设备""待摊支出"以及单项工程等进行明细核算。

(2)"固定资产"账户。该账户属于资产类账户,用以核算企业持有的固定资产原价。

该账户的借方登记固定资产原价的增加,贷方登记减少。期末余额在借方,反映企业期末固定资产的原价。

该账户可按固定资产类别和项目进行明细核算。

2.1.4 账务处理

(1)购入不需要安装的固定资产。这种情况是指企业购入固定资产后可以直接投入使用,不需要进行安装。购入时按实际支付的全部价款、包装费等借记"固定资产",按照专用发票上注明的增值税额,借记"应交税费——应交增值税(进项税额)"等账户,贷记"银行存款"等账户。

【例2-4-9】 云腾公司购入一台生产用设备,增值税专用发票注明价款100 000元,增值税额13 000元,支付运费增值税专用发票注明的价款2 000元,增值税进项税额180元。固定资产无需安装,以上款项均以银行存款支付。云腾公司应编制如下会计分录:

借:固定资产　　　　　　　　　　　　　　　　　　　　　　102 000
　　应交税费——应交增值税(进项税额)　　　　　　　　　 13 180
　　贷:银行存款　　　　　　　　　　　　　　　　　　　　115 180

注:固定资产的入账价值 = 100 000 + 2 000 = 102 000(元)
　　增值税进项税额 = 13 000 + 180 = 13 180(元)

【例2-4-10】 云腾公司购入写字楼两间,增值税专用发票注明的价款800 000元,增值税额72 000元,假设不考虑其他因素,以上款项均以银行存款支付。公司应编制如下会计分录:

借：固定资产	800 000
应交税费——应交增值税（进项税额）	72 000
贷：银行存款	872 000

（2）购入需要安装的固定资产。购入需安装的固定资产，应将固定资产取得成本加上安装调试成本等，作为固定资产的成本。先通过"在建工程"账户核算，待安装完毕达到预定可使用状态时，再由"在建工程"账户转入"固定资产"账户。

【例2-4-11】云腾公司购入一台需要安装的设备，买价200 000元，增值税26 000元，发生包装费4 000元，安装过程中发生安装调试费26 000元（假设包装费、安装调试费不考虑增值税），上述款项均以银行存款支付。公司应编制如下会计分录：

- 支付价税款、包装运杂费：

借：在建工程	204 000
应交税费——应交增值税（进项税额）	26 000
贷：银行存款	230 000

- 支付安装调试费：

借：在建工程	20 000
贷：银行存款	20 000

- 设备安装完毕达到预定可使用状态交付使用：

借：固定资产	224 000
贷：在建工程	224 000

2.2　材料采购业务的核算

2.2.1　材料采购业务构成

材料采购成本，是指材料从采购到入库前所发生的全部合理的、必要的支出，包括购买价款、相关税费、运输费、装卸费、保险费以及其他可归属于采购成本的费用。

2.2.2　账户设置

（1）"原材料"账户。"原材料"账户属于资产类账户，用以核算企业库存的各种材料，包括原料及主要材料、辅助材料、外购半成品（外购件）、修理用备件（备品备件）、包装材料、燃料等的计划成本或实际成本。企业收到来料加工装配业务的原料、零件等不在本账户核算，应当设置备查簿进行登记。

该账户借方登记已验收入库材料的成本，贷方登记发出材料的成本。期末余额在借方，反映企业库存材料的计划成本或实际成本。

该账户可按材料的保管地点（仓库）、材料的类别、品种和规格等进行明细核算。

（2）"在途物资"账户。"在途物资"账户属于资产类账户，用以对企业采用实际成本（或进价）进行材料、商品等物资的日常核算，并通过外购材料物资的买价和采购费用的归集，据以计算外购物资的采购成本。

该账户借方登记购入材料、商品等物资的买价和采购费用（采购实际成本），包括已付款但尚未验收入库的在途物资的采购成本，贷方登记已验收入库材料、商品等物资应结转的实际采购成本。期末余额在借方，反映企业期末在途材料、商品等物资的采购成本。

该账户可按供应单位和物资品种进行明细核算。

（3）"应付账款"账户。"应付账款"账户属于负债类账户，用以核算企业因购买材料、商品和接受劳务等经营活动应支付的款项。

该账户贷方登记企业因购入材料、商品和接受劳务等尚未支付的款项，借方登记已偿还的应付账款。期末余额一般在贷方，反映企业期末尚未支付的应付账款余额；如果在借方，反映企业期末预付账款余额。

该账户可按债权人进行明细核算。

（4）"应付票据"账户。"应付票据"账户属于负债类账户，用以核算企业购买材料、商品和接受劳务等开出、承兑的商业汇票，包括银行承兑汇票和商业承兑汇票。

该账户贷方登记企业开出、承兑的商业汇票，借方登记企业已经支付或者到期结转无力支付的商业汇票。期末余额在贷方，反映企业尚未到期的商业汇票的票面金额。

该账户可按债权人进行明细核算。

（5）"预付账款"账户。"预付账款"账户属于资产类账户，用以核算企业按照合同规定预付的款项。预付款项情况不多的，也可以不设置本账户，将预付的款项直接记入"应付账款"账户。

该账户的借方登记企业因购货等业务预付的款项，贷方登记企业收到货物后应支付的款项等。期末余额在借方，反映企业预付的款项；期末余额在贷方，反映企业尚需补付的款项。

该账户可按供货单位进行明细核算。

2.2.3 账务处理

材料的日常收发结存可以采用实际成本核算，也可以采用计划成本核算。本教材只介绍材料采用实际成本核算的账务处理。

（1）材料已验收入库。

①如果货款已经支付，发票账单已到，材料已验收入库，按支付的实际金额，借记"原材料""应交税费——应交增值税（进项税额）"等账户，贷记"银行存款""预付账款"等账户。

【例2-4-12】云腾公司向嘉美公司购入A材料2 000千克，单价80元，增值税专用发票注明的价款160 000元，增值税进项税额20 800元，另支付运输费（增值税专用发票注明价款5 000元，增值税进项税额450元）。上述款项以支票付讫，材料已验收入库。云腾公司应编制如下会计分录：

借：原材料——A材料　　　　　　　　　　　　　　　　　165 000
　　应交税费——应交增值税（进项税额）　　　　　　　　21 250
　贷：银行存款　　　　　　　　　　　　　　　　　　　　　186 250

注：原材料采购成本 = 160 000 + 5 000 = 165 000（元）
　　增值税进项税额 = 20 800 + 400 = 21 250（元）

②如果货款尚未支付，材料已经验收入库，按相关发票凭证上应付的金额，借记"原材料""应交税费——应交增值税（进项税额）"等账户，贷记"应付账款""应付票据"等账户。

【例 2-4-13】云腾公司向志远公司购入 A、B 两种材料，A 材料 2 500 千克，每千克 80 元；B 材料 1 500 千克，每千克 60 元。两种材料增值税进项税额 37 700 元，销售方代垫运输费、装卸费共计 6 000 元（假如运输费、装卸费不考虑增值税，按 A 材料应分配 3 750 元，B 材料应分配 2 250 元）。上述款项尚未支付，材料已验收入库。公司应编制如下会计分录：

  借：原材料——A 材料   203 750
      ——B 材料   92 250
    应交税费——应交增值税（进项税额）   37 700
    贷：应付账款——志远公司   333 700

【例 2-4-14】云腾公司向志远公司以银行存款支付上述 A、B 两种材料的价款、增值税及代垫的运杂费 333 700 元。云腾公司应编制如下会计分录：

  借：应付账款——志远公司   333 700
    贷：银行存款   333 700

（2）材料尚未验收入库。如果货款已经支付，发票账单已到，但材料尚未验收入库，按支付的金额，借记"在途物资""应交税费——应交增值税（进项税额）"等账户，贷记"银行存款"等账户；待验收入库时再做后续分录。

对于可以抵扣的增值税进项税额，一般纳税人企业应根据收到的增值税专用发票上注明的增值税额，借记"应交税费——应交增值税（进项税额）"账户。

【例 2-4-15】云腾公司向力高公司购进 A 材料 2 000 千克，单价 50 元，计价款 100 000 元，增值税进项税额 13 000 元，款项以银行存款支付。材料尚未到达。云腾公司应编制如下会计分录：

  借：在途物资——力高公司   100 000
    应交税费——应交增值税（进项税额）   13 000
    贷：银行存款   13 000

【例 2-4-16】云腾公司以银行存款支付上述购买 A 材料的运费，运输部门开来增值税专用发票注明运费价款 4 000 元，增值税额 360 元。云腾公司应编制如下会计分录：

  借：在途物资——力高公司   4 000
    应交税费——应交增值税（进项税额）   360
    贷：银行存款   4 360

【例 2-4-17】云腾公司向嘉美公司购进 B 材料 4 000 千克，单价 60 元，增值税专用发票注明价款 240 000 元，增值税进项税额 31 200 元，全部款项开出期限 3 个月的商业汇票。材料尚未到达。云腾公司应编制如下会计分录：

  借：在途物资——嘉美公司   240 000
    应交税费——应交增值税（进项税额）   31 200
    贷：应付票据   271 200

【例 2-4-18】上述购买的 A、B 两种材料同时到达，经验收入库，按实际采购成本转账。

  借：原材料——A 材料   104 000
      ——B 材料   240 000

贷：在途物资——力高公司　　　　　　　　　　　　　　　　　　104 000
　　　　　　　——嘉美公司　　　　　　　　　　　　　　　　　　240 000

【例 2-4-19】商业承兑汇票到期，云腾公司以银行存款支付票据款 271 200 元。公司应编制如下会计分录：
　　借：应付票据　　　　　　　　　　　　　　　　　　　　　　　271 200
　　　　贷：银行存款　　　　　　　　　　　　　　　　　　　　　　271 200

（3）采用预付货款方式购买原材料。企业根据购货合同的规定向供应单位预付款项时，借记"预付账款"账户，贷记"银行存款"账户。企业收到所购物资，按应计入购入物资成本的金额，借记"原材料""库存商品""应交税费——应交增值税（进项税额）"等账户，贷记"预付账款"账户；当预付货款小于采购货物所需支付的款项时，应将不足部分补付，借记"预付账款"账户，贷记"银行存款"账户；当预付货款大于采购货物所需支付的款项时，收回的多余款项应借记"银行存款"账户，贷记"预付账款"账户。

【例 2-4-20】云腾公司于本月 8 日向嘉美公司采购 A 材料一批。根据合同规定于 8 日预付嘉美公司部分货款 200 000 元。25 日收到该公司发来的 A 材料及增值税专用发票，列明该批材料货款为 300 000 元，增值税 39 000 元。30 日以银行存款补付其余欠款。云腾公司应编制如下会计分录：
● 8 日预付货款时：
　　借：预付账款——嘉美公司　　　　　　　　　　　　　　　　　200 000
　　　　贷：银行存款　　　　　　　　　　　　　　　　　　　　　　200 000
● 25 日收到甲公司发来的 A 材料及发票账单：
　　借：原材料——A 材料　　　　　　　　　　　　　　　　　　　300 000
　　　　应交税费——应交增值税（进项税额）　　　　　　　　　　　 39 000
　　　　贷：预付账款——嘉美公司　　　　　　　　　　　　　　　　339 000
● 30 日补付其余欠款时：
　　借：预付账款——嘉美公司　　　　　　　　　　　　　　　　　139 000
　　　　贷：银行存款　　　　　　　　　　　　　　　　　　　　　　139 000

3. 生产过程经济业务的核算

3.1 生产业务的构成

　　企业产品的生产过程同时也是生产资料的耗费过程。生产费用是工业企业进行产品生产发生的、以货币表现的生产耗费。企业在生产过程中发生的各项生产费用，是企业为获得收入而预先垫支并需要得到补偿的资金耗费。这些费用最终都要归集、分配给特定的产品，形成产品的成本。

　　产品成本，是指工业企业为生产一定种类、一定数量的产品发生的各项生产费用的总和。也就是将企业发生的生产费用，按一定的产品对象进行分配和归集，某一产品应承担的生产费用被称为该产品的"制造成本"。产品成本的核算是指把一定时期内企业生产过程中所发生的费用，按其性质和发生地点，分类归集、汇总、核算，计算出该时期内生产费用发生总额，并按适当方法分别计算出各种产品的实际成本和单位成本等。

生产费用，是与企业日常生产经营活动有关的费用，按其经济用途可分为直接材料、直接人工和制造费用。

直接材料——构成产品实体的原材料以及有助于产品形成的主要材料和辅助材料。

直接人工——直接从事产品生产的工人的职工薪酬。

制造费用——企业为生产产品和提供劳务而发生的各项间接费用。

3.2 账户设置

（1）"生产成本"账户。该账户属于成本类账户，用以核算企业生产各种产品（产成品、自制半成品等）、自制材料、自制工具、自制设备等发生的各项生产成本。

该账户借方登记应计入产品生产成本的各项费用，包括直接计入产品生产成本的直接材料费、直接人工费和其他直接支出，以及期末按照一定的方法分配计入产品生产成本的制造费用；贷方登记完工入库产成品应结转的生产成本。期末余额在借方，反映企业期末尚未加工完成的在产品成本。

该账户可按基本生产成本和辅助生产成本进行明细分类核算。基本生产成本应当分别按照基本生产车间和成本核算对象（如产品的品种、类别、订单、批别、生产阶段等）设置明细账（或成本计算单），并按照规定的成本项目设置专栏。

（2）"制造费用"账户。该账户属于成本类账户，用以核算企业生产车间（部门）为生产产品和提供劳务而发生的各项间接费用。包括生产单位管理人员的工资、职工福利费、社会保险费、住房公积金、生产单位房屋建筑物、机器设备等的折旧费、修理费、机物料消耗、低值易耗品摊销、水电费、办公费、差旅费、劳动保护费、季节性停工损失等。

该账户借方登记实际发生的各项制造费用，贷方登记期末按照一定标准分配转入"生产成本"账户借方的应计入产品成本的制造费用。期末结转后，该账户一般无余额。

该账户可按不同的生产车间、部门和费用项目进行明细核算。

（3）"管理费用"账户。该账户属于损益类账户，用以核算企业为组织和管理生产经营所发生的费用。

该账户借方登记发生的各项管理费用，贷方登记期末转入"本年利润"账户的管理费用额。期末结转后，该账户无余额。

该账户可按费用项目设置明细账户，进行明细分类核算。

（4）"库存商品"账户。该账户属于资产类账户，用以核算企业库存的各种商品的实际成本（或进价）或计划成本（或售价），包括库存产成品、外购商品、存放在门市部准备出售的商品、发出展览的商品以及寄存在外的商品等。

该账户借方登记验收入库的库存商品成本，贷方登记发出的库存商品成本。期末余额在借方，反映企业期末库存商品的实际成本（或进价）或计划成本（或售价）。

该账户可按库存商品的种类、品种和规格等进行明细核算。

（5）"应付职工薪酬"账户。该账户属于负债类账户，用以核算企业根据有关规定应付给职工的各种薪酬。

该账户借方登记本月实际支付的职工薪酬数额；贷方登记本月计算的应付职工薪酬总额，包括各种工资、奖金、津贴和福利费等。期末余额在贷方，反映企业应付未付的职工薪酬。

该账户可按"短期薪酬""离职后福利""辞退福利""其他长期福利"等进行明细核算。

(6)"累计折旧"账户。该账户属于资产类备抵账户,用以核算企业固定资产计提的累计折旧。企业固定资产使用过程中磨损的价值,是通过计提折旧的方式逐步转移到产品成本或期间费用中去,因此,计提折旧就表明生产费用或期间费用增加。同时,由于固定资产发生了磨损,固定资产的价值也相应减少,但因管理的需要,"固定资产"账户始终反映企业现有固定资产的原值,其减少金额应通过"累计折旧"账户来核算。

该账户贷方登记按月提取的折旧额,即累计折旧的增加额,借方登记因减少固定资产而转出的累计折旧。期末余额在贷方,反映期末固定资产的累计折旧额。

该账户可按固定资产的类别或项目进行明细核算。

3.3 账务处理

在生产过程中发生的主要经济业务有:车间领用制造产品和一般消耗的原材料;计算、分配和发放职工薪酬;计提职工福利费用、社会保险费、住房公积金等;计提固定资产折旧;分配制造费用;计算产品制造成本;产品完工,结转完工产品实际生产成本等等。

3.3.1 材料费用的归集与分配

工业企业在生产经营过程中发出材料非常频繁,为了简化手续,平时只根据领发料凭证逐笔登记材料明细分类账,不登记总分类账。月末,将各种领料凭证,按领用部门和用途进行归类汇总,编制"发料凭证汇总表",据以进行材料发出的总分类核算。

在确认材料费用时,应根据领料凭证区分车间、部门和不同用途后,按照确定的结果将发出材料的成本借记"生产成本""制造费用""管理费用"等账户,贷记"原材料"等账户。

对于直接用于某种产品生产的材料费用,应直接计入该产品生产成本明细账中的直接材料费用项目;对于由多种产品共同耗用、应由这些产品共同负担的材料费用,应选择适当的标准在这些产品之间进行分配,按分担的金额计入相应的成本计算对象(生产产品的品种、类别等);对于为提供生产条件等间接消耗的各种材料费用,应先通过"制造费用"账户进行归集,期末再同其他间接费用一起按照一定的标准分配计入有关产品成本;对于行政管理部门领用的材料费用,应记入"管理费用"账户。

【例2-4-21】云腾公司本月仓库发出材料(根据领料单汇总)如表2-4-2所示。

表2-4-2　　　　　　　　　　发出材料汇总表

用　途	A材料		B材料		金额合计（元）
	数量（千克）	金额（元）	数量（千克）	金额（元）	
生产L产品耗用	5 000	400 000	2 000	120 000	520 000
生产S产品耗用	3 000	240 000	2 000	120 000	360 000
车间一般耗用			100	6 000	6 000
行政管理部门耗用	50	4 000			4 000
合　计	8 050	644 000	4 100	246 000	890 000

其会计分录为：

借：生产成本——L产品　　　　　　　　　　　　　　　　520 000
　　　　　　——S产品　　　　　　　　　　　　　　　　360 000
　　制造费用　　　　　　　　　　　　　　　　　　　　　6 000
　　管理费用　　　　　　　　　　　　　　　　　　　　　4 000
　　贷：原材料——A材料　　　　　　　　　　　　　　　644 000
　　　　　　——B材料　　　　　　　　　　　　　　　　246 000

3.3.2　职工薪酬的归集与分配

职工薪酬，是指企业为获得职工提供的服务或解除劳动关系而给予各种形式的报酬或补偿，具体包括：短期薪酬、离职后福利、辞退福利和其他长期职工福利。企业提供给职工配偶、子女、受赡养人、已故员工遗属及其他受益人等的福利，也属于职工薪酬。

本教材只介绍短期薪酬的账务处理。

对于短期职工薪酬，企业应当在职工为其提供服务的会计期间，按实际发生额确认为负债，并计入当期损益或相关资产成本。企业当月发生的全部短期职工薪酬，无论当月是否领取，均应按应发数分配计入当月成本费用。月末，企业应根据"工资结算汇总表"或"工资分配汇总表"进行分配处理。企业应当根据职工提供服务的受益对象，分别下列情况处理：

（1）应由生产产品、提供劳务负担的短期职工薪酬，计入产品成本或劳务成本。其中，生产工人的短期职工薪酬应借记"生产成本"账户，贷记"应付职工薪酬"账户；生产车间管理人员的短期职工薪酬属于间接费用，应借记"制造费用"账户，贷记"应付职工薪酬"账户。

当企业采用计件工资制时，生产工人的短期职工薪酬属于直接费用，应直接计入有关产品的成本。当企业采用计时工资制时，对于只生产一种产品的生产工人的短期职工薪酬也属于直接费用，应直接计入产品成本；对于同时生产多种产品的生产工人的短期职工薪酬，则需采用一定的分配标准（实际生产工时或定额生产工时等）分配计入产品成本。对于同时生产多种产品的生产工人的短期职工薪酬的分配将在本模块"任务六"中进行讲解。

（2）应由在建工程、无形资产负担的短期职工薪酬，计入建造固定资产或无形资产成本。

（3）除上述两种情况之外的其他短期职工薪酬应计入当期损益。如企业行政管理部门人员和专设销售机构销售人员的短期职工薪酬均属于期间费用，应分别借记"管理费用""销售费用"等账户，贷记"应付职工薪酬"账户。

【例2-4-22】 云腾公司通过银行代发本月职工工资560 000元。编制如下会计分录：

借：应付职工薪酬——短期薪酬（工资）　　　　　　　560 000
　　贷：银行存款　　　　　　　　　　　　　　　　　　560 000

【例2-4-23】 云腾公司代扣个人承担的医疗保险12 000元，代扣个人所得税28 000元。公司应编制如下会计分录：

借：应付职工薪酬——短期薪酬（工资）　　　　　　　40 000
　　贷：其他应付款　　　　　　　　　　　　　　　　　12 000
　　　　应交税费——应交个人所得税　　　　　　　　　28 000

提示：代扣款项的处理分两种情况：

①对内部转账的各种代扣款项，如代扣本企业房租、水电费、职工出差借支、本企业职

工家属医药费等,借记"应付职工薪酬——短期薪酬(工资)"账户,贷记"其他应收款"等账户。

②受外单位委托的代扣款项,如代扣代交个人所得税,借记"应付职工薪酬——短期薪酬(工资)"账户,贷记"应交税费"账户。实际支付时,借记"应交税费"账户,贷记"银行存款"账户。再如,代扣个人承担的社会保险,应借记"应付职工薪酬——短期薪酬(工资)"账户,贷记"其他应付款"账户。实际支付时,借记"其他应付款"账户,贷记"银行存款"账户。

【例2-4-24】云腾公司分配本月应付职工工资600 000元。其中:制造L产品工人工资250 000元,制造S产品工人工资200 000元,车间管理人员工资20 000元,企业行政管理部门人员工资100 000元,销售人员工资30 000元。公司应编制如下会计分录:

  借:生产成本——L产品   250 000
      ——S产品   200 000
    制造费用   20 000
    管理费用   100 000
    销售费用   30 000
    贷:应付职工薪酬——短期薪酬(工资)   600 000

【例2-4-25】云腾公司按照本月工资总额的10%计提企业承担应向社会保险机构交纳的医疗保险。公司应编制如下会计分录:

  借:生产成本——L产品   25 000
      ——S产品   20 000
    制造费用   2 000
    管理费用   10 000
    销售费用   3 000
    贷:应付职工薪酬——短期薪酬(医疗保险)   60 000

【例2-4-26】云腾公司本月以银行存款支付职工福利费80 000元。其中生产工人的福利费60 000元(L产品生产工人35 000元,S产品生产工人25 000元),车间管理人员5 000元,行政人员10 000元,销售人员5 000元。公司应编制如下会计分录:

- 支付福利费时:

  借:应付职工薪酬——短期薪酬(职工福利费)   80 000
    贷:银行存款   80 000

- 分配福利费时:

  借:生产成本——L产品   35 000
      ——S产品   25 000
    制造费用   5 000
    管理费用   10 000
    销售费用   5 000
    贷:应付职工薪酬——短期薪酬(职工福利费) 80 000

3.3.3 固定资产折旧

固定资产折旧,是对固定资产因为磨损和损耗而转移到成本费用中去的那一部分价值的补偿。在固定资产使用寿命内,应按照确定的方法对应计折旧额进行系统的分摊。本教材只介绍固定资产折旧的账务处理。

企业按月计提的固定资产折旧,是由于从事生产经营活动而发生的,形成折旧费用,应当根据固定资产的用途计入相关资产的成本或者当期损益,借记"制造费用""销售费用""管理费用""研发支出""其他业务成本"等账户,贷记"累计折旧"账户。

【例 2-4-27】 云腾公司本月计提固定资产折旧总额为 50 000 元。其中,生产车间计提 40 000 元,行政管理部门计提 10 000 元。公司应编制如下会计分录:

借:制造费用　　　　　　　　　　　　　　　　　40 000
　　管理费用　　　　　　　　　　　　　　　　　10 000
　　贷:累计折旧　　　　　　　　　　　　　　　　　　50 000

3.3.4 制造费用的归集与分配

企业除领用原材料、分配职工薪酬、计提固定资产折旧会产生制造费用外,还会有其他为组织生产而发生的制造费用,如车间使用的照明费、取暖费、运输费、劳动保护费等。

【例 2-4-28】 云腾公司以银行存款支付本月电费价款 23 000 元,增值税 2 990 元。其中,车间用电 15 000 元,行政部门用电 8 000 元。公司应编制如下会计分录:

借:制造费用　　　　　　　　　　　　　　　　　15 000
　　管理费用　　　　　　　　　　　　　　　　　　8 000
　　应交税费——应交增值税(进项税额)　　　　　2 990
　　贷:银行存款　　　　　　　　　　　　　　　　　　25 990

【例 2-4-29】 云腾公司以银行存款购买办公用品,价款 3 000 元,增值税 390 元。其中 2 000 元为车间使用,1 000 元为管理部门使用。公司应编制如下会计分录:

借:制造费用　　　　　　　　　　　　　　　　　　2 000
　　管理费用　　　　　　　　　　　　　　　　　　1 000
　　应交税费——应交增值税(进项税额)　　　　　　390
　　贷:银行存款　　　　　　　　　　　　　　　　　　3 390

制造费用是生产单位(车间、分厂)为组织和管理生产而发生的各项间接费用,但由于它们是进行产品生产所发生的共同性费用,是产品制造成本的组成部分,因此最终应由产品的生产成本来负担。

企业发生的制造费用,应当按照合理的分配标准按月分配计入各成本核算对象的生产成本。企业可以采取的分配标准包括机器工时、生产工时、计划分配率等。具体采用哪种分配方法,由企业自行决定。分配方法一经确定,不得随意变更。

企业结转或分摊制造费用时,借记"生产成本"等账户,贷记"制造费用"账户。

【例 2-4-30】 云腾公司本月发生制造费用 90 000 元,基本生产车间 L 产品生产工时为 6 000 小时,S 产品生产工时为 4 000 小时,按生产工时分配本月发生的制造费用,L 产品应分配 54 000 元,S 产品应分配 36 000 元。云腾公司应编制如下会计分录:

借:生产成本——L 产品　　　　　　　　　　　　54 000

                ——S 产品   36 000
    贷：制造费用   90 000

3.3.5 完工产品生产成本的结转

企业应设置产品生产成本明细账，用来归集应计入各种产品成本的生产费用。通过对材料费用、职工薪酬和制造费用的归集和分配，企业各月生产产品所发生的生产费用已记入"生产成本"账户中。

如果月末某种产品全部完工，该种产品生产成本明细账所归集的费用总额，就是该种完工产品的总成本，用完工产品总成本除以该种产品的完工总产量即可计算出该种产品的单位成本。如果月末某种产品全部未完工，该种产品生产成本明细账所归集的费用总额就是该种产品在产品的总成本。

如果月末某种产品一部分完工、一部分未完工，期末时则需要将包括期初在产品成本在内的生产费用在完工产品和在产品之间进行分配（分配方法将在今后的有关专业课程中介绍），才能计算出完工产品的总成本和单位成本。

结转完工产品成本时，应借记"库存商品"账户，贷记"生产成本"账户。

【例2-4-31】 云腾公司本月初投产的 L 产品 2 000 件和 S 产品 1 000 件全部完工并验收入库。L 产品发生生产成本 884 000 元，S 产品发生生产成本 641 000 元。公司结转完工产品成本应编制如下会计分录：

    借：库存商品——L 产品   884 000
                ——S 产品   641 000
    贷：生产成本——L 产品   884 000
                ——S 产品   641 000

4. 销售过程经济业务的核算

4.1 商品销售收入的确认与计量

企业经过产品生产过程，形成了商品存货，接下来便进入商品销售过程。销售过程是企业生产经营过程的最后阶段，也是企业的生产耗费获得补偿的过程。

销售商品收入的确认，必须同时符合以下条件：

（1）企业已将商品所有权上的主要风险和报酬转移给购货方；

（2）企业既没有保留通常与商品所有权相联系的继续管理权，也没有对已售出的商品实施控制；

（3）收入的金额能够可靠地计量；

（4）相关的经济利益很可能流入企业；

（5）相关的已发生或将发生的成本能够可靠地计量。

4.2 账户设置

企业通常设置以下账户对销售业务进行会计核算：

（1）"主营业务收入"账户。该账户属于损益类账户，用以核算企业确认的销售商品、提供劳务等主营业务的收入。

该账户贷方登记企业实现的主营业务收入，即主营业务收入的增加额；借方登记期末转入"本年利润"账户的主营业务收入（按净额结转），以及发生销售退回和销售折让时应冲减本期的主营业务收入。期末结转后，该账户无余额。

该账户应按照主营业务的种类设置明细账户，进行明细分类核算。

（2）"其他业务收入"账户。该账户属于损益类账户，用以核算企业确认的除主营业务活动以外的其他经营活动实现的收入，包括出租固定资产、出租无形资产、出租包装物和商品、销售材料等实现的收入。

该账户贷方登记企业实现的其他业务收入，即其他业务收入的增加额；借方登记期末转入"本年利润"账户的其他业务收入。期末结转后，该账户无余额。

该账户可按其他业务的种类设置明细账户，进行明细分类核算。

（3）"应收账款"账户。该账户属于资产类账户，用以核算企业因销售商品、提供劳务等经营活动应收取的款项。

该账户借方登记由于销售商品以及提供劳务等发生的应收账款，包括应收取的价款、税款和代垫款等；贷方登记已经收回的应收账款。期末余额通常在借方，反映企业尚未收回的应收账款；期末余额如果在贷方，反映企业预收的账款。

该账户应按不同的债务人进行明细分类核算。

（4）"应收票据"账户。该账户属于资产类账户，用以核算企业因销售商品、提供劳务等而收到的商业汇票。该账户借方登记企业收到的应收票据，贷方登记票据到期收回的应收票据；期末余额在借方，反映企业持有的未到期的商业汇票的票面金额。

该账户可按开出、承兑商业汇票的单位进行明细核算。

（5）"预收账款"账户。该账户属于负债类账户，用以核算企业按照合同规定预收的款项。预收账款情况不多的，也可以不设置本账户，将预收的款项直接记入"应收账款"账户。

该账户贷方登记企业向购货单位预收的款项等，借方登记销售实现时按实现的收入转销的预收款项等。期末余额一般在贷方，反映企业预收的款项；期末余额也可能在借方，反映企业已转销但尚未收取的款项。

该账户可按购货单位进行明细核算。

（6）"主营业务成本"账户。该账户属于损益类账户，用以核算企业确认销售商品、提供劳务等主营业务收入时应结转的成本。

该账户借方登记主营业务发生的实际成本，贷方登记期末转入"本年利润"账户的主营业务成本。期末结转后，该账户无余额。

该账户可按主营业务的种类设置明细账户，进行明细分类核算。

（7）"其他业务成本"账户。该账户属于损益类账户，用以核算企业确认的除主营业务活动以外的其他经营活动所发生的支出，包括销售材料的成本、出租固定资产的折旧额、出租无形资产的摊销额、出租包装物的成本或摊销额等。

该账户借方登记其他业务的支出额，贷方登记期末转入"本年利润"账户的其他业务支出额。期末结转后，该账户无余额。

该账户可按其他业务的种类设置明细账户，进行明细分类核算。

（8）"销售费用"账户。该账户属于损益类账户，用以核算企业发生的各项销售费用。

该账户借方登记发生的各项销售费用，贷方登记期末转入"本年利润"账户的销售费用额。期末结转后，该账户无余额。

该账户可按费用项目设置明细账户，进行明细分类核算。

（9）"税金及附加"账户。该账户属于损益类账户，用以核算企业经营活动发生的消费税、城市维护建设税、资源税、教育费附加、房产税、车船使用税、土地使用税、印花税等相关税费。

该账户借方登记企业应按规定计算确定的与经营活动相关的税费，贷方登记期末转入"本年利润"账户的与经营活动相关的税费。期末结转后，该账户无余额。

4.3 账务处理

销售业务的账务处理涉及商品销售、其他销售等业务收入、成本、费用和相关税费的确认与计量等内容。

4.3.1 主营业务收入的账务处理

企业销售商品或提供劳务实现的收入，应按实际收到、应收或者预收的金额，借记"银行存款""应收账款""应收票据""预收账款"等账户，按确认的营业收入，贷记"主营业务收入"账户。

对于增值税销项税额，一般纳税人应贷记"应交税费——应交增值税（销项税额）"账户；小规模纳税人应贷记"应交税费——应交增值税"账户。

（1）销售商品，货款已收。

【例2-4-32】云腾公司本月向力高公司销售L产品1 200件，每件售价650元，增值税专用发票注明价款780 000元，增值税额101 400元，上述款项收到存入银行。云腾公司应编制如下会计分录：

借：银行存款　　　　　　　　　　　　　　　　　　　881 400
　　贷：主营业务收入　　　　　　　　　　　　　　　780 000
　　　　应交税费——应交增值税（销项税额）　　　101 400

（2）销售商品，货款未收。

【例2-4-33】云腾公司本月向力高公司销售S产品500件，每件售价800元，增值税专用发票注明价款400 000元，增值税额52 000元，货款及税额尚未收到。公司应编制如下会计分录：

借：应收账款——力高公司　　　　　　　　　　　　452 000
　　贷：主营业务收入　　　　　　　　　　　　　　　400 000
　　　　应交税费——应交增值税（销项税额）　　　 52 000

【例2-4-34】本月末收到力高公司前欠销货款及增值税452 000元，存入银行。公司应编制如下会计分录：

借：银行存款　　　　　　　　　　　　　　　　　　　452 000
　　贷：应收账款——力高公司　　　　　　　　　　　452 000

（3）销售商品，收到购货方开具的商业汇票。

【例2-4-35】云腾公司本月向志远公司销售S产品250件，每件售价800元，增值税专用发票注明价款 200 000 元，增值税额 26 000 元，收到该公司开出并承兑的期限两个月、票面金额为 226 000 元的不带息商业承兑汇票一张。公司应编制如下会计分录：

  借：应收票据   226 000
    贷：主营业务收入   200 000
      应交税费——应交增值税（销项税额）   26 000

【例 2-4-36】 云腾公司本月向志远公司销售 L 产品 800 件，每件售价 650 元，增值税专用发票注明价款 520 000 元，增值税额 67 600 元，货款及增值税尚未收到，已办妥托收手续。云腾公司应编制如下会计分录：

  借：应收账款——志远公司   587 600
    贷：主营业务收入   520 000
      应交税费——应交增值税（销项税额）   67 600

【例 2-4-37】 10 日后，云腾公司收到志远公司开来一张期限为 3 个月的商业承兑汇票，金额为 587 600 元，抵付上述产品的款项。公司应编制如下会计分录：

  借：应收票据   587 600
    贷：应收账款——志远公司   587 600

【例 2-4-38】 3 个月期满后，应收票据到期收回票面金额 587 600 元存入银行。公司应编制如下会计分录：

  借：银行存款   587 600
    贷：应收票据   587 600

（4）采用预收货款方式销售商品。

【例 2-4-39】 云腾公司本月向嘉美公司销售 S 产品 150 件，按合同规定，本月 10 日收到嘉美公司预付货款 100 000 元，存入银行。20 日发出产品，开出增值税专用发票，发票上注明价为 120 000 元，增值税额为 15 600 元，共计 135 600 元。月末收到嘉美公司支付的余款 35 600 元，存入银行。公司应编制如下会计分录：

- 10 日收到嘉美公司预付的货款 100 000 元：

  借：银行存款   100 000
    贷：预收账款——嘉美公司   100 000

- 20 日发出产品，开出增值税专用发票：

  借：预收账款——嘉美公司   135 600
    贷：主营业务收入   120 000
      应交税费——应交增值税（销项税额）   15 600

- 月末收到嘉美公司支付的余款：

  借：银行存款   35 600
    贷：预收账款——嘉美公司   35 600

4.3.2 主营业务成本的账务处理

期（月）末，企业应根据本期（月）销售各种商品、提供各种劳务等实际成本，计算应结转的主营业务成本，借记"主营业务成本"账户，贷记"库存商品""劳务成本"等账户。

【例 2-4-40】 云腾公司本月计算并结转本月已售产品生产成本，其中：L 产品销售成本 530 400 元，S 产品销售成本 512 800 元。公司应编制如下会计分录：

  借：主营业务成本   1 043 200
    贷：库存商品——L 产品   530 400
       ——S 产品   512 800

4.3.3 其他业务收入与成本的账务处理

企业在经营过程中，除了要发生主营业务外，还会发生一些非经常性的、具有兼营性的其他业务。其他业务（也称"附营业务"）是指企业在经营过程中发生的除主营业务以外的其他销售业务，包括销售材料、出租包装物、出租固定资产、出租无形资产等活动。

当企业发生其他业务收入时，借记"银行存款""应收账款""应收票据"等账户，按确定的收入金额，贷记"其他业务收入"账户，同时确认有关税金；在结转其他业务收入的同一会计期间，企业应根据本期应结转的其他业务成本金额，借记"其他业务成本"账户，贷记"原材料""累计折旧""应付职工薪酬"等账户。

【例 2-4-41】 云腾公司本月将一批 A 材料对外出售，增值税专用发票注明的价款 20 000 元，销项税额 2 600 元，货款及税额收到存入银行，该批材料的成本为 16 000 元。公司应编制如下会计分录：

  借：银行存款   22 600
    贷：其他业务收入   20 000
      应交税费——应交增值税（销项税额）   2 600
  借：其他业务成本   16 000
    贷：原材料——A 材料   16 000

【例 2-4-42】 云腾公司本月将一台生产用设备对外出租，每月收取租金（开出增值税专用发票）30 000 元，增值税额 3 900 元，上述款项已存入银行，该设备月折旧 20 000 元。收取租金时，公司应编制如下会计分录：

  借：银行存款   33 900
    贷：其他业务收入   30 000
      应交税费——应交增值税（销项税额）   3 900
  借：其他业务成本   20 000
    贷：累计折旧   20 000

4.3.4 销售费用的账务处理

企业在销售商品过程中发生的包装费、保险费、展览费和广告费、运输费、装卸费等费用，应借记"销售费用"账户，贷记"库存现金""银行存款"等账户。

企业发生为销售本企业商品而专设的销售机构的职工薪酬、业务费等经营费用时，应借记"销售费用"账户，贷记"应付职工薪酬""银行存款""累计折旧"等账户。

【例 2-4-43】 云腾公司用银行存款支付本月广告费，增值税专用发票注明价款 10 000 元，增值税额 900 元。公司应编制如下会计分录：

  借：销售费用   10 000
    应交税费——应交增值税（进项税额）   900
    贷：银行存款   10 900

【例 2-4-44】 云腾公司专设销售机构以银行存款支付本月日常办公费用 12 000 元（假设

不考虑相关税费）。公司应编制如下会计分录：

  借：销售费用   12 000
    贷：银行存款   12 000

4.3.5 税金及附加的账务处理

企业根据税费规定计算应交纳的消费税、城市维护建设税、教育费附加、资源税、房产税、车船使用税、土地使用税等，应借记"税金及附加"账户，贷记"应交税费"等账户；实际交纳时，应借记"应交税费"账户，贷记"银行存款"账户。

【例2-4-45】云腾公司本月取得商品销售收入2 020 000元，按5%计算应交消费税101 000元。公司应编制如下会计分录：

  借：税金及附加   101 000
    贷：应交税费——应交消费税   101 000

【例2-4-46】云腾公司本月销售商品等收取增值税销项税额331 200元，本月购进货物等支付的增值税进项税额272 100元，本月计算的应交消费税101 000元。按7%计算交纳城市维护建设税，按3%计算交纳教育费附加。

本月应交增值税 = 销项税额 - 进项税额 = 331 200 - 272 100 = 59 100（元）
本月应交城市维护建设税 = (59 100 + 101 000) × 7% = 11 207（元）
本月应交教育费附加 = (59 100 + 101 000) × 3% = 4 803（元）

其会计分录为：

  借：税金及附加   16 010
    贷：应交税费——应交城市维护建设税   11 207
        ——应交教育费附加   4 803

【例2-4-47】云腾公司以银行存款交纳上述税费，公司应编制如下会计分录：

  借：应交税费——应交增值税（已交税金）   59 100
       ——应交消费税   101 000
       ——应交城市维护建设税   11 207
       ——应交教育费附加   4 803
    贷：银行存款   176 110

3.5 财务成果形成与分配过程经济业务的核算

3.5.1 利润形成的账务处理

3.5.1.1 利润的形成

利润（Profit），是指企业在一定会计期间的经营成果，包括收入减去费用后的净额、直接计入当期损益的利得和损失等。利润由营业利润、利润总额和净利润三个层次构成。利润是综合反映企业在一定时期生产经营成果的重要指标。

（1）营业利润。营业利润这一指标能够比较恰当地反映企业管理者的经营业绩，其计算公式如下：

  营业利润 = 营业收入 - 营业成本 - 税金及附加 - 销售费用 - 管理费用 - 财务费用 - 信用减值损失 - 资产减值损失 + 公允价值变动收益（- 公允价值变动损失） + 投资收益（- 投资损失） + 其他收益 + 资产处理收益（- 资产处置

损失）

其中，营业收入是指企业经营业务所确认的收入总额，包括主营业务收入和其他业务收入；营业成本是指企业经营业务所发生的实际成本总额，包括主营业务成本和其他业务成本；资产减值损失是指企业计提各项资产减值准备所形成的损失；公允价值变动收益（或损失）是指按规定采用公允价值对有关资产、负债进行计量的情况下，由于交易性金融资产等公允价值变动形成的应计入当期损益的利得或损失；投资收益（或损失）是指企业以各种方式对外投资取得的收益或损失；其他收益是指与企业日常活动相关，除冲减相关成本费用以外的政府补助。资产处置收益（或损失）是指企业出售划分为持有待售的非流动资产（金融工具、长期股权投资和投资性房地产除外）或处置组（子公司和业务除外）时确认的处置利得或损失，以及处置未划分为持有待售的固定资产、在建工程、生产性生物资产及无形资产而产生的处置利得或损失，还包括债务重组中因处置非流动资产产生的利得或损失和非货币性资产交换中换出非流动资产产生的利得或损失。

（2）利润总额。利润总额，又称"税前利润"，是营业利润加上营业外收入减去营业外支出后的金额。其计算公式如下：

$$利润总额 = 营业利润 + 营业外收入 - 营业外支出$$

（3）净利润。净利润，又称"税后利润"，是利润总额扣除所得税费用后的净额，其计算公式如下：

$$净利润 = 利润总额 - 所得税费用$$

3.5.1.2 账户设置

（1）"投资收益"账户。"投资收益"账户属于损益类账户，用以核算企业确认的投资收益或投资损失。

该账户贷方登记实现的投资收益和期末转入"本年利润"账户的投资净损失；借方登记发生的投资损失和期末转入"本年利润"账户的投资净收益。期末结转后，该账户无余额。

该账户可按投资项目设置明细账户，进行明细分类核算。

（2）"营业外收入"账户。该账户属于损益类账户，贷方登记营业外收入的实现，即营业外收入的增加额；借方登记会计期末转入"本年利润"账户的营业外收入额。期末结转后，该账户无余额。

该账户可按营业外收入项目设置明细账户，进行明细分类核算。

（3）"营业外支出"账户。该账户属于损益类账户，借方登记营业外支出的发生，即营业外支出的增加额；贷方登记期末转入"本年利润"账户的营业外支出额。期末结转后，该账户无余额。

该账户可按支出项目设置明细账户，进行明细分类核算。

（4）"本年利润"账户。该账户属于所有者权益类账户，用以核算企业当期实现的净利润（或发生的净亏损）。企业期（月）末结转利润时，应将各损益类账户的金额转入本账户，结平各损益类账户。

该账户贷方登记企业期（月）末转入的主营业务收入、其他业务收入、营业外收入和投资收益等；借方登记企业期（月）末转入的主营业务成本、税金及附加、其他业务成本、管理费用、财务费用、销售费用、营业外支出、投资损失和所得税费用等。上述结转完成后,余额如在贷方,即为当期实现的净利润;余额如在借方,即为当期发生的净亏损。年度终了,应将本年收入和支出相抵后结出的本年实现的净利润(或发生的净亏损),转入"利润分配——未分配利润"账户贷方(或借方),结转后本账户无余额。

(5) "所得税费用"账户。该账户属于损益类账户,用以核算企业确认的应从当期利润总额中扣除的所得税费用。

该账户借方登记企业应计入当期损益的所得税;贷方登记企业期末转入"本年利润"账户的所得税。期末结转后,该账户无余额。

3.5.1.3 账务处理

(1) 投资收益的核算。企业为了合理有效地使用资金以获得更多的经济利益,除了进行正常的生产经营活动外,还可以将资金投放于债券、股票或其他资产等,形成企业的对外投资,投资收益或投资损失的发生都会影响企业当期的经营成果。

被投资单位宣告分配现金股利时,应借记"应收股利"账户,贷记"投资收益"账户,企业收到被投资单位分来的现金股利,应借记"银行存款"等账户,贷记"应收股利"账户。

【例2-4-48】云腾公司投资的华丰公司本月宣告分配现金股利1 000 000元,云腾公司占华丰公司股权份额的10%。

- 被投资单位宣告分配现金股利时:

借:应收股利 100 000
 贷:投资收益 100 000

- 实际收到现金股利时:

借:银行存款 100 000
 贷:应收股利 100 000

(2) 直接计入当期损益的利得和损失的核算。企业在生产经营活动中除取得营业收入、发生各种耗费外,还会发生一些主要经营活动以外的偶然发生的损益,即利得和损失。直接计入当期损益的利得和损失通常通过"营业外收入""营业外支出"等账户核算。

营业外收入主要包括非流动资产损毁报废收益、非货币性资产交换利得、债务重组利得、政府补助、盘盈利得、捐赠利得等。

企业取得营业外收入时,一般情况下应借记"银行存款"等账户,贷记"营业外收入"账户。

【例2-4-49】云腾公司本月收到嘉美公司的违约赔款30 000元,存入银行。公司应编制如下会计分录:

借:银行存款 30 000
 贷:营业外收入 30 000

营业外支出主要包括非流动资产损毁报废损失、非货币性资产交换损失、债务重组损失、公益性捐赠支出、非常损失、盘亏损失等。

【例2-4-50】云腾公司本月用银行存款支付公益性捐赠20 000元。公司应编制如下会计分录:

借:营业外支出 20 000
 贷:银行存款 20 000

(3) 利润形成的核算。会计期末,企业在未结转各种损益类账户之前,本期实现的各项收入以及与之相配比的成本费用是分散反映在不同损益类账户上的,为了遵循配比的要求,使本期的收支相抵,以便确定本期的经营成果,期末需要编制转账的会计分录,结清各损益类账户。

会计期末(月末或年末)结转各项收入时,借记"主营业务收入""其他业务收入""营业外收入""投资收益"等账户,贷记"本年利润"账户;结转各项支出时,借记"本年利润"账户,贷记"主营业务成本""税金及附加""其他业务成本""管理费用""财务费用""销售费用""资产减值损失""营业外支出""所得税费用"等账户。

下面,我们以本任务中涉及的业务为例来学习利润形成的核算(假设本任务中涉及的业务即为云腾公司12月份发生的全部业务。)

【例2-4-51】云腾公司12月末将本月主营业务收入2 020 000元、其他业务收入50 000元、投资收益100 000元、营业外收入30 000元转入"本年利润"账户。公司应编制如下会计分录:

借:主营业务收入	2 020 000
其他业务收入	50 000
投资收益	100 000
营业外收入	30 000
贷:本年利润	2 200 000

【例2-4-52】云腾公司12月末将本月主营业务成本1 460 900元、其他业务成本35 343元、税金及附加116 757元、销售费用60 000元、管理费用143 000元、财务费用16 000元、营业外支出20 000元转入"本年利润"账户。公司应编制如下会计分录:

借:本年利润	1 852 000
贷:主营业务成本	1 460 900
其他业务成本	35 343
销售费用	60 000
税金及附加	116 757
管理费用	143 000
财务费用	16 000
营业外支出	20 000

该公司利润总额 = 2 200 000 - 1 852 000 = 348 000(元)

(4)所得税的核算。所得税是企业按照国家税法的有关规定,对企业某一经营年度实现的经营所得和其他所得,按照规定的所得税率计算交纳的一种税款。所得税费用是企业使用政府所提供的各种服务而向政府应尽的义务。

严格地讲,按税法确定的应纳税所得额与会计确定的利润总额(即税前利润)之间往往有一定的差异,因此,一般需要在税前利润的基础上作适当的调整,才能确定应纳税所得额。税务机关确定企业在一定时期内应交纳的所得税时,所用的基本计算公式为:

应交所得税额 = 应纳税所得额 × 所得税税率

下面介绍的所得税费用的计算,均假定应纳税所得额与利润总额相一致。

【例2-4-53】云腾公司当期实现利润总额348 000元(假设企业不存在纳税调整事

项，当期利润总额为应纳税所得额），公司按25%的所得税率计算本月应交所得税。云腾公司应做如下会计处理：

①计算应交所得税：

应交所得税 = 348 000 × 25% = 87 000（元）

②编制会计分录：

借：所得税费用　　　　　　　　　　　　　　　　　　　　　87 000
　　贷：应交税费——应交所得税　　　　　　　　　　　　　　　87 000

结转所得税费用时，会计分录如下：

借：本年利润　　　　　　　　　　　　　　　　　　　　　　　87 000
　　贷：所得税费用　　　　　　　　　　　　　　　　　　　　　87 000

③该企业当期的净利润为：

净利润 = 348 000 - 87 000 = 261 000（元）

3.5.2　利润分配的账务处理

利润分配，是指企业根据国家有关规定和企业章程、投资者协议等，对企业当年可供分配利润指定其特定用途和分配给投资者的行为。利润分配的过程和结果不仅关系到每个股东的合法权益是否得到保障，而且还关系到企业的未来发展。

3.5.2.1　利润分配的顺序

企业向投资者分配利润，应按一定的顺序进行。按照我国《公司法》的有关规定，利润分配应按下列顺序进行：计算可供分配利润→提取法定盈余公积→提取任意盈余公积→向投资者分配利润。

（1）计算可供分配的利润。企业在利润分配前，应根据本年净利润（或亏损）与年初未分配利润（或亏损）、其他转入的金额（如盈余公积弥补的亏损）等项目，计算可供分配的利润，即：

可供分配的利润 = 净利润（或亏损）+ 年初未分配利润 - 弥补以前年度的亏损
+ 其他转入的金额

如果可供分配的利润为负数（即累计亏损），则不能进行后续分配；如果可供分配的利润为正数（即累计盈利），则可进行后续分配。

（2）提取法定盈余公积。按照《公司法》的有关规定，公司应当按照当年净利润（抵减年初累计亏损后）的10%提取法定盈余公积，提取的法定盈余公积累计额超过注册资本50%以上的，可以不再提取。

如：某企业年初未分配利润 400 000 元，本年实现净利润 500 000 元，本年度应提取法定盈余公积 50 000 元。

再如：某企业年初未分配利润 -300 000 元（为以前年度亏损），本年度实现净利润 500 000 元，本年度应提取法定盈余公积为 20 000 元[(500 000 - 300 000) × 10% = 20 000]。

盈余公积金可用于弥补亏损或按国家规定转增资本金。

（3）提取任意盈余公积。公司提取法定盈余公积后，经股东会或者股东大会决议，还可以从净利润中提取任意盈余公积。

（4）向投资者分配利润（或股利）。企业可供分配的利润扣除提取的盈余公积后，形成可供投资者分配的利润，即：

可供投资者分配的利润 = 可供分配的利润 − 提取的盈余公积

企业可采用现金股利、股票股利和财产股利等形式向投资者分配利润（或股利）。

3.5.2.2 账户设置

（1）"利润分配"账户。"利润分配"账户属于所有者权益类账户，用以核算企业利润的分配（或亏损的弥补）和历年分配（或弥补）后的余额。

该账户借方登记实际分配的利润额，包括提取的盈余公积和分配给投资者的利润，以及年末从"本年利润"账户转入的全年发生的净亏损；贷方登记用盈余公积弥补的亏损额等其他转入数，以及年末从"本年利润"账户转入的全年实现的净利润。年末，应将"利润分配"账户下的其他明细账户的余额转入"未分配利润"明细账户，结转后，除"未分配利润"明细账户可能有余额外，其他各个明细账户均无余额。"未分配利润"明细账户的贷方余额为历年累积的未分配利润（即可供以后年度分配的利润），借方余额为历年累积的未弥补亏损（即留待以后年度弥补的亏损）。

该账户应当分别"提取法定盈余公积""提取任意盈余公积""应付现金股利或利润""转作股本的股利""盈余公积补亏"和"未分配利润"等进行明细核算。

（2）"盈余公积"账户。"盈余公积"账户属于所有者权益类账户，用以核算企业从净利润中提取的盈余公积。

该账户贷方登记提取的盈余公积，即盈余公积的增加额，借方登记实际使用的盈余公积，即盈余公积的减少额。期末余额在贷方，反映企业结余的盈余公积。

该账户应当分别"法定盈余公积""任意盈余公积"进行明细核算。

（3）"应付股利"账户。"应付股利"账户属于负债类账户，用以核算企业分配的现金股利或利润。

该账户贷方登记应付给投资者股利或利润的增加额；借方登记实际支付给投资者的股利或利润，即应付股利的减少额。期末余额在贷方，反映企业应付未付的现金股利或利润。

该账户可按投资者进行明细核算。

3.5.2.3 账务处理

（1）净利润转入利润分配。会计期末，企业应将当年实现的净利润转入"利润分配——未分配利润"账户，即借记"本年利润"账户，贷记"利润分配——未分配利润"账户；如为净亏损，则做相反会计分录。结转前，如果"利润分配——未分配利润"明细账户的余额在借方，上述结转当年所实现净利润的分录同时反映了当年实现的净利润自动弥补以前年度亏损的情况。因此，在用当年实现的净利润弥补以前年度亏损时，不需另行编制会计分录。

【例2-4-54】云腾公司结转全年实现的净利润3 112 000元（假设公司2019年1月至11月已实现的净利润为2 851 000元，12月期初无在产品）。年度终了，企业应将全年实现的净利润转入"利润分配"账户，计算企业未分配利润。公司应做如下会计处理：

借：本年利润　　　　　　　　　　　　　　　　　　　　　　3 112 000
　　贷：利润分配——未分配利润　　　　　　　　　　　　　　3 112 000

（2）提取盈余公积。企业提取的法定盈余公积，借记"利润分配——提取法定盈余公积"账户，贷记"盈余公积——法定盈余公积"账户；提取的任意盈余公积，借记"利润分配——提取任意盈余公积"账户，贷记"盈余公积——任意盈余公积"账户。

【例2-4-55】云腾公司按当期净利润的10%提取法定盈余公积311 200元，按5%提取任意盈余公积155 600元。公司应做如下会计处理：

  借：利润分配——提取法定盈余公积   311 200
       ——提取任意盈余公积   155 600
    贷：盈余公积——法定盈余公积   311 200
       ——任意盈余公积   155 600

（3）向投资者分配利润或股利。企业根据股东大会或类似机构审议批准的利润分配方案，按应支付的现金股利或利润，借记"利润分配——应付现金股利"账户，贷记"应付股利"等账户；以股票股利转作股本的金额，借记"利润分配——转作股本股利"账户，贷记"股本"等账户。董事会或类似机构通过的利润分配方案中拟分配的现金股利或利润，不做账务处理，但应在附注中披露。

【例2-4-56】云腾公司股东会决议，向投资者分配现金股利150 000元。公司应做如下会计处理：

  借：利润分配——应付现金股利   150 000
    贷：应付股利（应付利润）   150 000

【例2-4-57】云腾公司用企业银行存款150 000元向投资者支付利润。公司应做如下会计处理：

  借：应付股利（应付利润）   150 000
    贷：银行存款   150 000

（4）盈余公积补亏。企业发生的亏损，除用当年实现的净利润弥补外，还可使用累积的盈余公积弥补。以盈余公积弥补亏损时，借记"盈余公积"账户，贷记"利润分配——盈余公积补亏"账户。

（5）企业未分配利润的形成。年度终了，企业应将"利润分配"账户所属其他明细科目的余额转入该账户"未分配利润"明细账户，即借记"利润分配——未分配利润""利润分配——盈余公积补亏"等账户，贷记"利润分配——提取法定盈余公积""利润分配——提取任意盈余公积""利润分配——应付现金股利""利润分配——转作股本股利"等账户。

结转后，"利润分配"账户中除"未分配利润"明细账户外，所属其他明细账户无余额。"未分配利润"明细账户的贷方余额表示累积未分配的利润，该账户如果出现借方余额，则表示累积未弥补的亏损。

【例2-4-58】云腾公司期末将"利润分配"其他明细账户转入"利润分配——未分配利润"明细账户，应做如下会计处理：

  借：利润分配——未分配利润   616 800
    贷：利润分配——提取法定盈余公积   311 200
       ——提取任意盈余公积   155 600
       ——应付现金股利   150 000

至此，"利润分配——未分配利润"账户贷方余额为2 495 200元（3 112 000 - 616 800），表示该企业累计未分配的利润。它是企业留存收益的重要内容，可以留待以后年度进行分配。

4. 职业启航——借贷记账法综合实作

力高公司于2019年12月成立。该公司为小型制造业，存货采用实际成本核算，为增值税一般纳税人，适用增值税率13%，所得税率25%，城市维护建设税率7%，教育费附加征收率3%。当年12月发生如下经济业务：

（1）12月1日，收到嘉美公司货币资金投资600 000元，款项已收存入银行，该投资占力高公司60%的股权；收到志远公司以机器设备投资，该设备账面原价520 000元，已提折旧250 000元，投资双方协商作价400 000元（假设不考虑相关税费），该投资占力高公司40%的股权。

（2）12月1日，力高公司从银行借入期限为一年的借款200 000元，年利率6%，一次还本付息，款项已存入银行。

（3）12月2日，从云腾公司购入甲材料3吨，增值税专用发票注明价款300 000元，增值税额39 000元；购入乙材料2吨，增值税专用发票注明价款100 000元，增值税额13 000元，上述款项已用银行存款支付，原材料尚未验收入库。

（4）12月5日，以银行存款向运输部门支付上述甲、乙材料的运费，增值税专用发票注明价款2 000元（其中甲材料应分配1 200元，乙材料应分配800元），增值税额180元，购入甲、乙材料两种材料验收入库。

（5）本月领用材料，生产A产品领用甲材料250 000元，生产B产品领用乙材料100 000元，车间一般耗用甲材料10 000元，行政管理部门耗用甲材料10 000元。

（6）本月开出现金支票从银行取得并发放工资现金100 000元。

（7）月末，企业分配本月应付职工工资总额100 000元，其中产品生产工人工资为：A产品生产工人工资35 000元，B产品生产工人工资为15 000元，车间管理人员工资30 000元，行政管理人员工资为20 000元。

（8）公司按当月工资总额10%计提企业承担的医疗保险。

（9）12月10日，厂部刘华出差预借差旅费10 000元；月末刘华出差回来报销差旅费，实际报销12 000元，以现金补付2 000元。

（10）12月15日，以银行存款支付管理部门用办公用品费，增值税专用发票注明价款8 000元，增值税额1 040元。

（11）月末预提本月银行借款利息1 000元。

（12）月末计提固定资产折旧15 000元，其中车间固定资产计提10 000元，厂部固定资产计提5 000元。

（13）12月25日，以银行存款支付本月车间厂房租金2 200元（假设不考虑相关税费）。

（14）月末将本月发生的制造费用55 200元，按生产工人工资比例分配计入A、B两种产品成本。

（15）本月企业生产的A产品10件全部生产完工，验收入库，B产品尚在生产过程中。

（16）本月销售A产品8件给红星公司，增值税专用发票注明价款500 000元，增值税额为65 000元，款项尚未收到。

（17）本月用银行存款支付广告费20 000元（假设不考虑相关税费）。

（18）本月企业销售甲材料，收取价款 20 000 元，增值税销项税项额 2 600 元，货款已收，并结转本月材料销售成本 16 000 元。

（19）结转本月已销 A 产品成本。

（20）月末计算本月应交增值税、应交城市维护建设税、应交教育费附加。

（21）本月企业收到某公司捐赠 5 000 元，存入银行。

（22）本月企业用银行存款 10 000 元支付公益性捐赠。

（23）月末，将各项损益类账户转入"本年利润"账户。

（24）月末计算本月应交所得税（假设不考虑纳税调整因素），并予以结转。

（25）力高公司按税后利润 10% 提取法定盈余公积金。

（26）力高公司根据股东会决定拟向股东分配现金股利 25 000 元。

扫码知答案 4

（27）期末，力高公司结转本年利润账户；结转利润分配账户各明细账户。

要求：请根据上述业务做出相应的会计处理。

本任务思维导图

主要经济业务的核算

生产过程经济业务的核算

- 生产费用的构成
  - 直接材料
  - 直接人工
  - 制造费用
- 账户设置
  - 生产成本
  - 制造费用
  - 管理费用
  - 应付职工薪酬
  - 库存商品
  - 累计折旧
- 账务处理
  - 材料费用的归集与分配
  - 职工薪酬的归集与分配
  - 固定资产折旧
  - 完工产品生产成本的结转

销售过程经济业务的核算

- 账户设置
  - 主营业务收入
  - 其他业务收入
  - 主营业务成本
  - 其他业务成本
  - 销售费用
  - 税金及附加
- 账务处理
  - 主营业务收入账务处理
  - 主营业务成本账务处理
  - 其他业务收入及成本账务处理
  - 销售费用账务处理
  - 税金及附加账务处理

财务成果形成与分配过程经济业务的核算

- 利润的形成
  - 账户设置
    - 投资收益
    - 营业外支出
    - 利得与损失的核算
    - 利润形成的核算
    - 所得税费用
    - 本年利润
  - 账务处理
    - 营业利润
    - 利润总额
    - 净利润
- 利润分配
  - 计算可供分配的利润
  - 利润分配的顺序
    - 提取法定盈余公积
    - 提取任意盈余公积
    - 向投资者分配利润
  - 账户设置
    - 利润分配
    - 盈余公积
    - 应付股利
    - 净利润转入利润分配
    - 提取盈余公积
    - 向投资者分配利润
    - 盈余公积补亏
    - 企业本分配利润的形成
  - 账务处理

资金筹集经济业务的核算

- 所有者投入资本的核算
  - 账户设置
    - 实收资本
    - 资本公积
    - 银行存款
    - 应交税费
  - 账务处理
    - 接受货币资金投资
    - 资本公积转增资本
- 负债筹资业务的核算
  - 账户设置
    - 短期借款
    - 长期借款
    - 应付利息
    - 财务费用
  - 账务处理
    - 短期借款账务处理
    - 长期借款账务处理

供应过程经济业务的核算

- 固定资产业务的核算
  - 账户设置
    - 在建工程
    - 固定资产
  - 账务处理
    - 购入需要安装的固定资产
    - 购入不需要安装的固定资产
- 材料采购业务的核算
  - 账户设置
    - 原材料
    - 在途物资
    - 应付账款
    - 应付票据
    - 预付账款
    - 材料尚未验收入库
    - 材料已验收入库
    - 采用预付账款方式购买原材料
  - 账务处理

任务五
登记会计账簿

【导言】
　　实际工作中，会计人员通过填制会计凭证对企业每天发生的大量经济业务进行记录和登记。由于一项经济业务往往仅填制一张记账凭证，其所提供的会计信息单一、零散，不系统不全面，不能满足企业日常管理的需要，例如通过查询企业某月份的银行存款的单一会计凭证，并不能确定该企业本月发生的银行存款收入总数、支出总数、余额各为多少。因此，为了全面、系统、连续地核算和监督单位的经济活动及其财务收支情况，应设置会计账簿。

【任务目标——知识目标】
　　＊ 掌握会计账簿的启用规则和记账规则
　　＊ 掌握现金日记账和银行存款日记账的登记
　　＊ 掌握总分类账和明细分类账的登记
　　＊ 掌握对账、结账及错账更正的方法

【任务目标——能力目标】
　　＊ 能登记现金日记账和银行存款日记账
　　＊ 能登记总分类账和明细分类账
　　＊ 能对账、结账及更正错账

1. 认识会计账簿

1.1 会计账簿的概念及作用

　　会计账簿（Accounting Book）也称为账簿、账册，是指由一定格式的账页组成的，以会计凭证为依据，全面、系统、连续地记录各项经济业务的簿籍。

　　设置和登记账簿，是编制会计报表的基础，是连接会计凭证和会计报表的中间环节，在会计核算中具有重要意义：

　　（1）通过账簿的设置和登记，可以记载、储存会计信息。将会计凭证所记录的经济业务一一记入有关账簿，可以全面反映会计主体在一定时期内所发生的各项经济业务，能反映经济业务引起会计要素增减变动的情况，同时储存了企业进行日常管理所需要的各项会计信息。

　　（2）通过账簿的设置和登记，可以分类、汇总会计信息。账簿由不同的相互关联的账户所构成。通过账簿记录，一方面可以分门别类地反映各项会计信息，提供一定时期内经济活动的详细情况；另一方面可以通过发生额、余额的计算，提供各方面所需要的总括会计信息，反映财务状况、经营成果和现金流量的综合价值指标。

（3）通过账簿的设置和登记，可以检查、校正会计信息。账簿记录是会计凭证信息的进一步整理。如在永续盘存制下，通过盘存账户余额与实际盘点或检查结果的核对，可以确认财产的盘盈或盘亏，并根据实际结存数调整账簿记录，做到账实相符，提供真实、可靠的会计信息。

（4）通过账簿的设置和登记，可以编报、输出会计信息。为了反映企业某一特定日期的财务状况及某一会计期间的经营成果和现金流量，应定期进行结账工作，进行有关账簿之间的核对，计算出本期发生额和余额，据以编制会计报表，向有关各方提供所需要的会计信息。

1.2 会计账簿的分类

会计账簿可以按其用途、账页格式和外型特征等不同标准进行分类。

1.2.1 按用途分类

会计账簿按用途分类，可分为序时账簿、分类账簿和备查账簿三类。

（1）序时账簿。又称日记账，是按照经济业务发生或完成时间的先后顺序逐日逐笔进行登记的账簿。日记账可分为普通日记账和特种日记账。用来记录全部经济业务的日记账称为"普通日记账"；用来记录某一类经济业务的日记账称为"特种日记账"，如用来记录现金收付业务和结存情况的现金日记账和用来记录银行存款收付业务和结存情况的银行存款日记账。在我国，大多数单位一般只设现金日记账和银行存款日记账，而不设转账日记账和普通日记账。

（2）分类账簿。是对全部经济业务事项按照会计要素的具体类别设置的分类账户进行登记的账簿。按照总分类账户分类登记经济业务事项的是总分类账簿，简称"总账"；按照明细分类账户分类登记经济业务事项的是明细分类账簿，简称"明细账"。总分类账提供总括的会计信息，明细分类账提供详细的会计信息，二者相辅相成，互为补充。

分类账簿可以分别反映和监督各项资产、负债、所有者权益、收入、费用和利润的增减变动情况及其结果。分类账簿提供的核算信息是编制会计报表的主要依据。

（3）备查账簿。又称辅助登记簿，是对某些在序时账簿和分类账簿等主要账簿中都不予登记或登记不够详细的经济业务事项进行补充登记时使用的账簿。例如租入固定资产备查簿、应收票据贴现登记簿、受托加工材料登记簿、代管商品物资登记簿等。

备查账簿与序时账簿和分类账簿相比，存在两点不同之处：一是登记依据可能不需要记账凭证，甚至不需要一般意义上的原始凭证；二是账簿的格式和登记方法不同，备查账簿的主要栏目不记录金额，它更注重用文字来表述某项经济业务的发生情况。备查账簿并非每个单位都应设置，各单位可根据实际需要自行设置和登记。

1.2.2 按账页格式分类

会计账簿按账页格式不同，可分为两栏式、三栏式、多栏式和数量金额式四种。

（1）两栏式账簿。是指只有借方和贷方两个基本金额栏目的账簿。普通日记账和转账日记账一般采用两栏式账簿。

（2）三栏式账簿。是设有借方、贷方和余额三个基本栏目的账簿。各种日记账、总分类账以及资本、债权、债务明细账都可采用三栏式账簿。

（3）多栏式账簿。是在账簿的两个基本栏目借方和贷方按需要分设若干专栏的账簿。

但是，专栏设置在借方还是在贷方，或是两方同时设专栏、设多少栏，则根据需要确定。收入、成本、费用明细账一般采用多栏式账簿。

（4）数量金额式账簿。是在借方、贷方和余额三个栏目内，都分设数量、单价和金额三小栏，借以反映财产物资的实物数量和价值量。如原材料、库存商品、产成品等明细账一般采用数量金额式账簿。

1.2.3 按外形特征分类

会计账簿按外形特征分类，可分为订本式账簿、活页式账簿和卡片式账簿三种。

（1）订本式账簿。是启用之前就已将账页装订在一起，并对账页进行了连续编号的账簿。订本账的优点是能避免账页散失和防止抽换账页，从而保证账簿资料的安全和完整。缺点是同一账簿在同一时间只能由一人登记，不便于记账人员分工记账；另外，不能准确地为各账户预留账页，预留太多会造成浪费，预留太少又会影响连续登记。这种账簿一般适用于总分类账、现金日记账、银行存款日记账。

（2）活页式账簿。是在账簿登记完毕之前并不固定装订在一起，而是装在活页账夹中。当账簿登记完毕之后（通常是一个会计年度结束之后），才将账页予以装订，加具封面，并给各账页连续编号。这类账簿的优点是记账时可根据实际需要，随时增减账页，也便于分工记账；缺点是如果管理不善，可能会造成账页散失或故意抽换账页。为克服这个缺点，空白账页使用时必须连续编号，装在账夹中或临时装订成册，并由有关人员在账页上盖章，以防舞弊。各种明细分类账一般采用活页账形式。

（3）卡片式账簿。是将账户所需格式印刷在硬卡上。严格说，卡片账也是一种活页账，只不过它不是装在活页账夹中，而是装在卡片箱内。使用时，应在卡片上连续编号，加盖有关人员的印章，置放在卡片箱内，以保证其安全，并可以随时取出和放入。它的优缺点与活页账相同。在我国，单位一般对固定资产的明细核算采用卡片式账簿形式。

1.3 会计账簿的基本内容

各种账簿所记录的经济业务不同，账簿格式可以多种多样。但是，会计账簿一般由封面、扉页、账页三部分构成。

封面：主要标明账簿的名称，如总分类账、各种明细账、现金日记账、银行存款日记账等。

扉页：主要列明科目索引、账簿启用和经管人员一览表（活页账、卡片账在装订成册后，填列账簿启用和经管人员一览表）。

账页：是账簿用来记录具体经济业务的载体，其格式因记录经济业务内容不同而有所不同，但基本内容应包括：

（1）账户的名称（总账账户、二级账户或明细科目）；
（2）登记账户的日期栏；
（3）会计凭证种类及编号栏；
（5）摘要栏（简要说明所记录经济业务的内容）；
（6）金额栏（记录经济业务引起账户发生额或余额增减变动的数额）；
（7）总页次及分户页次。

1.4 建账方法

建账是会计工作得以开展的基础环节。

《会计法》规定:"各单位按照国家统一的会计制度的规定设置会计科目和会计账簿"。

《公司法》第一百八十一条规定:"公司除法定的会计账册外,不得另立会计账册。个体工商户确实不能设置账簿的,经税务机关核准,可以不设置账簿"。

《税收征收管理法实施细则》第十七条规定:"从事生产、经营的纳税人应当依照税收征管法第十二条规定,自领取营业执照之日起十五日内设置账簿"。

根据我国法律的相关规定,新建单位和原有单位在年度开始时,会计人员均应根据核算工作的需要设置应用账簿,即平常所说的"建账"。

不同的企业在建账时所需要购置的账簿是不相同的,总体讲要根据企业规模、经济业务的繁简程度、会计人员多少、采用的核算形式及电算化程度来确定。

(1) 建账材料准备。当一个企业刚成立建账初始时,首先必须购置相应的记账凭证、各种格式的账簿和相关账页,如三栏式、多栏式、数量金额式等,并将活页的账页用账夹装订成册;其次购入装订凭证时所需要的记账凭证封面、封底、记账凭证汇总表、装订钉或线等。

(2) 登记账簿启用表。在账簿的启用表上,写明单位名称、账簿名称、册数、编号、起止页数、启用日期以及记账人员和会计主管人员姓名,并加盖单位公章。记账人员或会计主管人员在本年度调动工作时,应注明交接日期、接办人员和监交人员姓名,并由交接双方签名或盖章,以明确经济责任,其次还需要粘贴印花税票。

启用订本式账簿,应从第一页起到最后一页止顺序编定号码,不得跳页、缺号;使用活页式账簿,应按账户顺序编列本户页次号码。各账户编列号码后,应填"账户目录",将账户名称页次登入目录内,并粘贴索引纸(账户标签),写明账户名称,以便检索。具体见表2-5-1。

表2-5-1　　　　　　　　　账簿启用及交接表

单位名称										单位公章	
账簿名称											
账簿编号											
账簿页数											
启用日期					年　月　日						
经管人员	负责人		主管会计		复核			记账			
	姓名	盖章	姓名		盖章	姓名		盖章	姓名		盖章
交接记录	监交人员		接管				交出				
	职务	姓名	年	月	日	盖章	年	月	日		盖章
备注											

（3）登记总账、明细账和日记账的期初余额。建立总账时，原则上要求凡是企业涉及的会计科目就要有相应的账页与之对应，会计人员应估计每一种业务的业务量大小并进行相应账页数的预留。

以"原材料"总账为例，假设2019年1月1日公司原材料上期余额150 000元，则在"原材料"总账首页第一行日期栏登记2019年1月1日，摘要栏登记"上年结转"或"期初余额"，并在余额栏登记金额"150 000"（见表2-5-2）。其他会计科目的期初余额与上述登记方法相同。

表 2-5-2　　　　　　　　　　　　总　分　类　账

账户名称：原材料　　　　　　　　　　　　　　　　　　　　　　　　　　　　第1页

2019年		凭证		摘要	借方	贷方	借或贷	余额
月	日	种类	编号					
1	1			上年结转			借	150 000.00

（4）粘贴口取纸。会计人员应估计每一种业务的业务量大小，将每一种业务用口取纸分开，并在口取纸上写明每一种业务的会计科目名称，以便在登记时能够及时找到应登记的账页。在将总账分页使用时，假如总账账页从第1页到第10页登记库存现金业务，我们就会在目录中写清楚"库存现金……1~10"，并且在总账账页的第一页贴上口取纸，口取纸上写清楚"库存现金"；第11页至第20页为银行存款业务，我们就在目录中写清楚"银行存款……11~20"，并且在总账账页的第11页贴上写有"银行存款"的口取纸，依此类推，总账就建好了。

为了登记总账的方便，在总账账页分页使用时，最好按资产、负债、所有者权益、收入、费用的顺序来分页，在口取纸选择上也可将资产、负债、所有者权益、收入、费用按不同颜色区分开，以便于登记。

1.5　登记会计账簿的基本流程

登记会计账簿的基本流程如图2-5-1所示。

1.6　登记会计账簿的基本要求

为了保证账簿记录的正确性，必须根据审核无误的会计凭证登记会计账簿，并符合下列要求：

（1）准确完整。登记会计账簿时，应当将会计凭证日期、编号、业务内容摘要、金额和其他有关资料逐项记入账内，做到数字准确、摘要清楚、登记及时、字迹工整。每一项会计事项，一方面要记入有关的总账，另一方面要记入该总账所属的明细账。账簿记录中的日期，应该填写记账凭证上的日期；以自制原始凭证（如收料单、领料单等）作为依据的，账簿记录中的日期应按有关自制凭证上的日期填列。

（2）注明记账符号。账簿登记完毕，应在记账凭证上签名或盖章，并在记账凭证的"记账签章或过账"栏内注明账簿页数或划"√"表示记账完毕，避免重记、漏记。

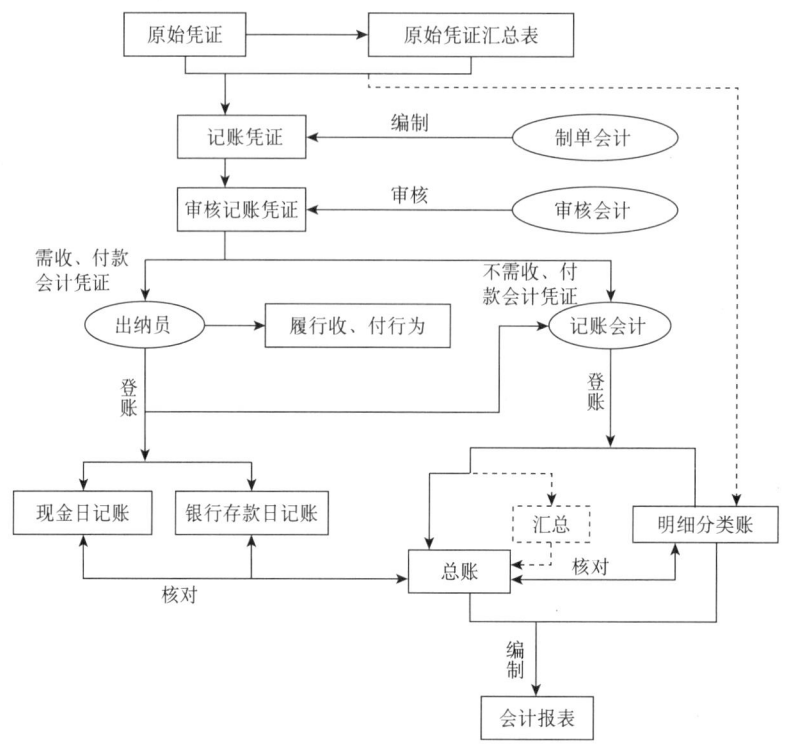

图 2-5-1 登记会计账簿基本流程

(3) 书写留空。账簿中书写的文字和数字上面要留有适当的空格，不要写满格，一般应占格距的 1/2。这样，一旦发生记账错误时，能比较容易地进行更正，同时也方便查账工作。

(4) 正常记账使用蓝黑墨水。为了保持账簿记录的持久性，防止涂改，登记账簿必须使用蓝黑墨水或碳素墨水并用钢笔书写，不得使用圆珠笔（银行的复写账簿除外）或者铅笔书写。

(5) 特殊记账使用红色墨水。可以用红色墨水记账的情况包括：
- 按照红字冲账的记账凭证，冲销错误记录；
- 在不设借贷等栏的多栏式账页中，登记减少数；
- 在三栏式账户的余额栏前，如未印明余额方向的，在余额栏内登记负数余额；
- 根据国家统一的会计制度的规定可以用红字登记的其他会计记录。

会计中的红字表示负数，因此，除上述情况外，不得使用红色墨水登记账簿。

(6) 顺序连续登记。各种账簿应按页次顺序连续登记，不得跳行、隔页。如果发生跳行、隔页，应当将空行、空页划线注销，或者注明"此行空白""此页空白"字样，并由记账人员和会计机构负责人（会计主管人员）签章。

(7) 结出余额。凡需要结出余额的账户，结出余额后，应当在"借或贷"等栏内写明"借"或者"贷"等字样，以示余额方向；对于没有余额的账户，应在"借或贷"栏内写"平"字，并在余额栏"元"位上用"０"或"0"表示。现金日记账和银行存款日记账必须逐日结出余额。

（8）过次承前。每一账页登记完毕时，应当结出本页合计数及余额，在该账页最末一行"摘要"栏内注明"过次页"或"转次页"字样，并将这一金额记入下页第一行有关金额栏内，在该行"摘要"栏内注明"承前页"，以保持账簿记录的连续性，便于对账和结账。

对需要结计本月发生额的账户，结计"过次页"的本页合计数应当为自本月初起至本页末止的发生额合计数；对需要结计本年累计发生额的账户，结计"过次页"的本页合计数应当为自年初起至本页末止的累计数；对既不需要结计本月发生额，也不需要结计本年累计发生额的账户，可以只将每页末的余额结转次页。

（9）不得刮擦涂改。如发生账簿记录错误，不得刮、擦、挖补或用褪色药水更改字迹，而应采用规定的方法更正。

2. 登记现金、银行存款日记账

2.1 现金日记账

现金日记账，是用来核算和监督库存现金每天的收入、支出和结存情况的账簿。现金日记账的格式有三栏式和多栏式两种。

2.1.1 三栏式现金日记账的格式

三栏式现金日记账设借方、贷方和余额三个基本的金额栏目，一般将其分别称为收入、支出和结余三个基本栏目。在金额与摘要栏之间常常插入"对方科目"，以便记账时表明现金收入的来源和现金支出的用途科目。三栏式现金日记账的格式见表2-5-3。

表2-5-3　　　　　　　　　现金日记账（三栏式）

2019年		凭证		摘要	对方科目	收入	支出	结余
月	日	种类	编号					
1	1			上年结转				400
	2	现付	1	付购入材料运费	材料采购		80	320
	2	银付	1	提取现金备用	银行存款	1 200		1 520
	2	现付	2	张鸣预借差旅费	其他应收款		600	920
	2	现收	1	路金报销差旅费	其他应收款	120		1 040
	2			本日合计		1 320	680	1 040
	31			本日合计		250	550	100
	31			本月合计		18 520	18 820	100

2.1.2 三栏式现金日记账的登记方法

现金日记账应由出纳人员根据同现金收付有关的记账凭证，按时间顺序逐日逐笔进行登记，即根据现金收款凭证和银行存款付款凭证（从银行提取现金业务）登记现金收入，根据现金付款凭证登记现金支出;并根据"上日余额+本日收入-本日支出=本日余额"的公式,逐日结出现金余额,与库存现金实存数核对,以检查每日现金收付是否有误。

我国的现金日记账一般采用三栏式账簿,具体登记方法如下:

(1) 日期栏:指会计凭证的日期,应与现金实际收、付日期一致。

(2) 凭证栏:指登记入账的收、付凭款凭证种类和编号,如:"现金收(付)款凭证",可简写为"现收(付)";"银行存款收(付)款凭证",简写为"银收(付)"。凭证栏内还应登记凭证的编号数,便于查账和核对。

(3) 摘要栏:简要说明登记入账的经济业务内容,文字要简练。

(4) 对方科目栏:填写与现金有关的对方科目,其作用在于了解经济业务的来龙去脉。

(5) 收入、支出栏:填写现金实际收付的金额。每日终了,应分别计算现金收入和付出的合计数,结出余额,同时将余额与出纳保管的库存现金核对,即通常所说的"日清"。如果账款不符应查明原因,并记录备案。月终同样要计算现金收、付和结存的合计数,即通常称为"月结"。

借、贷方分设的多栏式现金日记账的登记方法是:先根据有关现金收入业务的记账凭证登记现金收入日记账,根据有关现金支出业务的记账凭证登记现金支出日记账,每日终了,根据现金支出日记账结计的支出合计数,一笔转入现金收入日记账的"支出合计"栏中,并结出当日余额。

2.1.3 多栏式现金日记账

多栏式现金日记账是在三栏式现金日记账基础上发展起来的。这种日记账的借方(收入)和贷方(支出)金额栏都按对方科目设专栏,也就是按收入的来源和支出的用途设专栏。这种格式在月末结账时,可以结出收入和支出合计数,便于对现金收支的合理性、合法性进行审核分析,便于检查财务收支计划的执行情况。其格式如表2-5-4和表2-5-5所示。

表2-5-4　　　　　现金收入日记账(多栏式)

年		收款凭证编号	摘要	贷方科目					支出合计	结余
月	日			应收账款	其他应收款	…	…	收入合计		

表2-5-5　　　　　现金(银行存款)支出日记账(多栏式)

年		付款凭证编号	摘要	结算凭证		借方科目				
月	日			种类	编号	管理费用	其他应收款	…	…	支出合计

2.2 银行存款日记账

银行存款日记账,是用来核算和监督银行存款每日的收入、支出和结余情况的账簿。银行存款日记账应按企业在银行开立的账户和币种分别设置,每个银行账户设置一本日记账。

银行存款日记账的格式和登记方法与现金日记账相同,由出纳人员根据与银行存款收付业务有关的记账凭证,按时间先后顺序逐日逐笔进行登记。根据银行存款收款凭证和有关现金付款凭证(库存现金存入银行的业务)登记银行存款收入栏,根据银行存款付款凭证登记其支出栏,每日结出存款余额。

为了保证现金日记账、银行存款日记账的安全和完整,无论采用三栏式还是多栏式现金日记账、银行存款日记账,都必须使用订本账。

3. 登记明细账

3.1 明细账的格式

明细分类账,是根据二级账户或明细账户开设账页,分类、连续地登记经济业务以提供明细核算资料的账簿。明细分类账是总账的明细记录,它是按照总分类账核算的内容,按照更加详细的分类,反映某一具体类别经济活动的财务收支情况,它对总分类账起补充作用,它所提供的资料也是编制会计报表的依据之一。

各单位应根据实际需要,按照总账科目设置必要的明细分类账。明细分类账一般采用活页式账簿,有的也采用卡片式账簿(如固定资产明细账)。常用的明细账的格式一般有三栏式、多栏式、数量金额式三种。

3.1.1 三栏式明细分类账

三栏式明细分类账账页是设有借方、贷方和余额三个金额栏,不设数量栏。它适用于只需要反映金额的经济业务,如"应收账款""应付账款""短期借款""应交税费"等债权、债务结算账户。三栏式明细分类账账页的格式和内容见表2-5-6。

表2-5-6　　　　　　　　　　应收账款明细分类账

账户名称:应收账款——力高公司

2019年		凭证		摘　要	借方	贷方	借或贷	余额
月	日	种类	编号					
1	1			上年结转			借	5 000
	10	银收	20	收到力高公司付购货款		3 000	借	2 000
	15	银收	30	收到力高公司付购货款		2 000	平	0
	31			本月合计	10 000	15 000	平	0

3.1.2 数量金额式明细分类账

数量金额式明细分类账其借方(收入)、贷方(发出)和余额(结存)都分别设有数量、单价和金额三个专栏,适用于既要进行金额核算又要进行数量核算的账户,如"原材料""库存商品"等账户。如表2-5-7所示。

表 2-5-7　　　　　　　　　　　　原材料明细分类账

类　别	原　料	计量单位	千克
名称或规格	A	存放地点	3 号库
编号	1002	储备定额	8 000

2019 年		凭证		摘　要	收　入			发　出			结　存		
月	日	种类	编号		数　量	单价	金　额	数　量	单价	金　额	数　量	单价	金　额
1	1			上年结转							2 000	10	20 000
	5	转	5	购入	5 000	10	50 000				7 000	10	70 000
	5	转	10	二车间用				4 000	10	40 000	3 000	10	30 000
	31			本月合计	6 000	10	60 000	4 000	10	40 000	4 000	10	40 000

3.1.3 多栏式明细分类账

多栏式明细分类账将属于同一总账科目的多个明细科目合并在一张账页上进行登记，即在这种格式账页的借方或贷方金额栏内按照明细项目设若干专栏。这种格式适用于收入、成本、费用、利润和利润分配明细分类核算，如"生产成本""管理费用""营业外收入""利润分配"等科目的明细分类核算。多栏式明细账的格式分别如表 2-5-8 和表 2-5-9 所示。

表 2-5-8　　　　　　　　　　　　管理费用明细账

年		凭证号	摘要	借方	贷方	余额	（　　）方发生额分析							
月	日						工资	福利费	办公费	差旅费	折旧费	修理费	…	…	合计

表 2-5-9　　　　　　　　　　　　生产成本明细账

年		凭证		摘要	借方（项目）				贷方	余额
月	日	种类	编号		直接材料	直接人工	制造费用	合计		

3.2 明细账的登记方法

不同类型经济业务的明细分类账，可根据管理需要，依据记账凭证、原始凭证或汇总原始凭证逐日逐笔或定期汇总登记。

一般情况下，固定资产、债权、债务等明细账应逐日逐笔登记；库存商品、原材料收发明细账以及收入、费用明细账可以逐笔登记，也可以定期汇总登记。

对于只设有借方的多栏式明细账，由于只按借方发生额设置专栏，贷方登记月末将借方发生额一次转出的数额，所以平时如果发生贷方发生额应该用红字在多栏式账页的借方栏中登记表示冲减；对于只设贷方的多栏式明细账，由于只按贷方发生额设置专栏，借方登记月末将贷方发生额一次转出的数额，所以平时如果发生借方发生额，应该用红字在多栏式账页的贷方栏中登记表示冲减。

明细分类账一般应于会计期末结算出当期发生额及期末余额。

4. 登记总账

4.1 总账的格式

总分类账（General Ledger），是按照总分类账户分类登记以提供总括会计信息的账簿。总分类账中的账页是按总账科目（一级科目）开设的总分类账户。应用总分类账，可以全面、系统、综合地反映企业所有的经济活动情况和财务收支情况，可以为编制会计报表提供所需资料。因此，每一企业都应设置总分类账。总分类账必须采用订本式账簿，最常用的格式为三栏式，设置借方、贷方和余额三个基本金额栏目。其格式如表2-5-10所示。

表 2-5-10　　　　　　　　　总　分　类　账

账户名称：材料采购

2019年		凭证		摘要	对方科目	收入	支出	结余
月	日	种类	编号					
1	1			上年结转				21 400
	2	银付	1	付购入材料费	材料采购	2 000		23 400
	2	转	1	验收入库	原材料		2 000	21 400
	3	银付	2	购入B材料	材料采购	300 000		321 400
	5	转	2	验收入库	原材料		200 000	121 400
	31			本月合计		518 520	318 820	221 100

4.2 总账的登记方法

总分类账的记账依据和登记方法取决于企业采用的账务处理程序。总分类账可以根据记账凭证逐笔登记，也可以根据经过汇总的科目汇总表或汇总记账凭证等登记。

5. 总分类账户和明细分类账户的平行登记

5.1 平行登记的概念和要点

总分类账和明细分类账的平行登记，是指对所发生的每项经济业务事项都要以会计凭证

为依据,一方面记入有关总分类账户,另一方面记入有关总分类账户所属明细分类账户的方法。其登记要点如下:

(1) 同依据登记。总分类账户和明细分类账户反映的是同一项经济业务,一般要依据相同的会计凭证来进行登记,不能根据对应账户记录进行转记,以便总分类账户和明细分类账户之间能够相互核对。

(2) 同期间登记。对于发生的经济业务,要在同一个会计期间内,一方面在有关的总分类账户中进行总括的登记,另一方面要在其所属的明细分类账户中进行详细的登记。如果同时涉及多个明细分类账户,则应分别在有关的几个明细分类账户中进行登记。需要说明的是,同期间登记不一定是同一天登记。

(3) 同方向登记。对于发生的经济业务,在总分类账户和所属的明细分类账户进行登记时,其记账方向必须相同,即如果在有关总分类账户中登记在借方,则在其所属的明细分类账户中也应该登记在借方;如果在有关总分类账户中登记在贷方,则在其所属的明细分类账户中也应该登记在贷方。

(4) 同金额登记。对于发生的经济业务,记入有关总分类账户中的金额与记入其所属明细分类账户中的金额必须相等。如果一个总分类账户需要设置多个明细分类账户的,则记入总分类账户的金额与记入其所属的几个明细分类账户的金额之和应当相等。

下面以"应收账款"账户为例,说明平行登记的方法。

【例 2-5-1】云腾公司 11 月初"应收账款"账户的借方余额为 8 000 元,其中,应收力高公司 5 000 元,应收嘉美公司 3 000 元。本月发生下列经济业务:

(1) 11 月 6 日,向力高公司销售产品一批,价款 4 000 元,货款尚未收到(不考虑增值税)。

借:应收账款——力高公司   4 000
 贷:主营业务收入   4 000

(2) 11 月 13 日,收到力高公司支付的前欠货款 5 000 元,收到嘉美公司支付的前欠货款 1 000 元。

借:银行存款   6 000
 贷:应收账款——力高公司   5 000
     ——嘉美公司   1 000

根据以上资料,采用平行登记法登记后,其结果如表 2-5-11 至表 2-5-13 所示。

表 2-5-11   应收账款(总分类账户)   单位:元

2019 年		凭证号	摘要	借方	贷方	借或贷	余额
月	日						
11	1		期初余额			借	8 000
	6	略	销售产品	4 000		借	12 000
	13	略	收到前欠货款		6 000	借	6 000
	30		本月发生额及余额	4 000	6 000	借	6 000

表 2-5-12　　　　　　　　　　应收账款（明细账户）

账户名称：力高公司　　　　　　　　　　　　　　　　　　　　　　　　　　　　单位：元

2019 年		凭证号	摘要	借方	贷方	借或贷	余额
月	日						
11	1		期初余额			借	5 000
	6	略	销售产品	4 000		借	9 000
	13	略	收到前欠货款		5 000	借	4 000
	30		本月发生额及余额	4 000	5 000	借	4 000

表 2-5-13　　　　　　　　　　应收账款（明细账户）

账户名称：嘉美公司　　　　　　　　　　　　　　　　　　　　　　　　　　　　单位：元

2019 年		凭证号	摘要	借方	贷方	借或贷	余额
月	日						
11	1		期初余额			借	3 000
	13	略	收到前欠货款		1 000	借	2 000
	30		本月发生额及余额		1 000	借	2 000

总分类账户与所属明细分类账户采用了平行登记的方法，登记的结果是否正确，需要通过编制"本期发生额及余额试算平衡表"来进行试算。

上例编制的"本期发生额及余额试算平衡表"如表 2-5-14 所示。

表 2-5-14　　　　　"应收账款"明细分类账户发生额及余额平衡表　　　　　单位：元

明细账户	期初余额		本期发生额		期末余额	
	借方	贷方	借方	贷方	借方	贷方
力高公司	5 000		4 000	5 000	4 000	
嘉美公司	3 000			1 000	2 000	
合计（总账）	8 000		4 000	6 000	6 000	

5.2　总账和明细账的核对

在会计核算中，总分类账户提供总括的核算资料，明细分类账户提供详细、具体的核算资料；总分类账户对所属明细分类账户起着统驭和控制作用，而明细分类账户对总分类账户起着辅助和补充作用。

采用平行登记的方法对总分类账和明细分类账户进行登记，使总分类账户的记录和相关的明细分类账户的记录保持一致。总分类账户和明细分类账户平行登记所产生的数量关系可用等式表示如下：

总分类账户期初借方（或贷方）余额 = 所属明细分类账户期初借方（或贷方）余额之和
总分类账户本期借方（或贷方）发生额 = 所属明细分类账户本期借方（或贷方）发生额之和

总分类账户期末借方（或贷方）余额 = 所属明细分类账户期末借方（或贷方）余额之和

上述结果，使总分类账户与其所属的明细分类账户之间形成相互核对的关系。在会计核算中，可以利用这种相等的关系来检查总分类账户和明细分类账户的正确性和完整性。

6. 对账和结账

6.1 对账

所谓对账就是核对账目，是指在会计核算中，为保证账簿记录正确可靠，对账簿中的有关数据进行检查和核对的工作。

会计人员记账后，应当定期将会计账簿记录的有关数字与库存实物、货币资金、有价证券、往来款项等进行相互核对，保证账证相符、账账相符、账实相符。因此，对账的主要内容一般包括：

6.1.1 账证核对

账簿是根据审核之后的会计凭证登记的，但在实际工作中仍然可能发生账证不符的情况。因此，记完账后，要将账簿记录与会计凭证进行核对，核对会计账簿记录与原始凭证、记账凭证的时间、凭证字号、内容、金额是否一致，记账方向是否相符。

6.1.2 账账核对

账账核对是指核对不同会计账簿之间的记录是否相符。包括：

（1）总分类账户之间的核对。总分类账簿各账户的期初余额、本期发生额和期末余额之间存在对应的平衡关系，所有账户的期末借方余额合计和贷方余额合计也存在平衡关系。通过这种平衡关系，可以检查总账记录是否正确、完整。这种核对工作通常采用编制"总分类账户本期发生额和余额对照表（简称"试算平衡表"）来完成。

（2）总分类账簿与所属明细分类账簿的核对。总分类账簿各账户的本期发生额及期末余额应与其所属的各明细分类账的本期发生额之和及期末余额之和核对相符。

（3）总分类账簿与序时账簿的核对。总分类账簿与序时账簿核对，是将库存现金日记账和银行存款日记账的本期发生额合计数及期末余额与总分类账中库存现金和银行存款总分类账的本期发生额和期末余额核对，以检查两者的余额是否相符。

（4）明细账账簿之间的核对。例如，会计部门各种财产物资明细分类账期末余额与财产物资保管或使用部门的有关财产物资明细分类账期末余额定期核对，以检查其余额是否相符。

6.1.3 账实核对

账实核对是指各项财产物资、债权债务等账面余额与实有数额之间的核对。账实核对的主要内容包括：

（1）现金日记账账面余额与库存现金实有数额逐日核对是否相符。现金日记账账面余额应于每日终了与现金实际库存数相核对，要做到日清月结。

（2）银行存款日记账账面余额与银行对账单的余额定期核对是否相符。银行存款日记账的账面余额，应同开户银行转来的银行对账单相核对，一般每月至少核对一次。

（3）各种财产物资明细账账面余额与财产物资的实有数额定期核对是否相符。材料、库存商品、固定资产等财产物资明细分类账的账面余额,应与实有数量核对。

(4) 有关债权债务明细账账面余额与对方单位的账面记录是否相符。各项应收、应付等往来款项,应定期寄送对账单同有关单位进行核对。

6.2 结账

结账是为了总结某一个会计期间内的经济活动状况,据以编制财务会计报表,而对各种账簿的本期发生额和期末余额进行的计算总结。具体包括月结、季结和年结。

结账的内容通常包括两个方面:一是结清各损益类账户,并据以计算确定本期利润,为编制利润表提供依据;二是结清各资产、负债和所有者权益类账户,分别结出本期发生额和期末余额,为编制资产负债表提供依据。

6.2.1 结账的程序

(1) 将本期发生的经济业务事项全部登记入账,并保证其正确性。不得为了赶编会计报表而提前结账,或把本期发生的经济业务事项延至下期登账,也不得先编会计报表后结账。

(2) 根据权责发生制的要求,调整有关账项,合理确定本期应计的收入和应计的费用。例如,计提固定资产折旧、计提坏账准备等;各项分摊的费用需要按规定分别记入本期有关账户;属于本期的应计收益应确认计入本期收益等。

(3) 将损益类账户转入"本年利润"账户,结平所有损益类账户。

(4) 结算出资产、负债和所有者权益类账户的本期发生额和余额,并结转下期。

6.2.2 结账的方法

(1) 对不需按月结计本期发生额的账户,如各项应收、应付明细账和各项财产物资明细账等,每次记账以后,都要随时结出余额,每月最后一笔余额即为月末余额。月末结账时,只需要在最后一笔经济业务事项记录之下通栏划单红线,不需要再结计一次余额。具体做法见表 2-5-15。

表 2-5-15　　　　　　　　应收账款明细账

明细科目:力高有限责任公司

2019 年		凭证		摘要	借方	贷方	借或贷	余额
月	日	种类	号数					
5	1	略	略	期初余额			借	450 000
5	31			(本月最后一笔业务)		450 000	平	0

注:表中粗黑线代表红线,下同。

(2) 库存现金、银行存款日记账和需要按月结计发生额的收入、费用等明细账,每月结账时,要结出本月发生额和余额,在摘要栏内注明"本月合计"字样,并在下面通栏划单红线。具体做法见表 2-5-16。

表 2-5-16　　　　　　　　　　銀行存款日记账

2019 年		凭证		摘　要	收入	支出	余　额
月	日	种类	号数				
6	1	略	略	期初余额			95 000
6	30			（本月最后一笔业务）	80 000		153 000
6	30			本月合计	380 000	322 000	153 000

（3）对于需要结计本年累计发生额的某些明细账户，每月结账时，应在"本月合计"行下结出自年初起至本月末止的累计发生额，登记在月份发生额下面，在摘要栏内注明"本年累计"字样，并在下面通栏划单红线。12 月末的"本年累计"就是全年累计发生额，全年累计发生额下通栏划双红线。

（4）总账账户平时只需结出月末余额。年终结账时，要将所有总账账户结出全年发生额和年末余额，在摘要栏内注明"本年合计"字样，并在合计数下通栏划双红线，以示封账。

（5）年度终了结账时，有余额的账户，要将其余额结转下年，并在摘要栏注明"结转下年"字样；在下一会计年度新建有关会计账户的第一行余额栏内填写上年结转的余额，并在摘要栏注明"上年结转"字样。即将有余额的账户的余额直接记入新账余额栏内，不需要编制记账凭证，也不必将余额再记入本年账户的借方或贷方，使本年有余额的账户的余额变为零。因为既然年末是有余额的账户，其余额应当如实地在账户中加以反映，否则容易混淆有余额的账户和没有余额的账户之间的区别。具体做法见表 2-5-17。

表 2-5-17　　　　　　　　　　总　分　类　账

科目名称：实收资本

2019 年		凭证		摘要	借方	贷方	借或贷	余额
月	日	种类	号数					
12	1	略	略	期初余额			贷	8 150 300
12	20			现金投资		400 000	贷	8 550 300
12	25			实物投资		200 000	贷	8 750 300
12	31			本月合计		600 000	贷	8 750 300
12	31			本年合计		8 750 300	贷	8 750 300
				结转下年				

7. 更正错账

错账是指登记的账簿有错误。登记账簿出现错误时，不准涂改、挖补、刮擦或者用药水消除字迹，不准重新抄写，必须按照更正错账的规定方法进行更正。其方法有三种：划线更正法、红字更正法和补充登记法。

7.1 划线更正法

在结账前发现账簿记录有文字或数字错误，而记账凭证没有错误，采用划线更正法。更正时，可在错误的文字或数字上划一条红线，在红线的上方填写正确的文字或数字，并由记账及相关人员在更正处盖章。对于错误的数字，应全部划红线更正，不得只更正其中的错误数字；对于文字错误，可只划去错误的部分。如将1 320元误记为1 820元，应先在1 820上划一条红线以示注销，然后在其上方空白处填写正确的数字，而不能只将数字"8"更正为"3"：

1320
~~1820~~ 钟诚章

7.2 红字更正法

记账后在当年内发现记账凭证所记的会计科目错误，或者会计科目无误而所记金额大于应记金额，从而引起记账错误，采用红字更正法。红字更正法一般适用于以下两种情况：

（1）记账后，发现记账凭证中的应借、应贷会计科目有错误，从而引起的记账错误。更正方法是：用红字填写一张与原记账凭证完全相同的记账凭证，在摘要栏注明"冲销某月某日第×号记账凭证的错误"，并登记入账，以示注销原记账凭证；然后用蓝字填写一张正确的记账凭证，在摘要栏内写明"补记某月某日账"，并据以记账。

【例2-5-2】车间生产产品耗用原材料一批，金额为1 500元，会计人员在填制记账凭证时误记为"制造费用"，并根据错误的记账凭证登记了账簿。错误的会计分录为：

借：制造费用　　　　　　　　　　　　　　　　　　　　　1 500
　　贷：原材料　　　　　　　　　　　　　　　　　　　　　1 500

更正方法：首先用红色数字填写一张与原记账凭证完全相同的记账凭证，以示注销原记账凭证：

借：制造费用　　　　　　　　　　　　　　　　　　　　　1 500
　　贷：原材料　　　　　　　　　　　　　　　　　　　　　1 500

然后，再用蓝字填制一张正确的记账凭证，并据以登记入账：

借：生产成本　　　　　　　　　　　　　　　　　　　　　1 500
　　贷：原材料　　　　　　　　　　　　　　　　　　　　　1 500

（2）记账后，发现记账凭证和账簿记录中应借、应贷会计科目无误，只是所记金额大于应记金额从而引起的记账错误，采用红字更正法。更正方法是：按多记的金额用红字编制一张与原记账凭证应借、应贷科目完全相同的记账凭证，在摘要栏内写明"冲销某月某日第×号记账凭证多记金额"，以冲销多记的金额，并据以记账。

【例2-5-3】承前例，如果会计人员填制记账凭证时的金额误记为15 000元，所用的会计科目正确，并登记入账。错误的会计分录为：

借：生产成本　　　　　　　　　　　　　　　　　　　　　15 000
　　贷：原材料　　　　　　　　　　　　　　　　　　　　　15 000

用红字更正法编制一张更正错误的记账凭证，并据以登记入账：

借：生产成本　　　　　　　　　　　　　　　　　　　　　　　13 500
　　贷：原材料　　　　　　　　　　　　　　　　　　　　　　　　　13 500

7.3　补充登记法

记账后，发现记账凭证填写的会计科目无误，只是所记金额小于应记金额从而引起的记账错误，采用补充登记法。更正方法是：按少记的金额用蓝字编制一张与原记账凭证应借、应贷科目完全相同的记账凭证，在摘要栏内写明"补记某月某日第×号记账凭证少记金额"，以补充少记的金额，并据以记账。

【例2-5-4】承例2-5-2，如果会计人员在填制记账凭证时将金额误记为150元，所用的会计科目正确，并登记入账。错误的会计分录为：

借：生产成本　　　　　　　　　　　　　　　　　　　　　　　150
　　贷：原材料　　　　　　　　　　　　　　　　　　　　　　　　　150

编制一张更正错误的记账凭证，并据以登记入账：

借：生产成本　　　　　　　　　　　　　　　　　　　　　　　1 350
　　贷：原材料　　　　　　　　　　　　　　　　　　　　　　　　　1 350

8. 更换与保管会计账簿

8.1　更换会计账簿

为了保持会计账簿资料的连续性，在每一会计年度结束、新的会计年度开始时，应按会计制度规定进行账簿更换，建立新账。总账、日记账和多数明细账应每年更换一次。在新年度开始时，将旧账簿中各账户的余额直接记入新账簿中有关账户新账页的第一行"余额"栏内，同时，在"摘要"栏内，加盖"上年结转"戳记。在新旧账户之间转记余额，可不填制记账凭证。

备查账簿及变动较小的明细账可以连续使用，如固定资产明细账等，因年度内变动不多，新年度可不必更换账簿。但在"摘要"栏内，要加盖"结转下年"戳记，以划分新旧年度之间的金额。

8.2　保管会计账簿

年度终了，各种账户在结转下年、建立新账后，一般都要把旧账送交总账会计处集中统一管理。会计账簿暂由本单位财务会计部门保管一年，期满之后，由财务会计部门编造清册移交本单位的档案部门保管。

各种账簿应当按年度分类归档，编造目录，妥善保管。既保证在需要时迅速查阅，又保证各种账簿的安全和完整。保管期满后，还要按照规定的审批程序经批准后才能销毁。

9. 职业启航——登记会计账簿综合实作

9.1　银行存款日记账的登记

云腾公司2019年9月30日，银行存款日记账余额为300 000元，该公司10月发生的银

行存款收付业务相关资料如下:
(1) 5日,以银行存款归还短期借款33 000元。(银付01号)
(2) 8日,收到投资者投入资金70 000元存入银行。(银收01号)
(3) 15日,以银行存款偿还前欠货款36 000元。(银付02号)
(4) 19日,将现金10 000元存入银行。(现付01号)
(5) 25日,从银行提取现金51 000元,准备发放工资。(银付03号)
(6) 30日,以银行存款支付广告费20 000元。(银付04号)

要求:根据上述经济业务资料,登记银行存款日记账(见表2-5-18),并结出10月末的银行存款日记账期末余额。

表2-5-18　　　　　　　　　　银行存款日记账

2019年		凭证		摘要	对方科目	收入	支出	结余
月	日	种类	编号					

9.2　总账和明细账的登记

(1) 云腾公司2019年10月4日部分账户的期末余额见表2-5-19。

表2-5-19

总账账户	明细账户	借方余额	总账账户	明细账户	贷方余额
库存现金		20 000.00	应付账款		131 400.00
银行存款		3 844 000.00		恒信公司	80 000.00
应收账款		280 000.00		守城公司	51 400.00
	东方公司	200 000.00	应交税费		57 800.00
	华宇公司	80 000.00	实收资本		8 500 000.00
原材料		578 000.00			

(2) 11月份公司发生下列经济业务(材料采用实际成本核算):

①11月1日,管理人员王平借支差旅费,支付现金600元。

②11月1日,向工行的借款业务办理完毕,借入六个月款项100 000元,已存入工商银行。

③11月2日,业务员刘强报销差旅费500元(未借款),现金付讫。

④11月5日,购入一台生产用机器设备,设备价款60 000元,增值税税款7 800元,用工行存款支付,设备当日投入使用。

⑤11月9日,向恒信公司购入C材料50吨,单价202.4元,价款10 120元,增值税税率13%,材料已验收入库,货款及税款尚未支付。

⑥11月16日,收回上月销售给东方公司甲产品货款70 000元,存入银行。

⑦11月17日,向华宇公司销售乙产品40台,开出增值税专用发票,收到银行承兑汇票一张,价款117 000元,税率13%,款未收到。

⑧11月19日,收到东方公司交来的前欠货款80 000元存入银行。

⑨11月22日,以现金支付职工市区交通费260元。

⑩11月24日,开出工行转账支票2张,分别支付上月增值税40 890元及城建税110元。

⑪11月28日,向守诚公司购入B材料800千克,单价38元,价款30 400元,增值税税率13%,材料已验收入库,货款及税款尚未支付。

(3)根据上述资料,要求:

①登记现金日记账、银行存款日记账、原材料总账、应收账款总账、应付账款总账、实收资本总账、应交税费总账和应收账款明细账、应付账款明细账的期初余额;

②登记现金日记账和银行存款日记账;

③登记原材料总账、应收账款总账、应付账款总账、实收资本总账和应交税费总账;

④登记应收账款明细账和应付账款明细账,并与总账进行核对。

表2-5-20　　　　　　　　　　　库存现金日记账

2019年		凭证		摘要	对方科目	收入	支出	结余
月	日	种类	编号					

表2-5-21　　　　　　　　　　　银行存款日记账

2019年		凭证		摘要	对方科目	收入	支出	结余
月	日	种类	编号					

表 2-5-22   总 分 类 账

科目名称：原材料

2019 年		凭 证		摘 要	借 方	贷 方	借或贷	余 额
月	日	种类	号数					

表 2-5-23   总 分 类 账

科目名称：应收账款

2019 年		凭 证		摘 要	借 方	贷 方	借或贷	余 额
月	日	种类	号数					

表 2-5-24   总 分 类 账

科目名称：应付账款

2019 年		凭 证		摘 要	借 方	贷 方	借或贷	余 额
月	日	种类	号数					

表 2-5-25   总 分 类 账

科目名称：实收资本

2019 年		凭 证		摘 要	借 方	贷 方	借或贷	余 额
月	日	种类	号数					

表 2-5-26 　　　　　　　　　总 分 类 账

科目名称：应交税费

2019年		凭证		摘　要	借　方	贷　方	借或贷	余　额
月	日	种类	号数					

表 2-5-27 　　　　　　　　应收账款明细分类账

账户名称：应收账款——东方公司

2019年		凭证		摘　要	借　方	贷　方	借或贷	余　额
月	日	种类	编号					

表 2-5-28 　　　　　　　　应收账款明细分类账

账户名称：应收账款——华宇公司

2019年		凭证		摘　要	借　方	贷　方	借或贷	余　额
月	日	种类	编号					

表 2-5-29 　　　　　　　　应付账款明细分类账

账户名称：应付账款——恒信公司

2019年		凭证		摘　要	借　方	贷　方	借或贷	余　额
月	日	种类	编号					

表 2-5-30　　　　　　　　　　　　应付账款明细分类账

账户名称：应付账款——守诚公司

2019年		凭证		摘　要	借方	贷方	借或贷	余　额
月	日	种类	编号					

总账与明细账的核对：

表 2-5-31　　　　　　　　　应收账款总账与明细账试算表

2019 年　月　日

账户名称	期初余额（借方）	本期发生额		期末余额（借方）
		借方金额	贷方金额	
应收账款——总账				
应收账款——东方公司				
应收账款——华宇公司				
核对				

表 2-5-32　　　　　　　　　应付账款总账与明细账试算表

2019 年　月　日

账户名称	期初余额（贷方）	本期发生额		期末余额（贷方）
		借方金额	贷方金额	
应付账款——总账				
应付账款——恒信公司				
应付账款——守诚公司				
核对				

138 会计基础

本任务思维导图

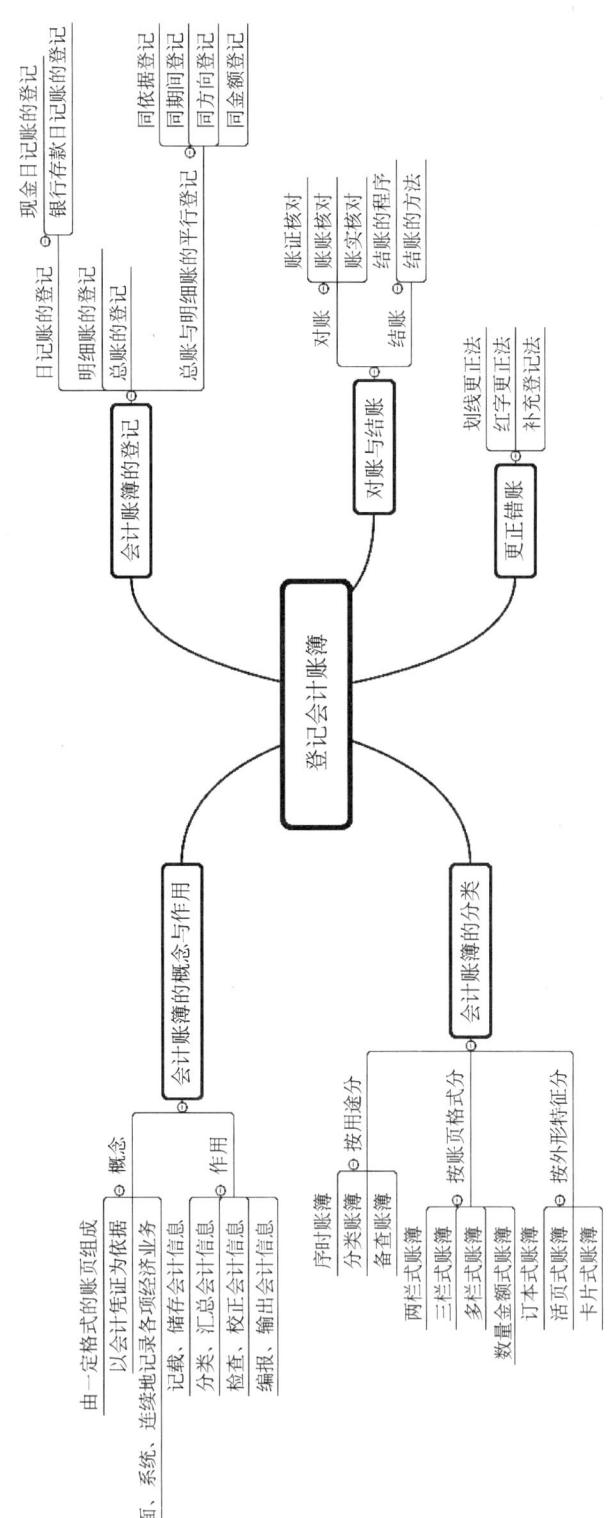

任务六
成本计算

【导言】

　　成本计算是会计核算的一种专门方法。企业从事生产和经营活动都要消耗一定的人力、物力和财力。在一定时期内,生产和经营中所发生的耗费的货币表现就是费用。费用按一定对象(材料、产品)进行归集和分配,即构成该对象的成本。在供应过程中所支付的材料货款、采购费用,按各种材料进行归集后即构成该材料的采购成本;在生产过程中所发生的生产费用(包括材料成本、人工成本、制造费用),按各种产品进行归集后即构成各种产品的制造成本;在销售过程中已销售产品的生产成本即构成该产品的销售成本。

【任务目标——知识目标】

　　*掌握材料采购成本的构成与计算
　　*掌握产品生产成本的构成与计算
　　*掌握产品销售成本的构成与计算

【任务目标——能力目标】

　　*能明辨各项成本发生的凭证的真实性、合法性、合理性及完整性
　　*能正确登记各项成本明细账

1. 材料采购成本计算

　　材料采购成本的计算,是把购入材料所支付的各项采购费用,按照材料的品种或类别加以归集、分配,以计算各种材料的采购成本和单位成本。

1.1 材料采购成本的构成

材料采购成本主要由买价和采购费用两部分组成。具体包括:

(1)买价。是指企业购入材料或商品的发票账单上列明的价款,但不包括按照规定可以抵扣的增值税税额。

(2)运杂费。包括运输费(不包括按照规定可以抵扣的增值税税额)、装卸费、包装费、保险费、仓储费等。

(3)运输途中的合理损耗。是指企业与供应或运输部门所签订的合同中规定的合理损耗或必要的自然损耗。

(4)入库前的挑选整理费。是指购入的材料在入库前需要挑选整理而发生的费用,包括挑选过程中所发生的工资、费用支出和必要的损耗,但要扣除下脚残料的价值。

(5) 相关税费。是指企业购买材料发生的进口关税、消费税、资源税和不能从销项税额中抵扣的增值税进项税额。

$$材料采购成本 = 买价 + 运杂费（运输费 + 装卸费 + 包装费 + 保险费 + 仓储费等费用）+ 入库前的挑选整理费用 + 按规定应计入成本的税金 + 其他费用$$

$$材料单位成本 = 材料采购成本 \div 实际入库材料数量$$

1.2 材料采购费用的分配

材料采购费用能分清应由哪种材料物资负担，则应直接计入该种材料物资的采购成本；不能分清应由哪种材料物资负担的费用，则应采用合理的分配标准进行分配，计入各种材料物资的采购成本。分配标准一般可按材料物资的重量或买价进行分配，其计算公式如下：

$$采购费用分配率 = 采购费用总额 \div 分配的标准之和（重量、买价等）$$

$$某种材料应负担的采购费用 = 该材料的分配标准 \times 采购费用分配率$$

【例2-6-1】云腾公司购入生产用材料一批，重量为20 000千克，增值税专用发票上标明价款为250 000元，增值税32 500元，另支付材料的运杂费20 000元、入库前的挑选整理费9 300元、包装物押金20 000元。运输途中发生合理损耗50千克，计算该批材料的采购成本和单位成本。

采购成本 = 250 000 + 20 000 + 9 300 = 279 300（元）

单位成本 = 279 300 ÷ (20 000 - 50) = 14（元/千克）

【例2-6-2】云腾公司购入生产用材料2 400千克，不含税单价100元，增值税专用发票上注明价款240 000元，税额31 200元，对方代垫运费，运费增值税专用发票上注明运费7 200元，税款648元。计算该批材料的采购成本和单位成本。

采购成本 = 240 000 + 7 200 = 247 200（元）

单位成本 = 247 200 ÷ 2 400 = 103（元/千克）

【例2-6-3】云腾公司10月份购入甲、乙、丙三种材料，各项采购费用支出如表2-6-1所示。

表2-6-1　　材料采购费用支出表　　金额单位：元

材料名称	单位	单价	重量	买价	运杂费
甲材料	千克	5	10 000	50 000	
乙材料	千克	3	7 000	21 000	
丙材料	千克	2	8 000	16 000	
合计	—	—	25 000	87 000	7 500

从表2-6-1可以看出，每种材料的买价应直接计入各该材料的采购成本，但是由三种材料共同负担的运杂费7 500元，应予以分配，假设按各种材料的重量分摊运杂费，其计算方法如下：

(1) 分配运杂费：
①分配标准：甲、乙、丙三种材料的重量。
②分配率（每千克材料应负担的运杂费）＝7 500÷（10 000＋7 000＋8 000）
＝0.30（元/千克）
③三种材料应分摊的运杂费：
甲材料应分摊的运杂费＝10 000×0.30＝3 000（元）
乙材料应分摊的运杂费＝7 000×0.30＝2 100（元）
丙材料应分摊的运杂费＝8 000×0.30＝2 400（元）
(2) 编制甲、乙、丙材料的采购成本计算单，见表2－6－2。

表2－6－2　　　　　　　　　　　材料采购成本计算单
编制单位：云腾公司　　　　　　　　　　　　　　　　　　　　　　　　　　　　　　　　单位：元

成本项目	甲材料		乙材料		丙材料	
	总成本	单位成本	总成本	单位成本	总成本	单位成本
1. 买价	50 000	5.00	21 000	3.00	16 000	2.00
2. 运杂费	3 000	0.30	2 100	0.30	2 400	0.30
采购成本	53 000	5.30	23 100	3.30	18 400	2.30

2. 产品生产成本的计算

产品生产成本（Production Cost）的计算，是按照生产的各种产品，归集和分配在生产过程中所发生的各项生产费用，并按成本项目计算各种产品的总成本和单位成本。

2.1 产品生产成本的构成

产品的生产成本包括直接材料、直接人工以及制造费用三个成本项目。

直接材料——用于产品生产，构成产品实体的原材料、主要材料、燃料以及有助于产品形成的辅助材料等。

直接人工——直接从事产品生产人员的工资及其他职工薪酬。

制造费用——企业各生产单位为组织和管理生产所发生的各项间接费用，包括生产单位管理人员工资和福利费、折旧费、机物料消耗、办公费、水电费、保险费、劳动保护费、季节性和修理期间的停工损失等。

2.2 产品生产成本的计算

2.2.1 生产费用的分配

以产品品种为成本计算对象的企业或车间，如果只生产一种产品，则成本计算对象只有一个，发生的应计入产品成本的各项费用只要按成本项目进行归集就可确定该种产品的成本。如果生产多种产品，由于成本计算对象有两个以上，对于发生的各项费用，应区别不同情况进行处理：凡是能分清属于哪种产品负担的费用，即为直接计入费用，应当直接计入该种产品的生产成本；凡是不能分清属于哪种产品负担的费用，即为间接计入费用，应采用一定的分配方法在各产品之间进行分配。间接计入费用的分配标准一般有机器工时、生产工人工时、生产工人工资等。

间接计入费用分配率 = 间接计入费用总额/分配标准之和（机器工时、生产工人工时、生产工人工资等）

某种产品应分配的间接计入费用 = 该种产品的分配标准 × 间接计入费用分配率

经过分配后的间接计入费用已归属于各种产品，就可以和直接计入费用一起计入各产品的生产成本，构成本期产品的生产费用。

2.2.2 完工产品成本的计算

本期发生的生产费用，需要在完工产品和在产品之间进行分配，计算完工产品和期末在产品成本，有如下三种情况：

（1）如果月末某种产品全部完工，该种产品生产成本明细账所归集的费用总额，就是该种完工产品的总成本，用完工产品总成本除以该种产品的完工总产量即可计算出该种产品的单位成本。

完工产品总成本 = 期初在产品成本 + 本期发生的生产费用

完工产品单位成本 = 完工产品总成本 ÷ 完工产量

（2）如果月末某种产品全部未完工，该种产品成本明细账所归集的费用总额就是该种产品在产品的总成本。

期末在产品成本 = 期初在产品成本 + 本期发生的生产费用

（3）如果月末某种产品一部分完工、一部分未完工，期末时则需要将包括期初在产品成本在内的生产费用在完工产品和在产品之间进行分配（分配方法将在"成本会计"课程中介绍），才能计算出完工产品的总成本和单位成本。

完工产品总成本 = 期初在产品成本 + 本月发生的生产费用 − 月末在产品成本

【例 2 − 6 − 4】云腾公司 10 月份生产 A、B 两种产品。A 产品期初在产品成本为 6 000 元，本月发生材料费用 43 000 元，生产工人工资 8 200 元，期末在产品成本 5 200 元，完工产品数量 500 件；B 产品没有期初在产品，本月发生材料费 35 700 元，生产工人工资 6 800 元，月末没有在产品，完工产品数量 300 件；本月两种产品共发生制造费用 7 500 元，制造费用按生产工人工资比例分配。

① 分配制造费用：

制造费用分配率 = 7 500 ÷ （8 200 + 6 800） = 0.50（元）

A 产品应分配的制造费用 = 8 200 × 0.50 = 4 100（元）

B 产品应分配的制造费用 = 6 800 × 0.50 = 3 400（元）

② 计算 A 产品完工产品总成本和单位成本：

A 产品完工产品总成本 = 期初在产品成本 + 本月发生的生产费用 − 月末在产品成本
= 6 000 + （43 000 + 8 200 + 4 100） − 5 200 = 56 100（元）

A 产品单位成本 = 完工产品总成本 ÷ 完工产量
= 56 100 ÷ 500 = 112.20（元/件）

③ 计算 B 产品完工产品总成本和单位成本：

B产品完工产品总成本 = 期初在产品成本 + 本期发生的生产费用
= 35 700 + 6 800 + 3 400 = 45 900（元）
B产品单位成本 = 45 900 ÷ 300 = 153（元/件）

【例2-6-5】云腾公司生产A、B两种产品，11月份发生的各项生产费用和有关资料如表2-6-3所示。假定本月生产的A产品1 200件全部完工，B产品全部未完工。

表2-6-3　　　　　　　　　　产品生产费用表　　　　　　　　　　单位：元

产品名称	生产工时（小时）	完工数量	直接材料	直接人工	制造费用	合计
A产品	54 000	1 200	105 000	25 920		
B产品	32 000		64 000	16 000		
合计	86 000		169 000	41 920	36 120	247 040

从上述资料可以看出，直接材料169 000元和直接人工41 920元都是直接计入费用，可以直接计入A、B产品的生产成本。而制造费用36 120元是A、B产品共同负担的间接计入费用，需要按一定的标准在A、B产品之间进行分配，然后再计入各该产品的生产成本。

假设该企业是以生产工时为标准分配制造费用的，其分配过程如下：
制造费用分配率 = 36 120 ÷（54 000 + 32 000）= 0.42（元/小时）
A产品应分配的制造费用 = 54 000 × 0.42 = 22 680（元）
B产品应分配的制造费用 = 32 000 × 0.42 = 13 440（元）

经过分配的制造费用，就可以和直接材料、直接人工等费用一起计入"生产成本明细账"的有关成本项目栏内。

根据以上资料，设置并登记A、B产品"生产成本明细账"，如表2-6-4、表2-6-5所示。

表2-6-4　　　　　　　　　　生产成本明细账

产品品种或类别：A产品　　　　　　　　　　　　　　　　　　　　　　　　单位：元

年		凭证号数	摘要	直接材料	直接人工	制造费用	合计
月	日						
略	略	略	生产耗用材料 分配职工薪酬 分配制造费用	105 000	25 920	22 680	105 000 25 920 22 680
			本期生产费用合计	105 000	25 920	22 680	153 600
			结转完工产品成本	105 000	25 920	22 680	153 600

表 2-6-5　　　　　　　　　　　生产成本明细账

产品品种或类别：B 产品　　　　　　　　　　　　　　　　　　　　　　　　　　单位：元

年		凭证号数	摘要	直接材料	直接人工	制造费用	合计
月	日						
略	略	略	生产耗用材料 分配职工薪酬 分配制造费用	64 000	16 000	13 440	64 000 16 000 13 440
			本期生产费用合计	64 000	16 000	13 440	93 440
			期末在产品成本	64 000	16 000	13 440	93 440

根据 A 产品"生产成本明细账"的资料，编制该月份 A 产品生产成本计算表，如表 2-6-6 所示。

表 2-6-6　　　　　　　　　　　A 产品成本计算表　　　　　　　　　　　　　　单位：元

成本项目	A 产品（1 200 件）	
	总成本	单位成本
直接材料	105 000	87.50
直接人工	25 920	21.60
制造费用	22 680	18.90
合计	153 600	128.00

3. 产品销售成本的计算

3.1　产品销售成本的构成

在产品销售过程中，企业将生产出来的产品销售出去，获得产品销售收入，扣除产品的销售成本、相关的税金及附加和期间费用等才是营业利润。按有关制度规定，产品的销售成本由已售产品的生产成本直接构成，从产品销售收入中得到补偿，而税金及附加和期间费用则从当期的营业利润中扣除，不计入产品销售成本。因此，产品的销售成本即为该产品的生产成本。

3.2　产品销售成本的计算

产品销售成本，是根据已销售产品的数量和实际单位产品生产成本计算出来的，计算公式为：

产品销售成本 = 产品的销售数量 × 单位产品生产成本

【例 2-6-6】云腾公司 9 月份结转本月产品销售成本，其中：A 产品销售 470 件，单位成本 112.20 元；B 产品销售 280 件，单位成本 153 元。根据上述资料计算本月已销售 A、

B产品成本。

　　A产品销售成本 = 470 × 112.20 = 52 734（元）

　　B产品销售成本 = 280 × 153 = 42 840（元）

在实际工作中，本月销售的产品不仅有当月完工入库的产品，而且还会有以前月份结存的产品。由于各个月份的产品单位生产成本不同，因此，需要采用适当的计价方法，确定已销产品的单位成本，从而计算产品的销售成本。

4. 职业启航——成本计算综合实作

（1）云腾公司于2019年3月份购入甲、乙两种材料，共同发生运杂费17 500元，运杂费要求按甲、乙材料的重量进行分配。

　　要求：编制"材料采购成本计算表"。

材料采购成本计算表

编制单位：云腾公司　　　　　　　　　　2019年3月　　　　　　　　　　　　单位：元

材料名称	单价	重量（千克）	买价	运杂费分配率	运杂费金额	实际采购成本	单位成本
甲材料	4.80	1 000					
乙材料	7.20	4 000					
合计	—			—			—

（2）承上题，云腾公司3月份生产A、B两种产品，生产A产品领用了甲材料600千克，生产B产品领用了乙材料1 000千克。A产品期初在产品成本为11 000元，本月发生生产工人工资13 200元，期末在产品成本6 200元，完工产品数量400件；B产品月初在产品成本为8 000元，本月发生生产工人工资6 900元，月末没有在产品，完工产品数量600件；本月两种产品共发生制造费用28 600元，制造费用按A、B产品的生产工时比例分配，A产品的生产工时为500小时，B产品的生产工时为800小时。

　　要求：编制"A、B产品生产成本计算表"。

A、B产品生产成本计算表

编制单位：云腾公司　　　　　　　　　　2019年3月　　　　　　　　　　　　单位：元

产品名称	月初在产品成本	直接材料	直接人工	制造费用分配率	应分配的制造费用	月末在产品成本	完工产品总成本	完工产品数量	单位成本
A产品									
B产品									
合计									

（3）承上题，云腾公司4月份销售A、B产品。A产品销售260件，B产品销售350件。

　　要求：编制"A、B产品销售成本计算表"。

A、B 产品销售成本计算表

编制单位：云腾公司　　　　　　　　2019 年 4 月　　　　　　　　单位：元

产品名称	销售数量	单位成本	总成本
A 产品			
B 产品			
合计			

扫码知答案 7

模块二 会计核算方法

本任务思维导图

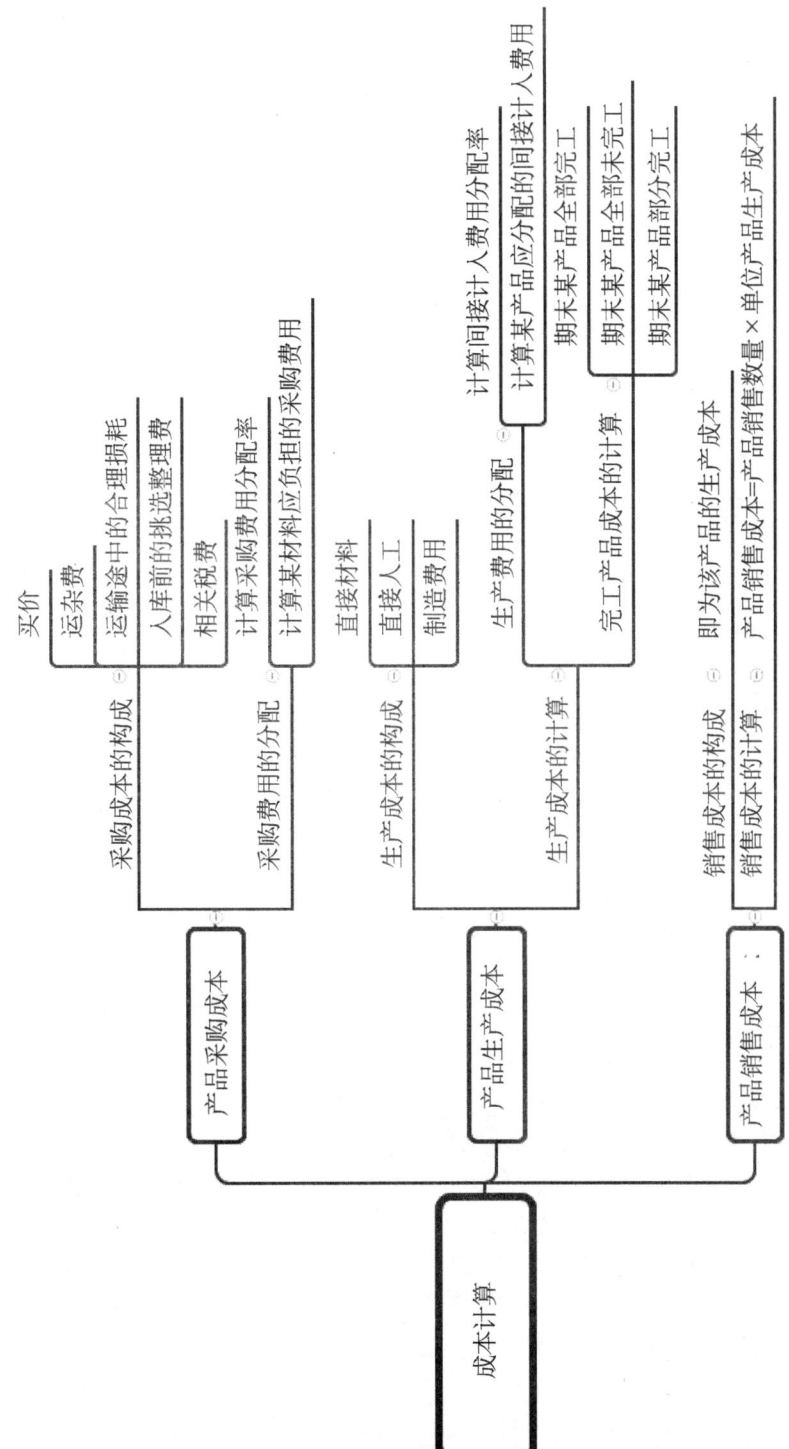

任务七
财产清查

【导言】

为了保证会计信息的真实可靠和财产物资的安全完整，提高资产的使用效率，我国《会计法》规定：企业必须建立健全财产清查制度，对库存现金、银行存款、存货、固定资产、往来款项等资产进行定期或者不定期的盘点与核对。

【任务目标——知识目标】

* 了解财产清查的概念、一般对象和基本分类
* 理解永续盘存制和实地盘存制的概念、程序及其优缺点
* 掌握库存现金清查的方法，熟悉其内部控制要求
* 掌握银行存款的清查方法
* 掌握实物资产的清查方法
* 了解往来款项的清查
* 掌握财产清查结果的账务处理

【任务目标——能力目标】

* 能制订财产清查项目工作计划
* 能指出不同的财产物资和往来款项应采用不同的财产清查方法
* 能根据银行对账单编制银行存款余额调节表

1. 财产清查的含义及种类

1.1 财产清查的含义

财产清查，是指通过对货币资金、实物资产和往来款项的盘点或核对，确认其实存数，查明账存数与实存数是否相符的一种专门方法。财产清查不仅是会计核算方法体系的一个重要环节，而且是一项重要的企业管理制度。

在会计工作中，企业通过填制、审核会计凭证，登记有关账簿并进行严格审查来保证账簿记录的正确性，但账簿记录的正确性并不能说明其客观真实性，因为现实中还有很多原因可能使各项财产的账面数与实际结存数发生差异，即账实不符。一般来说，造成账实不符的原因有以下几种：在财产收发时，由于计量上的误差会产生差异；会计人员在登记账簿时发生漏记、重记、错记或计算上的错误；财产物资在保管过程中的自然损耗；结算过程中的未达账项；由于管理不善或工作人员的失职而发生财产物资的残损、变质、短缺；由于不法分子的贪污盗窃、营私舞弊，造成财产物资的损失等。因此，为了正确掌握各项财产的真实情况，保证会计资料的

准确可靠，必须在账簿记录的基础上，运用财产清查这一专门方法，对各项财产进行定期或不定期的盘点或核对，使账簿所反映的各项财产的结存数与其实存数相一致，也就是做到账实相符。

1.2 财产清查的意义

加强财产清查工作，对于加强企业管理、充分发挥会计的监督作用具有重要的意义。

（1）保证会计核算资料的真实性、可靠性。通过财产清查，可以查明各项财产物资的实有数量，确定实有数与账面数之间的差异，查明原因和责任，以便采取有效措施，消除差异，改进工作，从而保证账实相符，提高会计核算资料的真实性和可靠性。

（2）切实保障各项财产物资的安全与完整。通过财产清查，可以查明各项财产物资的保管情况，有无管理不善或内部控制缺陷等原因造成的短缺、霉烂变质、损失浪费以及贪污盗窃等情况，以便堵塞漏洞、改进内控、建立和健全有关经济责任制度，确保财产物资的安全与完整。

（3）挖掘财产物资潜力，加速资金周转。通过财产清查，可以查明资产的储备和利用情况，对储备不足的，应及时加以补充，保证生产的需要；对库存积压、超储、不配套的应及时进行处理，避免损失浪费，充分挖掘资产的潜能，加速资金周转，提高经济效益。

（4）保证财经纪律和结算制度的贯彻执行。通过财产清查，对往来款项、有价票据和银行存款等进行核对，可以查明各单位是否遵守财经纪律和结算制度，有无不合理的债权、债务关系，如发现问题，应及时上报研究处理，促使企业自觉遵守财经纪律和有关规章制度。

1.3 财产清查的种类

根据清查的范围、实施时间等方面的不同，财产清查可以进行不同的分类。

1.3.1 按清查对象和范围的分类

财产清查按照清查对象和范围分为全面清查和局部清查。全面清查是指对所有权属于本企业的全部财产物资和债权债务进行盘点和核对；局部清查是指对企业的部分财产物资或债权债务进行的盘点和核对。全面清查和局部清查的区别如表 2-7-1 所示。

表 2-7-1　　　　　　　　　全面清查与局部清查对比表

种类 项目	全面清查	局部清查
含义	对所有权属于本企业的全部财产物资和债务进行盘点和核对	对企业的部分财产物资或债权债务进行的盘点和核对
特点	范围广、内容多、需要投入的人力、物力多，花费的时间长	范围小、内容少、参与人员少、时间短、专业性强
清查范围和对象	（1）年终决算前 （2）企业合并、撤销或改变隶属关系前 （3）中外合资、国内合资前 （4）企业股份制改造前 （5）开展全面资产评估、清产核资前 （6）单位主要领导调离工作前 （7）清查的对象一般包括现金、银行存款、原材料、在产品、产成品、往来款项等	（1）对于流动性较大的财产物资，如原材料、在产品、产成品等，应根据需要随时轮流盘点或重点抽查 （2）对于贵重财产物资，每月都要进行清查盘点 （3）对于库存现金，每日终了，应由出纳清点核对 （4）对于银行存款，每月同银行核对一次 （5）对于债权、债务，每年至少同对方核对一至两次

1.3.2 按清查时间的分类

财产清查按照清查时间分为定期清查和不定期清查。

定期清查是指按照管理制度的规定或预先计划安排的时间对财产进行的盘点和核对。定期清查一般在年末、季末、月末结账时进行。定期清查可以是全面清查，也可以是局部清查。

不定期清查是指事前不规定时间，而是根据实际需要临时进行的盘点和核对。不定期清查一般在以下几种情况进行：

（1）更换财产和库存现金保管人员时，为了明确经济责任，要对有关人员所保管的财产物资和库存现金进行清查；

（2）发生自然灾害和意外损失时，为了查明损失情况，要对受灾损失的有关财产物资进行清查；

（3）上级主管、财政、税务、银行等有关部门，对企业进行会计检查时，应按检查的要求和范围进行清查，以验证会计资料的正确性。

不定期清查可以是全面清查也可以是局部清查，应根据实际需要来确定清查的对象和范围。

1.4 财产清查的一般程序

财产清查既是会计核算的一种专门方法，又是财产物资管理的一项重要制度。企业必须有计划、有组织地进行财产清查。财产清查的一般程序如下：

（1）建立财产清查组织。财产清查组织应由单位领导和财务会计，业务、仓库等有关部门的人员组成。一般应由管理层研究制订财产清查计划，确定工作进度和方法。

（2）组织清查人员学习有关政策规定，掌握有关法律、法规和相关业务知识，以提高财产清查工作的质量。

（3）确定清查对象和范围，明确清查任务。

（4）制订清查方案，具体安排清查内容、时间、步骤、方法，以及必要的清查前准备。

（5）清查时本着先清查数量、核对有关账簿记录等，后认定质量的原则进行。

（6）清查人员要做好盘点记录并填制盘存清单，列明所查财产物资的实存数量和款项，以及债权债务的实有数额。

（7）根据盘存清单编制"实物清查结果报告表"和"往来款项清查结果报告表"。

需要特别指出的是，现代意义上的财产清查，不仅包括资产实存数量和质量的检查，还应包括资产价值量的测定，并关注资产是否发生减值等情况。

2. 实物资产的清查

实物资产主要包括存货（原材料、在产品、半成品、产成品、低值易耗品等）和固定资产的清查。主要包括盘存制度和盘存方法两个方面的内容。

2.1 财产物资的盘存制度

财产物资的盘存制度又称财产物资盘存法，是指在日常会计核算中采用什么方法确定各项财产物资的盘存数。按照确定财产物资账面结存数的依据不同，财产物资的盘存制度分为实地盘存制和永续盘存制。

2.1.1 实地盘存制

（1）实地盘存制的含义。实地盘存制又称实地盘存法，是指在日常会计核算中，在账簿上只登记财产物资的收入数，不登记其发出数，期末通过实地盘点来确定财产物资的结余数，然后倒挤出本期发出数的一种盘存制度。其计算公式为：

本期发出存货数量 = 期初结存数量 + 本期收入数量 − 期末实存数量

本期发出存货成本 = 发出存货数量 × 确定的存货单价

【例2-7-1】云腾公司甲材料10月初的结存数量为3 000千克，单价为12元。本月两次购入甲材料，共计7 500千克，单价12元，月末经盘点确认结存数量为2 500千克。

本期发出存货数量 = 期初结存数量 + 本期收入数量 − 期末实存数量
$$= 3\,000 + 7\,500 - 2\,500 = 8\,000（千克）$$

本期发出存货成本 = 发出存货数量 × 确定的存货单价
$$= 8\,000 \times 12 = 96\,000（元）$$

（2）实地盘存制的优缺点和适用范围。由于实地盘存制平时只登记收入数，不登记发出数，期末只要根据盘点的实存数就可以倒挤出本期发出数。因此，实地盘存制的优点是简便易行。但如果内部控制制度不严，期末实存数的正确性就成问题，由此倒挤出本期发出数中可能存在一些非正常因素，不便于实行会计监督。由于实地盘存制不利于会计监督，所以只有那些品种多、价值低、收发交易比较频繁，数量不稳定、损耗大且难以控制的存货，才采用这种方法，如鲜活商品的核算。

2.1.2 永续盘存制

（1）永续盘存制的含义。永续盘存制又称永续盘存法或账面盘存法，是指平时对各项财产物资收入和发出的数量和金额，都必须根据原始凭证和记账凭证有关账簿中进行连续登记，并随时结出账面余额的一种盘存制度。其计算公式为：

期末账面结存数 = 期初账面结存数 + 本期收入数 − 本期发出数

表2-7-2　　　　　　　　　　　原材料明细账

材料名称：甲材料　　　　　　　　　　　　　　　　　　　　　　　　　单位：千克

2019年		凭证		摘　要	借方			贷方			余额		
月	日	字	号		数量	单价	金额	数量	单价	金额	数量	单价	金额
3	1			期初余额							10	100	1 000
	2		1	购进	20	100	2 000				30	100	3 000
	15		3	领用				5	100	500	25	100	2 500
	31			本月合计	20	100	2 000	5	100	500	25	100	2 500

（2）永续盘存制的优缺点和适用范围。永续盘存制先确定本期实际发出数，然后结出期末账面结存数，手续比较严密，会计账簿起到了实际控制财产物资收、付、存的作用，便于随时掌握财产的占用情况及其动态，有利于加强财产管理和实施会计监督。但因存货的明细分类核算工作量较大，故需要较多的人力和费用。由于永续盘存制有利于加强财产管理和实施会计监督，因此为大多数企业所采用。

永续盘存制虽然实际记录了财产物资的收、付、存数量和金额,但账簿记录与实际盘存的数量和金额,由于种种原因仍有发生差异的可能,因此,即使是实行永续盘存制,也应定期进行财产清查,以确保账实相符。

2.2 实物资产清查的方法

2.2.1 清查方法

实物资产清查时主要从数量上进行。实物资产具有种类繁多、数量大、储存情况复杂、计量单位不统一等特点,在清查时往往需要结合实际情况,合理选择清查范围,针对不同的清查对象,选用不同的清查方法。实物资产的清查方法最常用的有实地盘点法和技术推算法。

表 2-7-3   实地盘点法和技术推算法对比表

清查方法	概念及做法	优点	缺点	适用范围
实地盘点法	对财产物资按其存放地点进行逐一清点,或用计量器具进行实地称量,以确定其实有数量	数字准确可靠、清查质量高	工作量大	大多数可以进行逐一清查的实物资产
技术推算法	对于那些大堆、笨重,但存放有一定规则的财产物资,如露天堆放的沙石、原煤,不便于称量,可以在抽样盘点的基础上,通过量方、计尺等方法确定其实存数量	工作量小	数字不够准确	大量成堆、笨重的、难以逐一清点的财产物资

2.2.2 清查结果

为了明确经济责任,在进行财产物资的盘点时,实物保管人员必须在场并参加盘点工作。对各项财产物资盘点的结果,应如实登记在"盘存单"上,并由参加盘点的人员和实物保管人员签章生效。"盘存单"是记录各项财产物资盘点结果的书面证明,也是反映财产物资实有数的原始凭证之一,一般一式三联,一联由清点人员留存备查,一联由实物保管人员保存,一联交会计部门核对账面记录。其一般格式如表 2-7-4 所示。

表 2-7-4   盘 存 单

单位名称: 编 号:
财产类别: 存放地点: 盘点时间:

编号	名称	规格型号	计量单位	实存数量	单价	金额	备注

盘点人员签章: 保管人员签章:

在盘点出各种实物的实存数以后,为了进一步查明实存数与账存数是否相符,确定盘盈或盘亏情况,应根据"盘存单"和账簿记录编制"实存账存对比表",以确定差异。"实存账存对比表"是分析盈亏原因、明确经济责任的重要依据,又是调整账簿记录的原始凭证。其一般格式如表 2-7-5 所示。

表 2-7-5　　　　　　　　　　　实存账存对比表

单位名称：　　　　　　　　　　　　　　　　年　月　日

编号	名称类别	计量单位	单价	实存		账存		对比结果				备注
								盘盈		盘亏		
				数量	金额	数量	金额	数量	金额	数量	金额	

盘点人签章：　　　　　　　　　　　　　　　　　　　　　　　　　　　会计签章：

2.3　实物资产清查结果的处理

2.3.1　财产清查结果的处理程序

实物资产清查的结果不外乎两种情形：一种是账实相符；一种是账实不符，即企业发生了财产物资的盘盈、盘亏或毁损等。当财产物资的实存数大于账存数时，称为**盘盈**；当实存数小于账存数时，称为**盘亏**；实存数虽与账存数一致，但实存的财产有质量问题而不能按正常的财产物资使用的，称为**毁损**。发生盘盈、盘亏或毁损时，必须以国家有关政策、法令和制度为依据，严格按以下程序做好清查结果的处理工作：

（1）分析、查清产生问题的原因，按规定进行处理。对于各种财产物资的盘盈盘亏，必须通过调查研究查明原因、分清责任，按相关规定进行处理。一般来说，个人造成的损失，应由个人赔偿；因管理不善造成的损失，应作为企业管理费用入账；因自然灾害造成的非常损失，列入企业的营业外支出，如相关财产已经向保险公司投保，还应向保险公司索取赔偿。

（2）积极处理多余积压财产，清理往来款项。对于各种已经制定储备定额的财产物资，在财产清查后，还应当全面地检查物资储备的定额执行情况。储备不足的物资，应当及时通知有关部门，补充储备；对于多余、积压的物资应当查明原因，分别处理。

在处理积压、多余物资时，对于利用率不高或闲置不用的固定资产也必须查明原因积极处理，使所有固定资产财产都能充分加以利用，从而提高固定资产的使用效率。

（3）总结经验教训，建立健全各项财产物资管理制度。财产清查后，要针对存在的问题和不足，总结经验教训，采取必要的措施，建立健全财产管理制度，进一步提高财产管理水平。

（4）及时调整账簿记录，保证账实相符。对于财产清查中发现的盘盈盘亏，应及时调整账面记录，以保证账实相符。要根据清查中取得的原始凭证编制记账凭证，登记有关账簿，使各种财产物资的账存数与实存数相一致，同时反映待处理财产损溢的发生。

2.3.2　财产清查结果处理应设置的账户

为了核算和监督企业在财产清查过程中所发现的各项财产物资的盘盈、盘亏和毁损情况，企业应设置"待处理财产损溢"账户。该账户用来核算企业各种财产物资的盘盈、盘亏及毁损的发生及处理情况，其借方登记待处理物资的盘亏和毁损以及经批准后转销的盘盈数；贷方登记待处理财产物资的盘盈数以及经批准后转销的盘亏和毁损数。财产损溢必须在年末结账前处理完毕，处理后，该账户应无余额。该账户按盘盈、盘亏的资产种类和项目设置"待处理流动资产损溢"和"待处理非流动资产损溢"两个明细账户进行明细分类核算。

2.3.3 存货清查结果的处理

由于存货种类繁多、收发频繁，在日常收发过程中可能发生计量错误、计算错误、自然损耗，还可能发生损坏变质以及贪污、盗窃等情况，造成账实不符，形成存货的盘盈、盘亏和毁损。对于存货的盘盈、盘亏和毁损，应填写存货盘点报告（如实存账存对比表），及时查明原因，按照规定程序报批处理。

（1）存货盘盈的账务处理。存货盘盈时，应及时办理存货入账手续，调整存货账簿的实存数。盘盈的存货应按实际盘盈的金额，借记"原材料""库存商品"等账户，贷记"待处理财产损溢——待处理流动资产损溢"账户。

对于盘盈的存货，应及时查明原因，按管理权限报经批准后，冲减管理费用，即按其入账价值，借记"待处理财产损溢——待处理流动资产损溢"账户，贷记"管理费用"账户。

表2-7-6

存货清查	审批前	审批后
盘盈	借：原材料等 　　贷：待处理财产损溢	借：待处理财产损溢 　　贷：管理费用

【例2-7-2】云腾公司在财产清查中发现甲材料盘盈100千克，该材料实际单位成本80元，经查属于材料收发计量方面的错误。应做如下会计处理：

①批准处理前：

借：原材料　　　　　　　　　　　　　　　　　　　　　　8 000
　　贷：待处理财产损溢——待处理流动资产损溢　　　　　　　　8 000

②批准处理后：

借：待处理财产损溢——待处理流动资产损溢　　　　　　　8 000
　　贷：管理费用　　　　　　　　　　　　　　　　　　　　　　8 000

（2）存货盘亏和毁损的账务处理。企业发生存货盘亏或毁损时，借记"待处理财产损溢——待处理流动资产损溢"，贷记"原材料""库存商品"等账户。在按管理权限报经批准后应做如下账务处理：对于入库的残料价值，记入"原材料"账户；对于应由保险公司和过失人的赔款，记入"其他应收款"账户；扣除残料和应由保险公司、过失人赔款后的净损失，属于一般经营损失的部分，记入"管理费用"账户，属于非常损失部分，记入"营业外支出"账户。

表2-7-7

存货清查	审批前	审批后
盘亏	借：待处理财产损溢 　　贷：原材料等	借：原材料（残料） 　　其他应收款（保险或过失人赔偿） 　　管理费用（一般经营损失） 　　营业外支出（非正常损失） 　　贷：待处理财产损溢

【例2-7-3】云腾公司在财产清查中发现盘亏甲材料500千克,实际单位成本为160元,经查属于一般经营损失。假定不考虑相关税费,公司应做如下会计处理:

① 批准处理前:

借:待处理财产损溢——待处理流动资产损溢	80 000
贷:原材料——甲材料	80 000

② 批准处理后:

借:管理费用	80 000
贷:待处理财产损溢——待处理流动资产损溢	80 000

【例2-7-4】云腾公司在财产清查中发现毁损乙材料200千克,实际单位成本为150元。经查属于材料保管员的过失造成的,按规定由其个人赔偿20 000元,残料已办理入库手续,价值2 000元。假定不考虑相关税费,公司应做如下会计处理:

① 批准处理前:

借:待处理财产损溢——待处理流动资产损溢	30 000
贷:原材料——乙材料	30 000

② 批准处理后:

借:其他应收款	20 000
原材料	2 000
管理费用	8 000
贷:待处理财产损溢——待处理流动资产损溢	30 000

【例2-7-5】云腾公司因台风造成一批库存的丙材料毁损,实际成本80 000元,根据保险责任范围及保险合同规定,应由保险公司赔偿60 000元。假定不考虑相关税费,公司应做如下会计处理:

① 批准处理前:

借:待处理财产损溢——待处理流动资产损溢	80 000
贷:原材料——丙材料	80 000

② 批准处理后:

借:其他应收款	60 000
营业外支出	20 000
贷:待处理财产损溢——待处理流动资产损溢	80 000

2.3.4 固定资产清查结果的处理

企业应当定期或者至少每年年末对固定资产进行清查盘点,以保证固定资产核算的真实性,充分挖掘企业现有固定资产的潜力。在固定资产清查过程中,如果发现盘盈、盘亏的固定资产,应当填制固定资产盘盈盘亏报告表。清查固定资产的损溢,应当及时查明原因,并按照规定程序报批处理。

(1)固定资产盘盈的账务处理。企业在财产清查中盘盈的固定资产应作为前期差错处理,在按管理权限报经批准处理前,应按重置成本借记"固定资产"账户,贷记"以前年度损益调整"账户;在按管理权限报经批准后,应将"以前年度损益调整"转入"盈余公积"和"利润分配——未分配利润"账户(假定不考虑对所得税费用的影响)。

表 2-7-8

固定资产清查	审批前	审批后
盘盈	借：固定资产（重置成本） 　　贷：以前年度损益调整	借：以前年度损益调整 　　贷：盈余公积——法定盈余公积 　　　　利润分配——未分配利润

【例 2-7-6】云腾公司在财产清查中发现上月购入的一台设备尚未入账，重置成本为 40 000 元，假定云腾公司按净利润的 10% 提取法定盈余公积，不考虑相关税费及其他因素的影响，云腾公司应做如下会计处理：

①盘盈固定资产时：

借：固定资产　　　　　　　　　　　　　　　　　　　　　　40 000
　　贷：以前年度损益调整　　　　　　　　　　　　　　　　　　40 000

②结转为留存收益时：

借：以前年度损益调整　　　　　　　　　　　　　　　　　　40 000
　　贷：盈余公积——法定盈余公积　　　　　　　　　　　　　　4 000
　　　　利润分配——未分配利润　　　　　　　　　　　　　　 36 000

（2）固定资产盘亏的账务处理。企业在财产清查中盘亏的固定资产，按照盘亏固定资产的账面价值，借记"待处理财产损溢"账户，按照已计提的累计折旧，借记"累计折旧"账户，按照已计提的减值准备，借记"固定资产减值准备"账户，按照固定资产的原价，贷记"固定资产"账户。企业按照管理权限报经批准处理时，按照可收回的保险赔偿或过失人赔偿，借记"其他应收款"账户，按照应计入营业外支出的金额，借记"营业外支出——盘亏损失"账户，贷记"待处理财产损溢"账户。

表 2-7-9

固定资产清查	审批前	审批后
盘亏	借：待处理财产损溢（账面价值） 　　累计折旧 　　固定资产减值准备 　　贷：固定资产（原价）	借：其他应收款 　　营业外支出——盘亏损失 　　贷：待处理财产损溢

注：固定资产的账面价值 = 固定资产的原价 - 已计提的累计折旧 - 已计提的减值准备

【例 2-7-7】云腾公司进行财产清查时发现短缺一台笔记本电脑，原价为 8 000 元，已计提折旧 5 600 元。公司应做如下会计处理：

①盘亏固定资产时：

借：待处理财产损溢　　　　　　　　　　　　　　　　　　　2 400
　　累计折旧　　　　　　　　　　　　　　　　　　　　　　　5 600
　　贷：固定资产　　　　　　　　　　　　　　　　　　　　　 8 000

②报经批准转销时：

借：营业外支出　　　　　　　　　　　　　　　　　　　　　　2 400

　　　　贷：待处理财产损溢　　　　　　　　　　　　　　　　　　　　　　　　2 400

3. 库存现金的清查

3.1　库存现金清查的方法

3.1.1　库存现金清查的种类

单位库存现金的清查，一般包括日常清查和专项清查两种（见表2－7－10）。

表2－7－10　　　　　　　　　　日常清查和专项清查对比表

清查种类	特　点	目　的
日常清查	每日终了，出纳人员登记现金日记账、结出余额，并与实有数额相互核对，以确定账实是否相符	• 便于及时发现账实不符的情况 • 便于及时发现账实不符的原因 • 便于及时处理账实不符的情况
专项清查	专项清查是由专门的财产清查人员和出纳人员一起对库存现金所进行的清查	• 有利于发现现金管理的问题 • 有利于弥补日常清查的不足 • 有利于提高现金管理的水平

3.1.2　库存现金清查的范围

（1）库存现金的实有数额与账面数额是否相符；
（2）库存现金是否按《现金管理暂行条例》的规定用途支出；
（3）库存现金的余额是否超过银行所规定的库存现金限额；
（4）有无白条抵库的情况；
（5）有无违反单位其他现金管理制度的情况。

3.1.3　库存现金清查的方法

库存现金清查的基本方法是实地盘点法，即出纳人员在专门清查人员的监督下清点保险柜内的现金（借条、收据等单据都不得抵充现金数），以确定库存现金的实有数。然后将现金的实有数额与"现金日记账"的账面余额核对，以查明账实是否相符以及有无违反《现金管理暂行条例》规定的各种情况。

3.1.4　库存现金清查的结果

现金清查后，需填制"库存现金盘点报告表"（见表2－7－11），该表是对现金进行账项调整和对比分析的原始凭证，应由清查人员、出纳人员签名或盖章，并由会计机构负责人（会计主管人员）审核后签名或盖章。"库存现金盘点报告表"一般一式两联，一联为"报账联"，作为调整现金账的依据；另一联为"批复联"，作为处理现金盘盈盘亏的依据。

表2－7－11　　　　　　　　　　库存现金盘点报告表

单位名称：　　　　　　　　　　　　　　年　月　日

实存金额	账存金额	对比结果		备注
		盘盈	盘亏	

盘点人签章：　　　　　　　　　　　　　　　　　　　　　　　　　　　　　　出纳员签章：

3.2 库存现金清查结果的处理

3.2.1 库存现金盘盈的账务处理

库存现金盘盈时,应及时办理库存现金的入账手续,调整库存现金账簿记录,即按盘盈的金额借记"库存现金"账户,贷记"待处理财产损溢——待处理流动资产损溢"账户。

对于盘盈的库存现金,应及时查明原因,按管理权限报经批准后,按盘盈金额借记"待处理财产损溢——待处理流动资产损溢"账户,按需要支付或退还他人的金额贷记"其他应付款"账户,按无法查明原因的金额贷记"营业外收入"账户(见表2-7-12)。

表2-7-12

库存现金清查	审批前	审批后
盘盈	借:库存现金 　　贷:待处理财产损溢	借:待处理财产损溢 　　贷:其他应付款(应支付或退还的金额) 　　　　营业外收入(无法查明原因的金额)

【例2-7-8】云腾公司在现金清查中发现库存现金较账面余额长款24元。经反复核查,现金长款原因不明,经批准转作营业外收入处理。

① 审批前:

借:库存现金　　　　　　　　　　　　　　　　　　　　　　　　24
　　贷:待处理财产损溢——待处理流动资产损溢　　　　　　　　　　24

② 审批后:

借:待处理财产损溢——待处理流动资产损溢　　　　　　　　　　24
　　贷:营业外收入　　　　　　　　　　　　　　　　　　　　　　24

3.2.2 库存现金盘亏的账务处理

库存现金盘亏时,企业应及时办理盘亏的确认手续,调整库存现金账簿记录,即按盘亏的金额借记"待处理财产损溢——待处理流动资产损溢"账户,贷记"库存现金"账户。

对于盘亏的库存现金,应及时查明原因,按管理权限报经批准后,按可收回的保险赔偿和过失人赔偿的金额借记"其他应收款"账户,按无法查明原因的金额借记"管理费用"账户,按盘亏金额贷记"待处理财产损溢——待处理流动资产损溢"账户(见表2-7-13)。

表2-7-13

库存现金清查	审批前	审批后
盘亏	借:待处理财产损溢 　　贷:库存现金	借:其他应收款(保险和过失人赔偿的金额) 　　管理费用(无法查明原因的金额) 　　贷:待处理财产损溢

【例2-7-9】云腾公司在现金清查中发现库存现金较账面余额短款110元。经查,现金短款部分属于出纳员李丽的责任,应赔偿80元,余款公司批准作为管理费用处理。

① 审批前:

借：待处理财产损溢——待处理流动资产损溢　　　　　　　　　　110
　　　贷：库存现金　　　　　　　　　　　　　　　　　　　　　　110
②审批后：
借：其他应收款　　　　　　　　　　　　　　　　　　　　　　　　80
　　管理费用　　　　　　　　　　　　　　　　　　　　　　　　　30
　　　贷：待处理财产损溢——待处理流动资产损溢　　　　　　　　110

4. 银行存款的清查

4.1 银行存款清查的方法

银行存款的清查，是采用与开户银行核对账目的方法进行的，即通过将本单位的银行存款日记账与开户银行转来的对账单逐笔进行核对，来查明银行存款的账存数与实有数额。银行存款的清查一般在月末进行。

核对前，应把至清查日止的所有银行存款的收入、支出业务登记入账，检查本单位银行存款日记账的正确性和完整性，然后与银行对账单逐笔核对，如发生错账、漏账，应及时查清更正。

4.2 银行存款清查的处理

4.2.1 账实不符的原因

经核对，如果银行对账单与银行存款日记账余额相符，通常说明没有错误；如果二者余额不符，则可能是企业或银行一方或双方记账过程有错误或者存在未达账项。

未达账项，是指企业和开户银行之间，对于同一款项的收付业务，由于凭证传递时间和记账时间的不同，发生一方已经入账而另一方尚未入账的款项。企业与开户银行之间的未达账项，有以下四种情况：

(1) 企业已收，银行未收；即企业已收款入账，而银行尚未收款入账。
(2) 企业已付，银行未付；即企业已付款入账，而银行尚未付款入账。
(3) 银行已收，企业未收；即银行已收款入账，而企业尚未收款入账。
(4) 银行已付，企业未付；即银行已付款入账，而企业尚未付款入账。

未达账项的存在，会造成企业银行存款日记账的余额和银行对账单的余额不相符合。因此，在清查银行存款时，如果发现存在未达账项，应通过编制"银行存款余额调节表"（见表2-7-14)，据以调整双方的账面余额，确定企业银行存款实有数。

表2-7-14　　　　　　　　　　银行存款余额调节表
　　　　　　　　　　　　　　　　　年　月　日
单位：元

项目	金额	项目	金额
银行存款日记账余额 加：银行已收，企业未收 减：银行已付，企业未付		银行对账单余额 加：企业已收，银行未收 减：企业已付，银行未付	
调节后存款余额		调节后存款余额	

4.2.2 银行存款清查的步骤

银行存款的清查一般应按以下四个步骤进行：

(1) 将本单位银行存款日记账与银行对账单，以结算凭证的种类、号码和金额为依据，逐日逐笔核对。凡双方都有记录的，用铅笔在金额旁打上记号"√"。

(2) 找出未达账项（即银行存款日记账和银行对账单中没有打"√"的款项）。

(3) 将日记账和对账单的月末余额及找出的未达账项填入"银行存款余额调节表"，并计算出调节后的余额。

(4) 将调整平衡的"银行存款余额调节表"，经主管会计签章后，呈报开户银行。

凡有几个银行户头以及设有外币存款户头的单位，应分别按存款户头开设"银行存款日记账"。每月月底，应分别将各户头的"银行存款日记账"与各户头的"银行对账单"核对，并分别编制各户头的"银行存款余额调节表"。

"银行存款余额调节表"的编制，是以双方账面余额为基础，各自分别加上对方已收款入账而己方尚未入账的数额，减去对方已付款入账而己方尚未入账的数额。其计算公式如下：

$$\begin{matrix}企业银行存款\\日记账余额\end{matrix} + \begin{matrix}银行已收\\企业未收款\end{matrix} - \begin{matrix}银行已付\\企业未付款\end{matrix} = \begin{matrix}银行对\\账单余额\end{matrix} + \begin{matrix}企业已收\\银行未收款\end{matrix} - \begin{matrix}企业已付\\银行未付款\end{matrix}$$

【例 2-7-10】云腾公司 5 月 31 日银行存款日记账的余额为 94 000 元，银行对账单的余额为 93 400 元，经逐笔核对，发现有下列未达账项：

① 5 月 29 日，企业支付货款开出转账支票一张计 1 200 元，企业已登记入账，银行尚未入账。

② 5 月 30 日，企业销售产品收到转账支票一张计 3 800 元，企业已登记入账，银行尚未入账。

③ 5 月 30 日，银行收到企业委托收款 4 000 元，银行已登记入账，企业尚未入账。

④ 5 月 31 日，银行代企业支付水电费 2 000 元，银行已登记入账，企业尚未入账。

根据上述未达账项，编制"银行存款余额调节表"，如表 2-7-15 所示。

表 2-7-15　　　　　　　　　银行存款余额调节表
2019 年 5 月 31 日　　　　　　　　　　　　　　　　　　　单位：元

项目	金额	项目	金额
银行存款日记账余额	94 000	银行对账单余额	93 400
加：银行已收，企业未收	4 000	加：企业已收，银行未收	3 800
减：银行已付，企业未付	2 000	减：企业已付，银行未付	1 200
调节后存款余额	96 000	调节后存款余额	96 000

【例 2-7-11】云腾公司 2019 年 8 月份基本存款账户的"银行存款日记账"和 8 月底开户银行送来的"银行对账单"如表 2-7-16、表 2-7-17 所示。

要求：查找云腾公司 8 月份的未达账项并编制"银行存款余额调节表"。

表 2-7-16　　　　　　　　　　　　　银行存款日记账

存款种类：基本存款账户　　　　　　　　　　　　　　　　　　　　　　　银行账号：1110010806482123215

2019 年		凭证号数		摘要	结算凭证		借方	贷方	借或贷	余额	√
月	日	类	号		类	号					
8	1			期初余额					借	700 000	
8	3	略		销售产品	支票	00439	280 000		借	980 000	√
8	5			收到货款	支票	00528	100 000		借	1 080 000	
8	10			支付货款	支票	00127		500 000	借	580 000	√
8	16			销售产品	支票	00649	120 000		借	700 000	
8	20			提取现金	支票	00123		30 000	借	670 000	
8	29			支付货款	支票	00193		20 000	借	650 000	√
8	30			销售产品	支票	00987	100 000		借	750 000	

表 2-7-17　　　　　　　　　　　　　银行对账单

账号：1110010806482123215　　　　　　　　　　　　　　　　　　　　　　开户单位：云腾公司

2019 年		摘要	结算凭证		借方	贷方	结余
月	日		种类	号数			
8	1	结余					700 000
8	3	存入	支票	00439		280 000√	980 000
8	11	支取	支票	00127	500 000√		480 000
8	17	存入	支票	00649		120 000√	600 000
8	26	支取	支票	00193	20 000√		580 000
8	27	存入	支票	00187		60 000	640 000
8	30	支取	支票	00198	90 000		550 000

根据对表 2-7-16 和表 2-7-17 逐笔核对，查找出以下未达账项：

(1) 公司已收、银行未收的款项为 200 000 元。
(2) 公司已付、银行未付的款项为 30 000 元。
(3) 银行已收、公司未收的款项为 60 000 元。
(4) 银行已付、公司未付的款项为 90 000 元。

云腾公司 8 月 31 日编制的"银行存款余额调节表"如表 2-7-18 所示。

表 2-7-18　　　　　　　　　　　　　银行存款余额调节表

　　　　　　　　　　　　　　　　　　2019 年 8 月 31 日　　　　　　　　　　　　　　　　　　　单位：元

项目	金额	项目	金额
银行存款日记账余额	750 000	银行对账单余额	550 000
加：银行已收，企业未收	60 000	加：企业已收，银行未收	200 000
减：银行已付，企业未付	90 000	减：企业已付，银行未付	30 000
调节后存款余额	720 000	调节后存款余额	720 000

4.2.3 银行存款余额调节表的作用

(1) 银行存款余额调节表是一种对账记录或对账工具,不能作为调整账面记录的依据,即不能根据银行存款余额调节表中的未达账项来调整银行存款账面记录,未达账项只有在收到有关凭证后才能进行账务处理。

(2) 调节后的余额如果相等,通常说明企业和开户银行的账面记录一般没有错误,该余额为企业可以动用的银行存款实有数。

(3) 调节后的余额如果不相等,通常说明一方或双方记账有误,应进一步追查,查明原因后予以更正和处理。

5. 往来款项的清查

5.1 往来款项清查的概念

往来款项清查,是指对有关应收款项、应付款项、预收款项以及预付款项等进行的清查。

5.2 往来款项清查的方法和程序

往来款项的清查方法一般采用与对方单位"函证核对法"进行。清查的具体程序为:将本单位的往来款项核对清楚,确认总分类账与明细分类账的余额相等,各明细分类账余额相符;在检查本单位各项往来款项账目正确、完整的基础上,根据债权、债务有关账户记录,按照每一个款项往来单位填制往来款项对账单,寄往各有关往来单位。对账单一般为一式两联,其中一联作为回单。对方单位如核对相符,应在对账单上盖章后退回本单位;如有数字不符,应在对账单上注明不符的情况或另抄对账单退回本单位,作为进一步核对的依据。其格式如下。

函 证 信

××单位:

本公司与贵单位的业务往来款项有下列项目,为了清兑账目,特函请查证,是否相符,请在回执联中注明后盖章寄回。

此致敬礼

××公司
××年×月×日

往来款项对账单

单位: 　　　　　　　地址: 　　　　　　　编号:

会计科目名称	截止日期	交易事项摘要	账面余额

××公司(公章)　　　　　　　　　　　　　　　　　　　　　年　月　日

收到回单后,应据此填制"往来款项清查表"(见表 2-7-19),并及时催收应该收回的账款，积极处理呆账。

表 2-7-19　　　　　　　　　　　往来款项清查表

总分类账名称：　　　　　　　　　　　　年　月　日

明细分类账户		清查结果		核对不符原因分析			备注
单位名称	金额	相符金额	不符金额	未达账项	有争议款项	其他	

负责人：　　　　　　　　　　　　　　　　　　　　　　　　　　　制表人：

在核对过程中，如发现未达账项，双方都应采用调节账面余额的方法，核对往来款项是否相符。通过往来款项的清查，还应查明有无双方发生争议的款项以及没有收回希望的款项，以便及时采取措施，避免或减少损失。

5.3　结算往来款项清查的账务处理

在财产清查过程中发现的长期未结算的往来款项，应及时清查。对于经查明确实无法支付的应付款项可按规定程序报经批准后，转作"营业外收入"。

【例 2-7-12】云腾公司在财产清查中，查明应付华盛公司货款 20 000 元确实无法支付，经批准转作营业外收入。应做如下会计处理：

　　借：应付账款——华盛公司　　　　　　　　　　　　　　　　　20 000
　　　　贷：营业外收入　　　　　　　　　　　　　　　　　　　　　　　20 000

【例 2-7-13】云腾公司 2019 年对东方公司的应收账款实际发生坏账损失 34 000 元。确认坏账时，云腾公司应做如下会计处理：

　　借：坏账准备　　　　　　　　　　　　　　　　　　　　　　　　34 000
　　　　贷：应收账款　　　　　　　　　　　　　　　　　　　　　　　　　34 000

6. 职业启航——财产清查综合实作

（1）云腾公司 2019 年 6 月末对原材料进行清查，清查结果如表 2-7-20 所示。

表 2-7-20　　　　　　　　　　　实存账存对比表

单位名称：云腾公司　　　　　　　　2019 年 6 月 30 日

编号	名称类别	计量单位	单价	实存		账存		对比结果				备注
								盘盈		盘亏		
				数量	金额	数量	金额	数量	金额	数量	金额	
101#	甲材料	千克	5.50	3 100	17 050	3 000	16 500	100	550			
102#	乙材料	千克	3.60	1 800	6 480	2 000	7 200			200	720	

经查，上述甲材料盘盈是因计量不准造成，报经公司经理会议批准后，作冲减管理费用

处理；乙材料盘亏是由于管理不善造成的，应由保管员赔偿500元，其余经批准转作管理费用处理。

要求：根据上述资料完成云腾公司原材料盘盈和盘亏的账务处理（见表2-7-21）。

表2-7-21

存货清查	审批前	审批后
甲材料盘盈		
乙材料盘亏		

（2）云腾公司7月底、8月底对库存现金进行清查，清查结果如表2-7-22、表2-7-23所示。

表2-7-22　　　　　　　　　　库存现金盘点报告表
单位名称：云腾公司　　　　　　　2019年7月31日

实存金额	账存金额	对比结果		备注
		盘盈	盘亏	
10 500	10 000	500		少支付华盛公司400元，其余无法查明原因

表2-7-23　　　　　　　　　　库存现金盘点报告表
单位名称：云腾公司　　　　　　　2019年8月31日

实存金额	账存金额	对比结果		备注
		盘盈	盘亏	
9 600	10 000		400	出纳员少收款造成，应由其赔偿

要求：根据上述资料完成云腾公司现金盘盈和盘亏的账务处理（见表2-7-24）。

表2-7-24

库存现金清查	审批前	审批后
现金盘盈		
现金盘亏		

（3）云腾公司2019年5月份基本存款账户的"银行存款日记账"和5月底开户银行送来的"银行对账单"如表2-7-25和表2-7-26所示。

表 2-7-25　　　　　　　　　　　　银行存款日记账

存款种类：基本存款账户　　　　　　　　　　　　　　　　　　　　　　　银行账号：1110010806482123215

2019年		凭证号数		摘要	结算凭证		借方	贷方	借或贷	余额	√
月	日	类	号		类	号					
5	1			期初余额					借	500 000	
5	3	略		销售产品	支票	00439	380 000		借	880 000	
5	5			收到货款	支票	00528	90 000		借	970 000	
5	10			支付货款	支票	00127		400 000	借	570 000	
5	16			销售产品	支票	00649	20 000		借	590 000	
5	20			提取现金	支票	00123		36 000	借	554 000	
5	29			支付货款	支票	00193		70 000	借	484 000	
5	31			销售产品	支票	00987	110 000		借	594 000	

表 2-7-26　　　　　　　　　　　　银行对账单

账号：1110010806482123215　　　　　　　　　　　　　　　　　　　　　　开户单位：云腾公司

2019年		摘要	结算凭证		借方	贷方	结余
月	日		种类	号数			
5	1	结余					500 000
5	3	存入	支票	00439		380 000	880 000
5	11	支取	支票	00127	400 000		480 000
5	17	存入	支票	00649		20 000	500 000
5	26	支取	支票	00193	70 000		430 000
5	27	存入	支票	00187		50 000	480 000
5	30	支取	支票	00198	80 000		400 000

要求：查找云腾公司 2019 年 5 月份的未达账项并编制"银行存款余额调节表"（见表 2-7-27）。

表 2-7-27　　　　　　　　　　　银行存款余额调节表

　　　　　　　　　　　　　　　　2019 年 5 月 31 日　　　　　　　　　　　　　　　　　单位：元

项　目	金　额	项　目	金　额
银行存款日记账余额 加：银行已收，企业未收 减：银行已付，企业未付		银行对账单余额 加：企业已收，银行未收 减：企业已付，银行未付	
调节后存款余额		调节后存款余额	

166 会计基础

扫码知答案 8

本任务思维导图

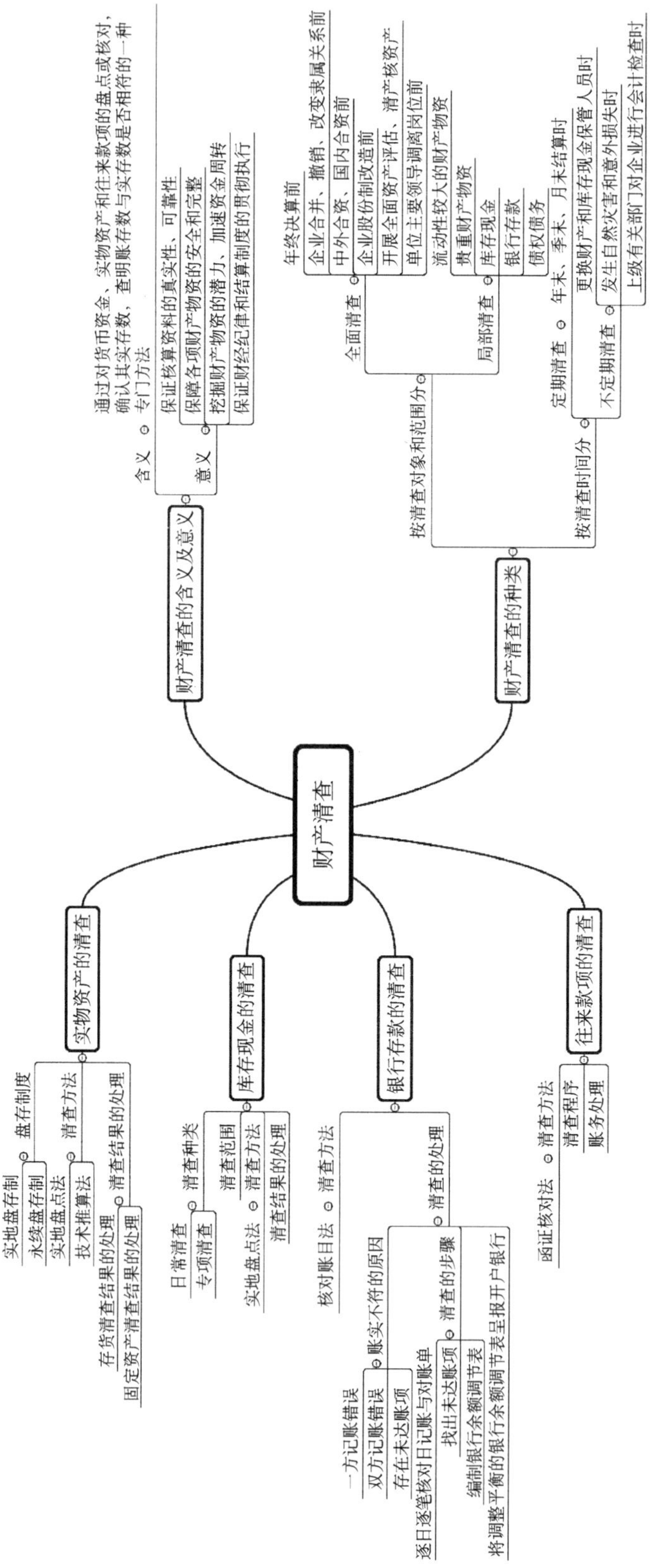

```
                                              ┌─ 含义 ── 通过对货币资金、实物资产和往来款项的盘点或核对,
                                              │        确认其实存数,查明账存数与实存数是否相符的一种
                                              │        专门方法
                              ┌─ 财产清查的含义及意义 ┤
                              │               │       ┌─ 保证核算资料的真实性、可靠性
                              │               └─ 意义 ┤ 保障各项财产物资的安全和完整
                              │                       │ 挖掘财产物资的潜力,加速资金周转
                              │                       └─ 保证财经纪律和结算制度的贯彻执行
                              │
                              │                                       ┌─ 企业合并、撤销、改变隶属关系前
                              │                                       │ 中外合资、国内合资
                              │                       ┌─ 全面清查 ───┤ 企业股份制改造、清产核资产
                              │                       │               │ 年终决算前
                              │                       │               │ 开展全面资产评估、清产核资产
                              │       ┌─ 按清查对象和范围分 ─┤       │ 单位主要领导调离岗位前
                              │       │                       │       └─ 流动性较大的财产物资
                              │       │                       │       ┌─ 库存现金
                              │       │                       └─ 局部清查 ─┤ 银行存款
          ┌─ 财产清查的种类 ──┤                                       └─ 债权债务
          │                   │
          │                   │                       ┌─ 定期清查 ── 年末、季末、月末结算时
          │                   └─ 按清查时间分 ────────┤
          │                                           │               ┌─ 更换财产物资保管人员时
          │                                           └─ 不定期清查 ──┤ 发生自然灾害和意外损失时
─ 财产清查 ─┤                                                        └─ 上级有关部门对企业进行会计检查时
          │
          │                   ┌─ 存货清查结果的处理
          │                   │   固定资产清查结果的处理
          │                   │
          │                   │   ┌─ 盘存制度 ──┬─ 实地盘存制
          │                   │   │             └─ 永续盘存制
          │   实物资产的清查 ─┤   │
          │                   └───┤ 清查方法 ──┬─ 实地盘点法
          │                       │             └─ 技术推算法
          │                       │
          │                       └─ 清查结果的处理
          │
          │                   ┌─ 清查种类 ──┬─ 日常清查
          │   库存现金的清查 ─┤             └─ 专项清查
          │                   │   清查范围
          │                   │   清查方法 ── 实地盘点法
          │                   └─ 清查结果的处理
          │
          │                                   ┌─ 一方记账错误
          │                   ┌─ 核对账目法 ──┤ 双方记账错误
          │                   │               │ 账实不符的原因 ── 存在未达账项
          │                   │               └─ 找出未达账项
          │                   │
          │   银行存款的清查 ─┤   ┌─ 清查的步骤 ── 逐日逐笔核对日记账与对账单
          │                   │   │
          │                   └───┤ 清查的处理 ── 编制银行存款余额调节表
          │                       │
          │                       └─ 将调整平衡后的银行存款余额作为开户银行
          │
          │                   ┌─ 函证核对法
          └─ 往来款项的清查 ──┤   清查程序
                              └─ 账务处理
```

任务八
编制财务会计报告

【导言】

企业一定期间内发生的经济业务，已经在确认、计量的基础上，运用专门的方法，在会计凭证和会计账簿中进行了全面、系统的记录。这种记录从一定程度上能够反映企业的经济活动情况。但是，会计凭证和会计账簿中的会计信息比较分散，不能概括地、系统地反映企业经济活动过程及结果，不便于理解和分析，无法满足会计信息使用者对会计信息的需求。因此，需要在日常会计核算的基础上，对分散在会计凭证和会计账簿中的会计信息进行进一步的加工处理和分类，从而形成综合、系统地反映企业财务状况、经营成果和现金流量的文件，对于国家宏观经济调控、投资者决策和加强企业内部管理都有非常重要的作用。

【任务目标——知识目标】
* 理解财务会计报告的组成、分类和作用
* 理解资产负债表的概念、结构和编制基础
* 掌握资产负债表的编制方法
* 理解利润表的概念、结构和编制基础
* 掌握利润表的编制方法

【任务目标——能力目标】
* 能编制资产负债表和利润表
* 能借助财务会计报告初步评价企业的财务状况和经营成果

1. 财务会计报告

1.1 财务会计报告的概念及目标

财务会计报告也称"财务报告"，是指企业对外提供的反映企业某一特定日期财务状况和某一会计期间的经营成果、现金流量等会计信息的文件。

财务会计报告是企业财务会计确认与计量的最终结果体现，是向投资者等财务会计报告使用者提供决策有用信息的媒介和渠道，是沟通投资者、债权人等使用者与企业管理层之间信息的桥梁和纽带。

财务会计报告包括财务报表和其他应当在财务报告中披露的相关信息和资料。财务报表是财务会计报告的核心内容。

1.2 财务报表的组成

财务报表是以日常账簿资料为主要依据编制的,总括反映企业财务状况、经营成果和现金流量等会计信息的书面报告。它既是会计核算账务处理程序的最后一个步骤,也是连接下一个会计期间的起点,是企业对外提供会计信息的主要形式。

图 2-8-1 会计核算程序

财务报表由报表本身及其附注两部分构成。一套完整的财务报表至少应当包括"四表一注",即资产负债表、利润表、现金流量表、所有者权益(或股东权益)变动表以及附注。

资产负债表:反映企业在某一特定日期的财务状况的会计报表。企业编制资产负债表的目的是通过如实反映企业的资产、负债和所有者权益金额及其结构情况,帮助使用者评价企业资产的质量以及短期偿债能力、长期偿债能力、利润分配能力等。

利润表:反映企业在一定会计期间的经营成果和综合收益的会计报表。企业编制利润表的目的是如实反映企业实现的收入、发生的费用以及应当计入当期利润的利得和损失、其他综合收益、综合收益等金额及其结构情况,帮助使用者分析评价企业的盈利能力及其构成与质量。

现金流量表:反映企业在一定会计期间现金和现金等价物流入和流出的会计报表。企业编制现金流量表的目的是如实反映企业各项活动的现金流入和现金流出,帮助使用者评价企业生产经营过程特别是经济活动中所形成的现金流量和资金周转情况。

所有者权益变动表:反映构成企业所有者权益的各组成部分当期的增减变动情况的会计报表。企业编制所有者权益变动表的目的是如实反映一定时期企业所有者权益总量的增减变动,所有者权益增减变动的重要结构性信息,以及直接计入所有者权益的利得和损失,帮助使用者准确理解所有者权益增减变动的根源。

会计报表附注:对会计报表中列示项目所作的进一步说明,以及对未能在这些报表中列示项目的说明等。

1.3 财务报表的分类

财务报表可以按照不同的标准进行分类。

1.3.1 按照反映内容的不同分类

按照反映内容不同,财务报表可以分为静态报表和动态报表。**静态报表**是指反映企业资金运动处于某一相对静止状态情况的会计报表,如资产负债表。**动态报表**是指反映企业资金运动状况的会计报表,如利润表、现金流量表、所有者权益变动表。

1.3.2 按照编报时间的不同分类

按照编报时间不同,财务报表可以分为中期财务报表和年度财务报表。**中期财务报表**是指以短于一个完整会计年度的报告期间为编制基础编制的财务报表,包括半年度、季度和月度财务报表。**年度财务报表**全面反映和揭示企业一个完整会计年度的财务状况、经营成果和现金流量等相关会计信息。

中期财务报表和年度财务报表都必须在规定的时间内报出，报出时间要求如表2-8-1所示。

表2-8-1　　　　　　　　　　　财务报表报出时间要求

项　　目	报出时间要求
月度财务报表	月份终了后6日之内
季度财务报表	季度终了后的15日之内
半年度财务报表	年度中期结束后的60日之内
年度财务报表	年度终了后的4个月之内

1.3.3　按照编报主体的不同分类

按照编报的主体不同，财务报表可以分为个别财务报表和合并财务报表。**个别财务报表**是由企业在自身会计核算的基础上，对账簿记录进行加工而编制的会计报表，它主要用以反映企业自身的财务状况、经营成果和现金流量情况。**合并财务报表**是以母公司和子公司组成的企业集团为会计主体，根据母公司和所属的子公司的会计报表，由母公司编制综合反映企业集团财务状况、经营成果和现金流量的会计报表。

1.4　财务报表列报的基本要求

（1）持续经营的原则。持续经营是会计核算的基本前提，是会计确认、计量的基础，也是编制财务报表的基础。

（2）公允列报原则。企业在列报财务报表时，应严格遵循根据实际发生的交易和事项，按照《企业会计准则第30号——财务报表列报》和其他各项会计准则的规定进行确认和计量，如实反映企业的交易与其他经济事项，真实而公允地反映企业的财务状况、经营成果以及现金流量。企业不应以附注披露代替确认和计量。

（3）权责发生制原则。除现金流量表按照收付实现制编制外，企业应当按照权责发生制编制其他财务报表。

（4）列报一致性原则。可比性是会计信息质量的一项重要质量要求，目的是使同一企业不同期间和同一期间不同企业的财务报表相互可比。为此，财务报表项目的列报应当在各个会计期间保持一致，不得随意变更。这一要求不仅只针对财务报表中的项目名称，还包括财务报表项目的分类、排列顺序等方面。

当会计准则要求改变，或者企业经营业务的性质发生重大变化或重大的购买或处置事项等对企业经营影响较大的交易或事项发生后，变更财务报表项目的列报能够提供更可靠、更相关的会计信息时，财务报表项目的列报是可以改变的，此时企业应当按照会计准则的规定提供编制的比较信息。

（5）重要性原则。财务报表是通过大量的交易或其他事项进行处理而生成的，这些交易或事项按其性质或功能汇总归类而形成财务报表中的项目。项目在报表中是单独列报还是合并列报，应当依据重要性原则来判断。总的原则是，如果某项目单个看不具有重要性，则可以将其与其他项目合并列报；如果具有重要性，则应当单独列报。

（6）项目金额间相互抵消原则。财务报表应当以总额列报，资产和负债、收入和费用、直接计入当期利润的利得项目和损失项目的金额不得相互抵消，即不得以净额列报，当企业另有规定的除外。

（7）比较信息的列报原则。企业在列报当期财务报表时，至少应当提供所有列报项目上一可比会计期间的比较数据，以及与理解当期财务报表相关的说明，目的是向报表的使用者提供对比数据，提高信息在会计期间的可比性，以反映企业财务状况、经营成果和现金流量的发展趋势，提高报表使用者的判断与决策能力。

（8）财务报表表首的列报要求。企业应当在财务报表的显著位置至少披露以下内容：编报企业的名称、资产负债表日或财务报表涵盖的会计期间、人民币金额单位以及是否为合并财务报表。

（9）报告期间。企业至少应当编制年度财务报表。根据《中华人民共和国会计法》的规定，会计年度自公历1月1日起至12月31日止。因此，在编制年度财务报表时，可能存在年度财务报表涵盖的期间短于一年的情况，比如企业在年度中间（如4月1日）开始设立等，在这种情况下，企业应当披露年度财务报表的实际涵盖期间及短于一年的原因，并应当说明由此引起的财务报表项目与比较数据不具可比性这一事实。

2. 资产负债表

2.1 资产负债表概述

资产负债表，是指反映企业在某一特定日期（如月末、季末、半年末、年末）的财务状况的报表，反映的内容包括资产、负债以及所有者权益三个方面。资产负债表是根据"资产＝负债＋所有者权益"这一会计恒等式，按照一定的分类标准和顺序，将企业在一定日期的全部资产、负债和所有者权益项目进行适当的分类、汇总、排列后编制而成的。

2.2 资产负债表结构

资产负债表由表首和正表两部分组成。表首包括报表的名称、编制单位、编制日期、货币计量单位等；正表是资产负债表的主体，按照我国《企业会计准则第30号——财务报表列报》的规定，采用账户式结构。

账户式资产负债表分左右两方，"应收账款""应收票据"左方列示资产项目，大体按照资产的流动性大小排列，流动性大的资产如"货币资金""应收账款""应收票据"等排在前面，流动性小的资产如"固定资产""无形资产"等排在后面。右方列示负债和所有者权益项目，负债项目按照要求清偿时间的先后顺序排列，"短期借款""应付票据""应付账款"等需要在一年以内或者长于一年的一个正常营业周期内偿还的流动负债排在前面，"长期借款"等在一年以上才需偿还的非流动负债排在后面；在企业清算之前不需要偿还的所有者权益排在负债项目的下方，分别"实收资本""资本公积""其他综合收益""盈余公积""未分配利润"等项目列示。

账户式资产负债表中资产项目的合计等于负债和所有者权益项目的合计，即资产负债表的左方和右方平衡，因此，通过账户式资产负债表，可以反映资产、负债、所有者权益之间的内在关系,即"资产=负债+所有者权益"。我国企业资产负债表格式如表 2-8-2 所示。

2.3 资产负债表的编制

资产负债表中各项目均需填列"年初余额"和"期末余额"两栏。

资产负债表的"年初余额"栏内各项数字,应根据上年年末资产负债表的"期末余额"栏内所列数字填列。如果上年度资产负债表规定的各个项目的名称和内容与本年度不一致,应按照本年度的规定对上年年末资产负债表各项目的名称和数字进行调整,填入本表"年初余额"栏内。

资产负债表"期末余额"栏内各项数字,应根据有关账簿资料填列,具体方法如下:

(1) 根据有关总账账户期末余额直接填列。根据总账账户期末余额直接填列的资产负债表项目如表 2-8-3 所示。

表 2-8-2 资产负债表 会企 01 表

编制单位： 年 月 日 单位:元

资产	期末余额	年初余额	负债和所有者权益（或股东权益）	期末余额	年初余额
流动资产：			流动负债：		
货币资金			短期借款		
交易性金融资产			交易性金融负债		
衍生金融资产			衍生金融负债		
应收票据			应付票据		
应收账款			应付账款		
应收款项融资			预收款项		
预付款项			应付职工薪酬		
其他应收款			应交税费		
存货			合同负债		
合同资产			其他应付款		
持有待售资产			持有待售负债		
一年内到期的非流动资产			一年内到期的非流动负债		
其他流动资产			其他流动负债		
流动资产合计			流动负债合计		
非流动资产：			非流动负债：		
债权投资			长期借款		
其他债权投资			应付债券		
长期应收款			其中：优先股		
长期股权投资			永续债		

续表

资　　产	期末余额	年初余额	负债和所有者权益（或股东权益）	期末余额	年初余额
其他权益工具投资			租赁负债		
其他非流动金融资产			长期应付款		
投资性房地产			预计负债		
固定资产			递延收益		
在建工程			递延所得税负债		
生产性生物资产			其他非流动负债		
油气资产			非流动负债合计		
使用权资产			负债合计		
无形资产			所有者权益（或股东权益）：		
开发支出			实收资本（或股本）		
商誉			其他权益工具		
长期待摊费用			其中：优先股		
递延所得税资产			永续债		
其他非流动资产			资本公积		
非流动资产合计			减：库存股		
			其他综合收益		
			专项储备		
			盈余公积		
			未分配利润		
			所有者权益（或股东权益）合计		
资产总计			负债及所有者权益（或股东权益）总计		

表2-8-3　　　　　　资产负债表编制方法（一）——照搬总账余额

分　　类	可以照搬的项目
资产	商誉、递延所得税资产
负债	短期借款、应付票据、应交税费、预计负债、递延收益、递延所得税负债
所有者权益	实收资本、库存股、资本公积、其他综合收益、盈余公积

（2）根据有关总账账户的期末余额计算分析填列。资产负债表中某些项目的内容具有一定的概括性，应根据几个总账账户的期末余额计算填列，包括"货币资金""其他应收款""固定资产""无形资产""在建工程""其他应付款""未分配利润"等项目。填列方法如表2-8-4所示。

表 2-8-4　　　　　资产负债表编制方法（二）——合并计算相关总账余额

项目	计算
货币资金	"库存现金"余额 + "银行存款"余额 + "其他货币资金"余额
其他应收款	"应收利息"余额 + "应收股利"余额" + 其他应收款"余额 - "坏账准备"科目中相关坏账准备期末余额
固定资产	"固定资产"余额 - "累计折旧"余额 - "固定资产减值准备"余额 ± "固定资产清理"余额
无形资产	"无形资产"余额 - "累计摊销"余额 - "无形资产减值准备"余额
在建工程	"在建工程"余额 - "在建工程减值准备"余额 + "工程物资"余额 - "工程物资减值准备"余额
其他应付款	"应付利息"余额 + "应付股利"余额" + 其他应付款"余额
未分配利润	"本年利润"余额 + "利润分配"余额

【例 2-8-1】 云腾公司 2019 年 10 月 31 日相关账户余额如表 2-8-5 所示，要求确定资产负债表中"货币资金""其他应付款""未分配利润"项目的金额。

表 2-8-5　　　　　云腾公司有关总账账户期末余额表

2019 年 10 月 31 日

账户	余额	余额方向
库存现金	15 000	借方
银行存款	2 685 000	借方
其他货币资金	320 000	借方
应付利息	210 000	贷方
应付股利	480 000	贷方
其他应付款	390 000	贷方
本年利润	780 000	贷方
利润分配	240 000	借方

"货币资金"项目金额 = 15 000 + 2 685 000 + 320 000 = 3 020 000（元）
"其他应付款"项目金额 = 210 000 + 480 000 + 390 000 = 1 080 000（元）
"未分配利润"项目金额 = 780 000 - 240 000 = 540 000（元）

（3）根据有关明细账户的期末余额分析计算填列。资产负债表中"应收账款""预付款项""应付账款""预收款项"项目应根据有关明细账户的期末余额分析计算填列，填列方法如表 2-8-6 所示。

表 2-8-6　　　　　资产负债表编制方法（三）——分析计算明细账余额

项目	计算
应收账款	"应收账款"所属明细账借方余额 + "预收账款"所属明细账借方余额 - 有关应收账款计提的坏账准备的期末余额
预收款项	"应收账款"所属明细账贷方余额 + "预收账款"所属明细账贷方余额
应付账款	"应付账款"所属明细账贷方余额 + "预付账款"所属明细账贷方余额
预付款项	"应付账款"所属明细账借方余额 + "预付账款"所属明细账借方余额 - 有关预付账款计提的坏账准备的期末余额

【例 2-8-2】云腾公司 10 月 31 日相关账户余额如表 2-8-7 所示，要求确定资产负债表中"应收账款""预付款项""应付账款""预收款项"项目金额（假定不考虑相关的坏账准备）。

表 2-8-7

项目	借方余额	贷方余额	项目	借方余额	贷方余额
应收账款	480 000		应付账款		600 000
——M 公司	200 000		——S 公司		820 000
——N 公司	400 000		——T 公司		140 000
——P 公司		120 000	——X 公司	360 000	
预付账款	210 000		预收账款		550 000
——Q 公司	300 000		——Y 公司		630 000
——R 公司		90 000	——Z 公司	80 000	

"应收账款"项目金额 = 200 000 + 400 000 + 80 000 = 680 000（元）
"预收款项"项目金额 = 120 000 + 630 000 = 750 000（元）
"应付账款"项目金额 = 820 000 + 140 000 + 90 000 = 1 050 000（元）
"预付款项"项目金额 = 300 000 + 360 000 = 660 000（元）

（4）根据有关总账账户和明细账户的期末余额分析计算填列。资产负债表中需要明确划分流动资产与非流动资产、流动负债与非流动负债，因此对于将在一年内（含一年）摊销完毕的长期待摊费用，应从"长期待摊费用"中剔除，单独在"一年内到期的非流动资产"项目中列示；对于将在一年内到期且企业不能自主地将清偿义务展期的长期负债，应从相关的长期负债中剔除，单独在"一年内到期的非流动负债"项目中列示。填列方法如表 2-8-8 所示。

表2-8-8　　　　资产负债编制方法（四）——总账与明细账余额同分析

总账账户	明细账户	报表填列项目
长期待摊费用	摊销期在一年之内（含一年）的	一年内到期的非流动资产
	摊销期超过一年的	长期待摊费用
长期借款 应付债券 长期应付款	偿还时间在一年之内（含一年）的	一年内到期的非流动负债
	偿还时间超过一年的	长期借款 应付债券 长期应付款

【例2-8-3】云腾公司2019年10月31日相关账户余额如表2-8-9所示，要求确定资产负债表中"长期待摊费用""一年内到期的非流动资产""一年内到期的非流动负债""长期借款"项目的金额。

表2-8-9

总账账户	总账余额	明细资料	明细账余额
长期待摊费用	270 000	摊销期到2020年6月	80 000
		摊销期到2021年12月	190 000
长期借款	1 300 000	2016年7月1日借入，5年期	400 000
		2017年3月1日借入，3年期	600 000
		2018年6月1日借入，3年期	300 000

"一年内到期的非流动资产"项目金额=80 000（元）

"长期待摊费用"项目金额=190 000（元）

"一年内到期的非流动负债"项目金额=600 000（元）

"长期借款"项目金额=400 000+300 000=700 000（元）

（5）根据有关总账账户期末余额减去备抵账户期末余额后的净额填列。资产负债表中，对于有备抵账户的相关资产账户，应该按照扣除其备抵账户后的净额填列，填列方法如表2-8-10所示。

表2-8-10　　　　资产负债表编制方法（五）——扣除备抵账户余额

报表项目	需扣除余额的备抵账户
应收账款、应收票据、预付款项、其他应收款、长期应收款	坏账准备
存货	存货跌价准备
在建工程	在建工程减值准备、工程物资减值准备
长期股权投资	长期股权投资减值准备
投资性房地产	投资性房地产减值准备
固定资产	累计折旧、固定资产减值准备
无形资产	累计摊销、无形资产减值准备

(6)综合运用上述填列方法分析填列。如资产负债表中的"存货"项目,需要根据"生产成本""原材料""库存商品""委托加工物资""周转材料""在途物资""发出商品""材料成本差异"等总账账户期末余额的分析汇总数,再减去"存货跌价准备"账户余额后的净额填列。

【例 2-8-4】云腾公司 10 月 31 日相关账户余额如表 2-8-11 所示,要求:确定资产负债表中"固定资产""在建工程""无形资产"项目的金额。

表 2-8-11

总账账户	借方余额	贷方余额
固定资产	890 000	
固定资产清理	10 000	
累计折旧		200 000
固定资产减值准备		100 000
在建工程	800 000	
在建工程减值准备		100 000
工程物资	300 000	
工程物资减值准备		50 000
无形资产	380 000	
累计摊销		140 000
无形资产减值准备		40 000

"固定资产"项目金额 = 890 000 - 200 000 - 100 000 + 10 000 = 600 000(元)
"在建工程"项目金额 = 800 000 - 100 000 + 300 000 - 50 000 = 950 000(元)
"无形资产"项目金额 = 380 000 - 140 000 - 40 000 = 200 000(元)

【例 2-8-5】云腾有限责任公司 2019 年 10 月 31 日相关账户余额如表 2-8-12 所示,要求确定资产负债表"存货"项目金额。

表 2-8-12

总账账户	借方余额	贷方余额
在途物资	700 000	
生产成本	100 000	
原材料	200 000	
委托加工物资	150 000	
材料成本差异		120 000
存货跌价准备		100 000

"存货"项目金额 = 700 000 + 100 000 + 200 000 + 150 000 - 120 000 - 100 000 = 930 000(元)

3. 利润表

3.1 利润表概述

利润表,是反映企业在一定会计期间经营成果的会计报表。利润表是根据"收入-费用=利润"这一会计等式,将企业一定会计期间的收入、费用和利润(或亏损)的项目进行适当的分类、汇总、排列后编制而成的。

3.2 利润表的结构

利润表由表头和正表两部分组成。表头部分主要列明报表的名称、编制单位、编制时间和金额单位。根据《企业会计准则第30号——财务报表列报》的规定,我国利润表正表部分采用多步式结构,即通过对当期的收入、费用、支出项目按性质加以归类,按利润形成的主要环节列示一些中间性利润指标,便于使用者理解企业经营成果的不同来源。一般企业利润表的格式如表2-8-13所示。

表2-8-13　　　　　　　　　　　利　润　表　　　　　　　　　　　会企02表

编制单位:　　　　　　　　　　　年　月　　　　　　　　　　　　　　单位:元

项　目	本期金额	上期金额(略)
一、营业收入		
减:营业成本		
税金及附加		
销售费用		
管理费用		
研发费用		
财务费用		
其中:利息费用		
利息收入		
加:其他收益		
投资收益(损失以"-"号填列)		
其中:对联营企业和合营企业的投资收益		
以摊余成本计量的金融资产终止确认收益(损失以"-"号填列)		
净敞口套期收益(损失以"-"号填列)		
公允价值变动收益(损失以"-"号填列)		
信用减值损失(损失以"-"号填列)		
资产减值损失(损失以"-"号填列)		
资产处置收益(损失以"-"号填列)		

续表

项目	本期金额	上期金额（略）
二、营业利润（亏损以"-"号填列）		
加：营业外收入		
减：营业外支出		
三、利润总额（亏损总额以"-"号填列）		
减：所得税费用		
四、净利润（净亏损以"-"号填列）		
（一）持续经营净利润（净亏损以"-"号填列）		
（二）终止经营净利润（净亏损以"-"号填列）		
五、其他综合收益的税后净额		
（一）不能重分类进损益的其他综合收益		
……		
（二）将重分类进损益的其他综合收益		
……		
六、综合收益总额		
七、每股收益		
（一）基本每股收益		
（二）稀释每股收益		

3.3 利润表的编制

根据《企业会计准则第 30 号——财务报表列报》的规定，企业需要提供比较利润表，以便报表使用者通过比较不同期间利润表的数据，判断企业经营成果的未来发展趋势。利润表各项目均需填列"本期金额"和"上期金额"两栏。

3.3.1 "上期金额"栏的填列方法

利润表各项目的"上期金额"栏内的各项数字，应根据上年该期利润表的"本期金额"栏内所列数字填列。如果本年度利润表规定的各个项目名称和内容同上年度不一致，应对上年度的利润表各个项目名称和数字按照本年度的规定进行调整，填入本表的"上期金额"栏内。

3.3.2 "本期金额"栏的填列方法

利润表各项目的"本期金额"栏内的各项数字，除"基本每股收益"和"稀释每股收益"项目外，应按照相关账户的本期发生额填列。具体方法有：

（1）按照有关损益类账户的本期发生额直接填列。如"税金及附加""销售费用""管理费用""财务费用""资产减值损失""公允价值变动收益"（损失以"-"号填列）"投资收益"（损失以"-"号填列）"营业外收入""营业外支出""所得税费用"等项目，应根据有关损益类账户的本期发生额直接填列。

（2）按照有关账户的本期发生额合并计算填列。如"营业收入"项目，应该根据"主营业务收入"和"其他业务收入"账户的本期发生额合并计算填列；"营业成本"项目，应该根据"主营业务成本"和"其他业务成本"账户的发生额合并计算填列。

（3）按照公式计算填列。如"营业利润""利润总额""净利润"等项目，应该按照如下公式计算填列：

营业利润 = 营业收入 – 营业成本 – 税金及附加 – 销售费用 – 管理费用 – 财务费用 – 信用减值损失 – 资产减值损失 + 公允价值变动收益（– 公允价值变动损失）+ 投资收益（– 投资损失）+ 其他收益 + 资产处置收益（– 资产处置损失）

利润总额 = 营业利润 + 营业外收入 – 营业外支出

净利润 = 利润总额 – 所得税费用

除以上项目外，"其他综合收益的税后净额"项目，反映企业根据《企业会计准则》规定未在损益中确认的各项利得和损失扣除所得税后的净额；"综合收益总额"项目，反映企业净利润与其他综合收益的合计金额；"每股收益"项目，包括基本每股收益和稀释每股收益两项指标，反映普通股或潜在普通股已公开交易的企业，以及正处在公开发行普通股或潜在普通股过程中的企业每股收益信息。

【例2-8-6】云腾公司2019年10月有关账户发生额如表2-8-14所示，要求：编制云腾公司2019年10月份的利润表。

表2-8-14　　　　云腾公司2019年10月有关账户发生额　　　　　　单位：元

账户名称	借方发生额	贷方发生额
主营业务收入		2 400 000
其他业务收入		800 000
投资收益		300 000
资产处置损益		2 900
营业外收入		180 000
主营业务成本	1 300 000	
其他业务成本	540 000	
税金及附加	38 400	
销售费用	5 200	
管理费用	110 000	
财务费用	9 300	
营业外支出	10 800	
所得税费用	400 000	

云腾公司2019年10月利润表如表2-8-15所示。

表 2-8-15　　　　　　　　　　　利　润　表　　　　　　　　　　　会企02表
编制单位：云腾公司　　　　　　　　　2019年10月　　　　　　　　　　　单位：元

项　目	行次	本期金额	上期金额（略）
一、营业收入		3 200 000	
减：营业成本		1 840 000	
税金及附加		38 400	
销售费用		5 200	
管理费用		110 000	
研发费用			
财务费用		9 300	
其中：利息费用			
利息收入			
加：其他收益			
投资收益（损失以"-"号填列）		300 000	
净敞口套期收益（损失以"-"号填列）			
公允价值变动收益（损失以"-"号填列）			
信用减值损失（损失以"-"号填列）			
资产减值损失（损失以"-"号填列）			
资产处置收益（损失以"-"号填列）		2 900	
二、营业利润（亏损以"-"号填列）		1 500 000	
加：营业外收入		180 000	
减：营业外支出		80 000	
三、利润总额（亏损总额以"-"号填列）		1 600 000	
减：所得税费用		400 000	
四、净利润（净亏损以"-"号填列）		1 200 000	
五、其他综合收益的税后净额		（略）	
（一）以后不能重分类进损益的其他综合收益			
……			
（二）以后将重分类进损益的其他综合收益			
……			
六、综合收益总额		（略）	
七、每股收益		（略）	
（一）基本每股收益			
（二）稀释每股收益			

4. 现金流量表

4.1 现金流量表概述

现金流量表,是反映企业在一定会计期间现金和现金等价物流入和流出的报表。现金流量表可以为报表使用者提供一定会计期间内现金和现金等价物流入和流出的信息,便于使用者理解和评价企业获取现金和现金等价物的能力,据以预测企业未来现金流量。

现金流量是指一定会计期间内现金和现金等价物的流入和流出。企业从银行提取现金、用现金购买短期到期的国债等现金和现金等价物之间的转换不属于现金流量。

现金是指企业库存现金以及可以随时用于支付的存款,包括库存现金、银行存款和其他货币资金(如外埠存款、银行汇票存款等)等。不能随时用于支付的存款不属于现金。现金等价物是指企业持有的期限短、流动性强、易于转换为已知金额现金、价值变动风险很小的投资。期限短,一般是指从购买之日算起三个月内到期。现金等价物通常包括三个月内到期的债券投资等。

企业的现金流量分为三类:

(1)经营活动产生的现金流量。经营活动是指企业投资活动和筹资活动以外的所有交易和事项。经营活动主要包括销售商品、提供劳务、购买商品、接受劳务、支付工资和缴纳税费等流入和流出现金和现金等价物的活动和事项。

(2)投资活动产生的现金流量。投资活动是指长期资产的购建和不包括在现金等价物范围内的投资及其处置活动。投资活动主要包括购建固定资产、处置子公司及其他营业单位等流入和流出现金和现金等价物的活动和事项。

(3)筹资活动产生的现金流量。筹资活动是指导致企业资本及债务规模和构成发生变化的活动,筹资活动主要包括吸收投资、发行股票、分配利润、发行债券、偿还债务等流入和流出现金和现金等价物的活动或事项。偿付应付款、应付票据等商业应付款属于经营活动,不属于筹资活动。

4.2 现金流量表的结构

我国企业现金流量表采用报告式结构,分类反映经营活动产生的现金流量、投资活动产生的现金流量和筹资活动产生的现金流量,最后汇总反映企业某一期间现金及现金等价物的净增加额。我国企业现金流量表的格式如表2-8-16所示。

表 2-8-16　　　　　　　　　　　现 金 流 量 表　　　　　　　　　　　会企03表

编制单位:　　　　　　　　　　　　　　　年　月　　　　　　　　　　　　　　　单位:元

项　目	本期金额	上期金额
一、经营活动产生的现金流量:		
销售商品、提供劳务收到的现金		
收到的税费返还		
收到的其他与经营活动有关的现金		
经营活动现金流入小计		

续表

项 目	本期金额	上期金额
购买商品、接受劳务支付的现金		
支付给职工以及为职工支付的现金		
支付的各项税费		
支付的其他与经营活动有关的现金		
经营活动现金流出小计		
经营活动产生的现金流量净额		
二、投资活动产生的现金流量：		
收回投资所收到的现金		
取得投资收益所收到的现金		
处置固定资产、无形资产和其他长期资产收回的现金净额		
处置子公司及其他营业单位收到的现金净额		
收到的其他与投资活动有关的现金		
投资活动现金流入小计		
购建固定资产、无形资产和其他长期资产所支付的现金		
投资所支付的现金		
取得子公司及其他营业单位支付的现金净额		
支付的与其他与投资活动有关的现金		
投资活动现金流出小计		
投资活动产生的现金流量净额		
三、筹资活动产生的现金流量：		
吸收投资收到的现金		
取得借款收到的现金		
收到的其他与筹资活动有关的现金		
筹资活动现金流入小计		
偿还债务支付的现金		
分配股利、利润或偿付利息支付的现金		
支付的其他与筹资活动有关的现金		
筹资活动现金流出小计		
筹资活动产生的现金流量净额		
四、汇率变动对现金及现金等价物的影响		
五、现金及现金等价物净增加额		
加：期初现金及现金等价物余额		
六、期末现金及现金等价物余额		

5. 所有者权益变动表

5.1 所有者权益变动表概述

所有者权益变动表，是指反映构成所有者权益各组成部分当期增减变动情况的报表。所有者权益变动表可以为报表使用者提供所有者权益总量增减变动的信息，也能提供所有者权益增减变动的结构性信息，特别是能够让报表使用者理解所有者权益增减变动的根源。

5.2 所有者权益变动表的结构

根据《企业会计准则第30号——财务报表列报》的规定，所有者权益变动表应当反映构成所有者权益的各组成部分当期的增减变动情况。综合收益和与所有者（或股东）的资本交易导致的所有者权益的变动，应当分别列示。与所有者的资本交易，是指与所有者以其所有者身份进行的、导致企业所有者权益变动的交易。

根据准则的规定，企业应当反映所有者权益各组成部分的期初和期末余额及其调节情况。因此，企业应当以矩阵的形式列示所有者权益变动表：一方面，列示导致所有者权益变动的交易或事项，按所有者权益变动的来源对一定时期所有者权益变动情况进行全面反映；另一方面，按照所有者权益各组成部分（包括实收资本、资本公积、其他综合收益、盈余公积、未分配利润、库存股等）及其总额列示相关交易或事项对所有者权益的影响。根据准则的规定，企业需要提供比较所有者权益变动表，所有者权益变动表还就各项目再分为"本年金额"和"上年金额"两栏分别填列。一般企业所有者权益变动表的格式如表2-8-17所示。

表2-8-17　　　　　　　　　　所有者权益变动表　　　　　　　　　　会企04表

编制单位：　　　　　　　　　　　　年度　　　　　　　　　　　　单位：元

项目	本年金额								上年金额							
	实收资本（或股本）	资本（或股本）溢价	减：库存股	其他综合收益	盈余公积	未分配利润	其他	所有者权益合计	实收资本（或股本）	资本（或股本）溢价	减：库存股	其他综合收益	盈余公积	未分配利润	其他	所有者权益合计
一、上年年末余额																
加：会计政策变更																
前期差错更正																
二、本年年初余额																
三、本年增减变动金额（减少以"-"号填列）																
（一）综合收益总额																
（二）所有者投入和减少资本																
1. 所有者投入资本																
2. 股份支付计入所有者权益的金额																

续表

项目	本年金额							上年金额						
	实收资本（或股本）	资本（或股本）溢价	减：库存股	其他综合收益	盈余公积	未分配利润	其他	所有者权益合计	实收资本（或股本）	资本（或股本）溢价	减：库存股	其他综合收益	盈余公积	未分配利润	其他	所有者权益合计
3. 其他															
（三）利润分配															
1. 提取盈余公积															
2. 对所有者（或股东）的分配															
3. 其他															
（四）所有者权益内部结转															
1. 资本公积转增资本（或股本）															
2. 盈余公积转增资本（或股本）															
3. 盈余公积弥补亏损															
4. 其他															
四、本年年末余额															

6. 职业启航——编制财务会计报表综合实作

资料：百盛公司2019年12月初有关账户余额如表2－8－18所示。

表2－8－18　　　百盛公司2019年12月1日账户余额表　　　单位：元

会计账户	借或贷	余额	会计账户	借或贷	余额
库存现金	借	8 000.00	短期借款	贷	30 000.00
银行存款	借	280 000.00	应付账款	贷	80 000.00
应收账款	借	165 000.00	其他应付款	贷	15 000.00
坏账准备	贷	8 500.00	应付职工薪酬	贷	130 000.00
其他应收款	借	3 000.00	应交税费	贷	45 000.00
原材料	借	100 000.00	应付股利	贷	16 000.00
周转材料	借	115 000.00	长期借款	贷	285 000.00
库存商品	借	210 000.00	实收资本	贷	807 000.00
固定资产	借	800 000.00	盈余公积	贷	80 500.00
累计折旧	贷	60 000.00	资本公积	贷	48 000.00
无形资产	借	55 000.00	本年利润	贷	200 000.00
长期股权投资	借	80 000.00	利润分配	贷	11 000.00

百盛公司12月份发生的主要经济业务如下：

（1）12月1日，出纳开出转账支票，归还前欠七彩公司货款16 000元。

(2) 12月4日，收到光华股份有限公司的设备投资，该设备原始价值90 000元，已提折旧20 000元，双方评估确认价值为60 000元。

(3) 12月5日，向中原贸易公司购进甲材料35 000千克，单价5元，增值税税率13%，以上货税合计款全部用银行存款支付，材料验收入库。

(4) 12月5日，开出转账支票60 000元，交纳税金。

(5) 12月6日，收到广华股份有限公司还来前欠货款100 000元，收到转账支票一张，出纳当日将支票送存银行。

(6) 12月7日，生产车间领用甲材料57 500元，其中，A产品耗用20 000元，B产品耗用30 000元，车间管理耗用7 500元。

(7) 12月9日，销售给广华股份有限公司A产品400件，单价280元计112 000元，增值税税率13%，收到对方转账支票一张。

(8) 12月9日，以现金1 000元支付A产品的运杂费。

(9) 12月10日，以支票结算方式向市机电公司购进一台不需要安装的机器，价款15 000元，当即交付使用。

(10) 12月10日，出纳开出现金支票，从银行提取现金130 000元备发职工工资。

(11) 12月11日，出纳发放职工工资。

(12) 12月20日，总经理办公室张江预借差旅费2 500元，以现金付讫。

(13) 12月20日，出售给金椰贸易公司甲材料20 000千克，每千克售价6元，计120 000元，增值税税率13%，收到对方转账支票一张。

(14) 12月20日，结转上述甲材料的实际成本（单价5元）。

(15) 12月20日，出纳开出转账支票支付东坡广告公司广告费3 000元。

(16) 12月20日，向五指山希望小学捐款8 000元，款项通过银行电汇支付。

(17) 12月26日，总经理办公室张江出差归来报销差旅费2 800元，补付现金300元。

(18) 12月31日，结算本月份工资，其中制造A产品工人工资40 000元，B产品生产工人工资60 000元，车间管理人员工资15 000元，企业管理人员工资15 000元。

(19) 12月31日，用转账支票支付本月水电费，车间用3 080元，行政管理部门用1 860元。

(20) 12月31日，计提本月固定资产折旧费，其中生产车间固定资产应提2 000元，企业行政管理部门固定资产应提1 200元。

(21) 12月31日，结转本月发生制造费用（按工人工资比例分配）。

(22) 12月31日，本月投入生产的A产品400件，B产品500件，已全部完工，结转入库。

(23) 12月31日，结转已销A产品400件，A产品单位成本177.58元。

(24) 12月31日，结转损益类账户，计算本月实现的利润总额。

(25) 12月31日，按本月利润总额的25%税率计算应交所得税。

(26) 12月31日，将所得税费用账户余额转入"本年利润"账户。

(27) 12月31日，将本年净利润221 081元转入"利润分配"。

(28) 12月31日，按税后利润的10%提取法定盈余公积。

(29) 12月31日，按税后利润的30%计算出支付给投资者分配利润，尚未支付。

(30) 12月31日，将利润分配各明细账户余额，转入"利润分配——未分配利润"明细账户。

要求：

(1) 根据本月发生的经济业务编制会计分录。

表2-8-19

业务号	日期	摘要	账户	借方	贷方
1	1日	归还欠款	应付账款	16 000	
			银行存款		16 000
2					
3					
4					
5					
6					
7					
8					
9					
10					
11					
12					

续表

业务号	日期	摘要	账户	借方	贷方
13					
14					
15					
16					
17					
18					
19					
20					
21					
22					
23					

续表

业务号	日期	摘要	账户	借方	贷方
24					
25					
26					
27					
28					
29					
30					

(2) 将期初余额、本期发生额登入各账户并结出期末余额，完成试算平衡表（表 2-8-20）。

表 2-8-20　　　　　　　　　　试 算 平 衡 表

编制单位：百盛公司　　　　　　　2019 年 12 月

账　户	期初余额		本期发生额		期末余额	

续表

账　户	期初余额		本期发生额		期末余额	

（3）根据上述资料编制 2019 年 12 月 31 日的资产负债表（表 2 – 8 – 21）和 2019 年 12 月份的利润表（表 2 – 8 – 22）。

表 2 – 8 – 21　　　　　　　　　　　　　资　产　负　债　表

编制单位：百盛公司　　　　　　　　　　　2017 年 12 月 31 日　　　　　　　　　　　　　　　会企 01 表

单位：元

资　产	期末余额	年初余额	负债和所有者权益（或股东权益）	期末余额	年初余额
流动资产：			流动负债：		
货币资金			短期借款		
交易性金融资产			交易性金融负债		
衍生金融资产			衍生金融负债		
应收票据			应付票据		

续表

资　产	期末余额	年初余额	负债和所有者权益（或股东权益）	期末余额	年初余额
应收账款			应付账款		
应收款项融资			预收款项		
预付款项			应付职工薪酬		
其他应收款			应交税费		
存货			合同负债		
合同资产			其他应付款		
持有待售资产			持有待售负债		
一年内到期的非流动资产			一年内到期的非流动负债		
其他流动资产			其他流动负债		
流动资产合计			流动负债合计		
非流动资产：			非流动负债：		
债权投资			长期借款		
其他债权投资			应付债券		
长期应收款			其中：优先股		
长期股权投资			永续债		
其他权益工具投资			租赁负债		
其他非流动金融资产			长期应付款		
投资性房地产			预计负债		
固定资产			递延收益		
在建工程			递延所得税负债		
生产性生物资产			其他非流动负债		
油气资产			非流动负债合计		
使用权资产			负债合计		
无形资产			所有者权益（或股东权益）：		
开发支出			实收资本（或股本）		
商誉			其他权益工具		
长期待摊费用			其中：优先股		
递延所得税资产			永续债		
其他非流动资产			资本公积		
非流动资产合计			减：库存股		
			其他综合收益		
			专项储备		
			盈余公积		
			未分配利润		
			所有者权益（或股东权益）合计		
资产总计			负债及所有者权益（或股东权益）总计		

表 2-8-22　　　　　　　　　　　　　　　利　润　表　　　　　　　　　　　　　　　会企02表
编制单位：百盛公司　　　　　　　　　　　　2019年12月　　　　　　　　　　　　　　　　单位：元

项　目	本期金额	上期金额（略）
一、营业收入		
减：营业成本		
税金及附加		
销售费用		
管理费用		
研发费用		
财务费用		
其中：利息费用		
利息收入		
加：其他收益		
投资收益（损失以"-"号填列）		
其中：对联营企业和合营企业的投资收益		
以摊余成本计量的金融资产终止确认收益（损失以"-"号填列）		
净敞口套期收益（损失以"-"号填列）		
公允价值变动收益（损失以"-"号填列）		
信用减值损失（损失以"-"号填列）		
资产减值损失（损失以"-"号填列）		
资产处置收益（损失以"-"号填列）		
二、营业利润（亏损以"-"号填列）		
加：营业外收入		
减：营业外支出		
三、利润总额（亏损总额以"-"号填列）		
减：所得税费用		
四、净利润（净亏损以"-"号填列）		
（一）持续经营净利润（净亏损以"-"号填列）		
（二）终止经营净利润（净亏损以"-"号填列）		
五、其他综合收益的税后净额		
（一）不能重分类进损益的其他综合收益		
……		
（二）将重分类进损益的其他综合收益		

续表

项　　目	本期金额	上期金额（略）
……		
六、综合收益总额		
七、每股收益		
（一）基本每股收益		
（二）稀释每股收益		

扫码知答案 9

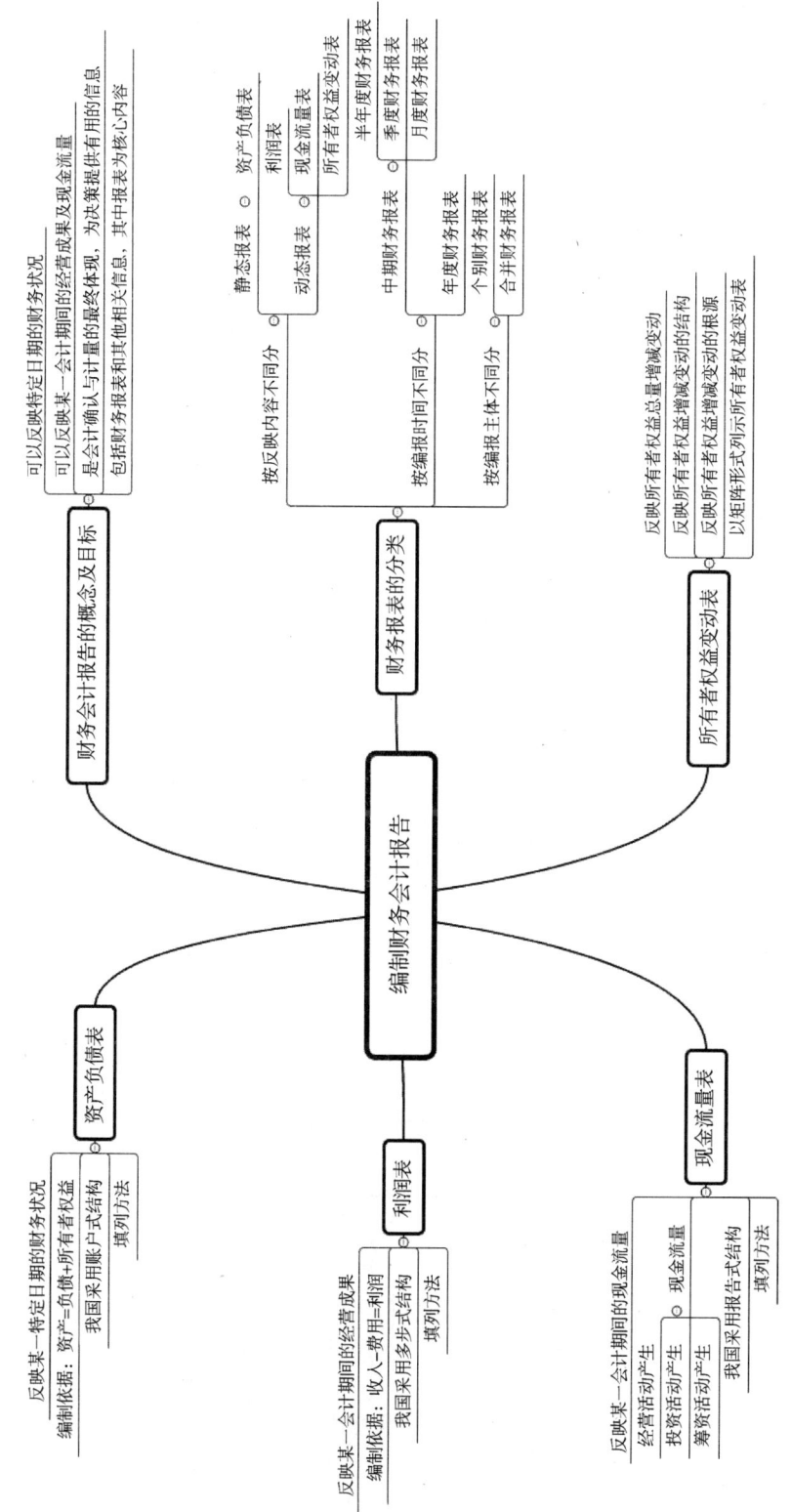

模块三 账务处理程序

通过前面任务的学习，我们知道填制与审核会计凭证、登记账簿、编制财务会计报告等都是会计核算的重要方法，它们有特定的目的、原则和方式，但它们不是孤立存在的，而是相互联系的。编制财务会计报告的资料主要来源于账簿，而报告的内容对账簿的种类、格式和记录内容又有制约作用；账簿的登记依据是会计凭证，而账簿的种类、格式又决定着会计凭证的种类和格式。正是由于存在着相互联系、相互制约的关系，因此三者之间以及各凭证之间、账簿之间、报表之间的配合，决定着会计核算资料的质量。所以每一个单位都应根据实际情况，科学设计和合理组织会计凭证、账簿、财务会计报告及其传递程序，这便形成了各种账务处理程序。各账务处理程序既有共同点，又有区别。主要区别表现为登记总分类账的依据和方法不同。

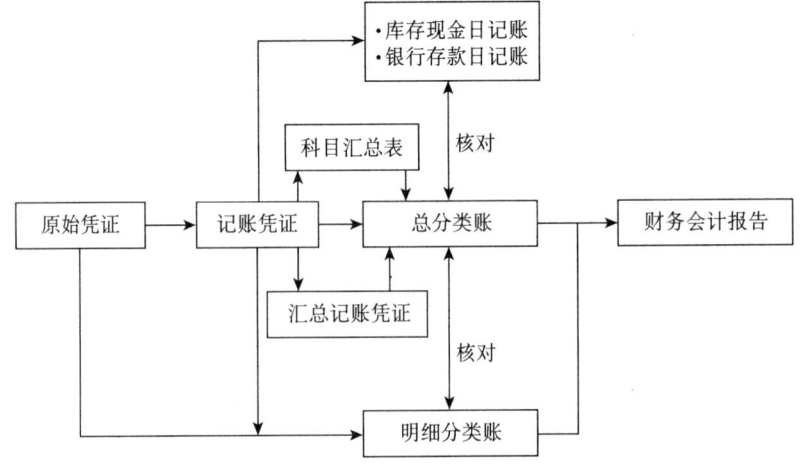

任务一
了解会计账务处理程序的概念及种类

【导言】
　　会计工作中必须根据企业单位经营规模大小、业务量多少等特点及管理要求,把会计凭证、登记账簿、编制财务报告等会计核算基本方法有机结合起来,形成一定的账务处理程序,正确处理其内在联系。学习会计的新手,首先要清楚会计核算工作的程序,才能有清晰的思路进行基础会计的学习。

【任务目标——知识目标】
　　*理解账务处理程序的概念及意义
　　*掌握账务处理程序的种类

【任务目标——能力目标】
　　*能选择和运用不同的账务处理程序

1. 会计账务处理程序概述

1.1 会计账务处理程序的概念

　　账务处理程序,是指由反映经济业务发生的原始凭证到编制记账凭证、登记账簿,再由账簿汇总编制报表的整个工作程序和方法,是会计凭证、会计账簿、会计报表相结合的方式。其工作流程如图3-1-1所示。

图3-1-1　会计账务处理程序工作流程

1.2 会计账务处理程序的意义

　　会计凭证、会计账簿、财务报表之间的结合方式不同,形成了不同的会计账务处理程序,不同的账务处理程序有不同的工作步骤、特点和适用范围。会计人员科学合理地选择适合本单位的会计账务处理程序,对准确有效地组织会计核算,提供会计信息具有重要意义:
　　(1) 有利于科学组织会计核算工作,按程序有步骤地开展会计工作;
　　(2) 有利于保证会计信息的真实、完整,提高会计核算质量;
　　(3) 有利于保证会计工作质量和工作效率,充分发挥会计在经济管理中的作用。

2. 会计账务处理程序的种类

会计账务处理程序按照凭证、账簿的结合方式和登记总账的依据不同有多种组织形式，会计人员应根据企业的实际情况选择合适的会计账务处理程序进行核算。目前我国企业常用的会计账务处理程序有以下三种：

（1）记账凭证账务处理程序；
（2）科目汇总表账务处理程序；
（3）汇总记账凭证账务处理程序。

任务二
认识记账凭证账务处理程序

【导言】
　　志远有限责任公司被主管税务机关核准为一般纳税人。企业在设立之初，规模较小，只有一个基本生产车间，记账凭证数量不多，那么该公司应该选用哪一种账务处理程序呢？

【任务目标——知识目标】
　　*理解记账凭证账务处理程序的概念及意义
　　*掌握记账凭证账务处理程序下凭证与账簿的设置
　　*掌握记账凭证账务处理程序下的核算步骤、优缺点及适用范围

【任务目标——能力目标】
　　*掌握并运用记账凭证账务处理程序

1. 记账凭证账务处理程序概念

　　记账凭证账务处理程序，是指对发生的经济业务事项，根据原始凭证或汇总原始凭证编制记账凭证，然后根据记账凭证逐笔登记总分类账的一种账务处理程序。记账凭证账务处理程序是最基本、最常用的账务处理程序。在会计信息化之后，很多繁琐的记账工作已经由计算机替代，记账凭证账务处理程序已适用于各类型的单位，成为最主要的账务处理程序。

2. 记账凭证账务处理程序凭证与账簿的设置

2.1 凭证的使用
　　在记账凭证账务处理程序中，记账凭证一般使用收款凭证、付款凭证和转账凭证三种专用记账凭证，也可以采用通用记账凭证。

2.2 账簿的设置
　　在记账凭证账务处理程序下，应设置的账簿主要有现金日记账、银行存款日记账、总分类账和明细分类账。日记账和总分类账的格式一般采用三栏式；明细分类账的格式可按实际需要采用三栏式、数量金额式和多栏式。

3. 记账凭证账务处理程序的核算步骤、优缺点及适用范围

3.1 记账凭证账务处理程序的核算步骤
　　采用记账凭证账务处理程序，填制会计凭证、登记账簿、编制会计报表的具体工作步骤如下：
　　（1）根据审核无误的原始凭证或汇总原始凭证编制记账凭证；
　　（2）根据收款凭证、付款凭证逐笔登记现金日记账和银行存款日记账；

(3) 根据原始凭证、汇总原始凭证和记账凭证登记各种明细分类账;
(4) 根据记账凭证逐笔登记总分类账;
(5) 期末,现金日记账、银行存款日记账和明细分类账的余额分别与总分类账的余额核对;
(6) 期末,根据核对无误的总分类账和明细分类账编制财务报表。

上述账务处理程序如图3-2-1所示。

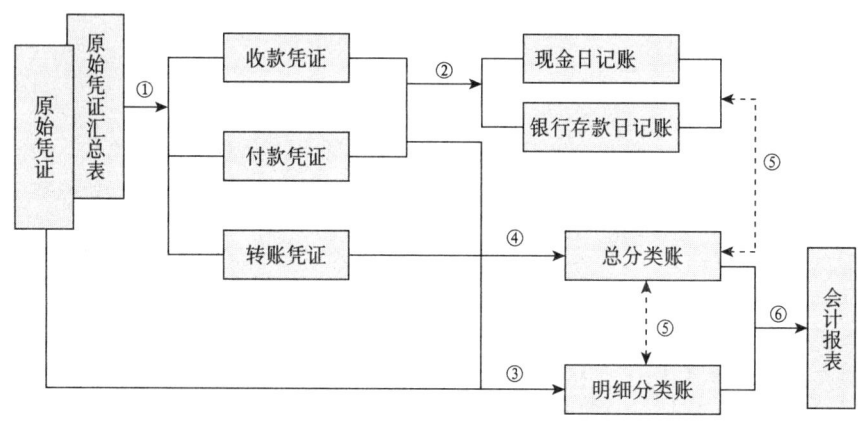

图3-2-1 记账凭证账务处理程序

3.2 记账凭证账务处理程序的优缺点

在记账凭证账务处理程序下,总分类账是根据记账凭证登记的、具有简单明了、便于理解的优点,但如果企业规模较大,经济业务数量较多,登记总分类账的工作量也会较大。

3.3 记账凭证账务处理程序的适用范围

记账凭证账务处理程序适用于规模较小、经济业务量较少、记账凭证较少的单位。

4. 职业启航——记账凭证账务处理程序综合实作

4.1 相关业务资料

志远有限责任公司为增值税一般纳税人企业,采用记账凭证账务处理程序进行账务处理,存货以实际成本核算。2018年12月31日各总分类账和明细分类账余额如表3-2-1所示。

表3-2-1 账户余额表

2018年12月31日 单位:元

会计科目	总分类科目		明细分类科目	
	借方余额	贷方余额	借方余额	贷方余额
库存现金	23 000.00			
银行存款	373 924.73			
应收账款	155 000.00			
——芳华公司			145 000.00	
——中正公司			10 000.00	
原材料	130 000.00			

续表

会计科目	总分类科目		明细分类科目	
	借方余额	贷方余额	借方余额	贷方余额
——甲材料（数量4 000千克，单价25元/千克）			100 000.00	
——乙材料（数量300千克，单价100元/千克）			30 000.00	
生产成本	112 000.00			
——A产品（直接材料）			82 000.00	
——B产品（直接材料）			30 000.00	
库存商品	131 000.00			
——A产品（数量992件，单价100元/件）			99 200.00	
——B产品（数量212件，单价150元/件）			31 800.00	
固定资产	500 000.00			
累计折旧		295 924.73		
应付账款		43 000.00		
——建华公司				33 000.00
——飞鸿公司				10 000.00
应付职工薪酬		50 000.00		
——工资				50 000.00
实收资本		1 000 000.00		
——李华				500 000.00
——金信				500 000.00
利润分配		36 000.00		
——未分配利润				36 000.00
合　计	1 424 924.73	1 424 924.73		

2019年1月份公司发生下列经济业务：

（1）1月3日，办公室主任张洪报销差旅费800元，款项以现金支付。

（2）1月5日，开出转账支票一张，用于支付应付建华公司料款33 000元。

（3）1月10日，向建华公司购买甲材料6 000千克，单价25元/千克；乙材料500千克，单价150元/千克；增值税率13%，发票已收到，款项尚未支付，材料尚未验收入库。

（4）1月10日，开出现金支票从银行提取现金8 000元备用。

（5）1月10日，通过银行代发职工工资50 000元。

（6）1月12日，销售A产品496件，单价200元；销售B产品56件，单价300元，增值税率13%，全部款项已收到存入银行。

（7）1月13日，生产部门领用甲材料1000千克，单位成本20元/千克；乙材料100千克，单位成本100元/千克。用于生产A产品。

（8）1月16日，以银行存款支付广告费3 000元。

（9）1月17日，收到芳华公司所欠购货款145 000元，存入银行。

（10）1月18日，向建华公司购买的甲材料6 000千克，乙材料500千克收到验收入库。

（11）1月19日，公司管理部门以现金400元购买办公用品。

（12）1月20日，开出转账支票一张，用于支付应付飞鸿公司购料款10 000元。

（13）1月22日，公司购买管理部门电脑一台，单价5 000元，增值税450元，价税合计5 450元以银行存款支付。按公司制度规定作为固定资产入账。

(14) 1月31日,计提本月固定资产折旧费5 600元,其中:生产用固定资产计提3 600元,行政管理部门用固定资产计提2 000元。

(15) 1月31日,分配本月应付职工工资50 000元,其中:生产A产品工人工资25 000元,生产B产品工人工资10 000元,行政管理人员工资8 000元,生产部门管理人员工资7 000元。

(16) 结转本月制造费用10 600元。其中:应由A产品负担6 600元,B产品负担4 000元。

(17) 1月31日,完工A产品700件,已验收入库,单位成本110元/件,成本共计77 000元;完工B产品100件,已验收入库,单位成本180元/件,成本共计18 000元。

(18) 1月31日,结转本月销售的产品成本。销售A产品496件,单位成本100元;销售B产品56件,单位成本150元。

(19) 1月31日,结转本月损益类账户。

(20) 1月31日,计算本月所得税费用。

(21) 1月31日,结转本月所得税费用。

4.2 实作步骤图例

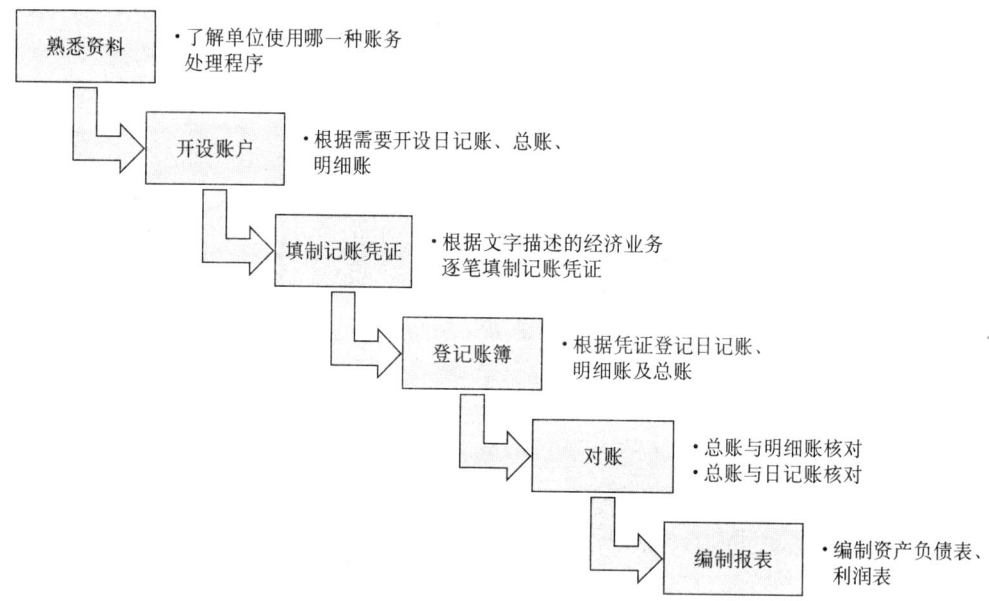

4.3 实作要求

(1) 了解资料,开设账户。

(2) 根据经济业务填制记账凭证。

(3) 登记账簿(登记库存现金日记账、银行存款日记账,总账,管理费用、生产成本登多栏式明细账,库存商品、原材料登数量金额式明细账,其他登三栏式明细账)。

(4) 对账(编制账户发生额及余额试算平衡表)。

(5) 编制资产负债表和利润表。

4.4 实作资料

现金日记账

年		凭证编号	摘要	对方科目	借方									贷方									借或贷	余额								
月	日				百	十	万	千	百	十	元	角	分	百	十	万	千	百	十	元	角	分		百	十	万	千	百	十	元	角	分

银行存款日记账

年		凭证编号	摘要	对方科目	借方									贷方									借或贷	余额								
月	日				百	十	万	千	百	十	元	角	分	百	十	万	千	百	十	元	角	分		百	十	万	千	百	十	元	角	分

总分类账

年 月 日	凭证编号	摘要	借方 百十万千百十元角分	贷方 百十万千百十元角分	借或贷	余额 百十万千百十元角分

银行存款日记账

年		凭证编号	摘要	对方科目	借方									贷方									借或贷	余额								
月	日				百	十	万	千	百	十	元	角	分	百	十	万	千	百	十	元	角	分		百	十	万	千	百	十	元	角	分

总分类账

年		凭证编号	摘要	借方									贷方									借或贷	余额								
月	日			百	十	万	千	百	十	元	角	分	百	十	万	千	百	十	元	角	分		百	十	万	千	百	十	元	角	分

银行存款日记账

年		凭证编号	摘要	对方科目	借方 百十万千百十元角分	贷方 百十万千百十元角分	借或贷	余额 百十万千百十元角分
月	日							

总分类账

年		凭证编号	摘要	借方									贷方									借或贷	余额								
月	日			百	十	万	千	百	十	元	角	分	百	十	万	千	百	十	元	角	分		百	十	万	千	百	十	元	角	分

银行存款日记账

年 月 日	凭证编号	摘要	对方科目	借方 百十万千百十元角分	贷方 百十万千百十元角分	借或贷	余额 百十万千百十元角分

总分类账

年 月 日	凭证编号	摘要	借方 百十万千百十元角分	贷方 百十万千百十元角分	借或贷	余额 百十万千百十元角分

银行存款日记账

年		凭证编号	摘要	对方科目	借方									贷方									借或贷	余额								
月	日				百	十	万	千	百	十	元	角	分	百	十	万	千	百	十	元	角	分		百	十	万	千	百	十	元	角	分

总分类账

年 月 日	凭证编号	摘要	借方 百十万千百十元角分	贷方 百十万千百十元角分	借或贷	余额 百十万千百十元角分

银行存款日记账

年		凭证编号	摘要	对方科目	借方									贷方									借或贷	余额								
月	日				百	十	万	千	百	十	元	角	分	百	十	万	千	百	十	元	角	分		百	十	万	千	百	十	元	角	分

总分类账

年 月 日	凭证编号	摘要	借方 百十万千百十元角分	贷方 百十万千百十元角分	借或贷	余额 百十万千百十元角分

银行存款日记账

年		凭证编号	摘要	对方科目	借方金额 (百十万千百十元角分)	贷方金额 (百十万千百十元角分)	借或贷	余额 (百十万千百十元角分)
月	日							

总分类账

年		凭证编号	摘要	借方								贷方								借或贷	余额							
月	日			百	十	万	千	百	十	元	角	分	百	十	万	千	百	十	元	角	分		百	十	万	千	百	十	元	角	分

银行存款日记账

年		凭证编号	摘要	对方科目	借方									贷方									借或贷	余额								
月	日				百	十	万	千	百	十	元	角	分	百	十	万	千	百	十	元	角	分		百	十	万	千	百	十	元	角	分

总分类账

年		凭证编号	摘要	借方金额（百十万千百十元角分）	贷方金额（百十万千百十元角分）	借或贷	余额（百十万千百十元角分）
月	日						

总分类账

年		凭证编号	摘要	借方金额（百十万千百十元角分）	贷方金额（百十万千百十元角分）	借或贷	余额（百十万千百十元角分）
月	日						

总分类账

年 月 日	凭证编号	摘要	借方 百十万千百十元角分	贷方 百十万千百十元角分	借或贷	余额 百十万千百十元角分

总分类账

年 月 日	凭证编号	摘要	借方 百十万千百十元角分	贷方 百十万千百十元角分	借或贷	余额 百十万千百十元角分

总分类账

年 月 日	凭证编号	摘要	借方									贷方									借或贷	余额								
			百	十	万	千	百	十	元	角	分	百	十	万	千	百	十	元	角	分		百	十	万	千	百	十	元	角	分

总分类账

年 月 日	凭证编号	摘要	借方									贷方									借或贷	余额								
			百	十	万	千	百	十	元	角	分	百	十	万	千	百	十	元	角	分		百	十	万	千	百	十	元	角	分

总分类账

年		凭证编号	摘要	借方								贷方								借或贷	余额							
月	日			百	十	万	千	百	十	元	角	分	百	十	万	千	百	十	元	角	分		百	十	万	千	百	十	元	角	分

总分类账

年		凭证编号	摘要	借方								贷方								借或贷	余额							
月	日			百	十	万	千	百	十	元	角	分	百	十	万	千	百	十	元	角	分		百	十	万	千	百	十	元	角	分

明细账

科目级别 _____ 科目名称 _____

年 月 日	凭证编号	摘要	对方科目	借方									贷方									借或贷	余额								
				百	十	万	千	百	十	元	角	分	百	十	万	千	百	十	元	角	分		百	十	万	千	百	十	元	角	分

明细账

科目级别 _____ 科目名称 _____

年 月 日	凭证编号	摘要	对方科目	借方									贷方									借或贷	余额								
				百	十	万	千	百	十	元	角	分	百	十	万	千	百	十	元	角	分		百	十	万	千	百	十	元	角	分

明细账

科目级别 _____ 科目名称 _____

年 月 日	凭证编号	摘要	对方科目	借方 百十万千百十元角分	贷方 百十万千百十元角分	借或贷	余额 百十万千百十元角分

明细账

科目名称 _____

科目级别 _____

年 月 日	凭证编号	摘要	对方科目	借方 百 十 万 千 百 十 元 角 分	贷方 百 十 万 千 百 十 元 角 分	借或贷	余额 百 十 万 千 百 十 元 角 分

明细账

科目级别 _____ 科目名称 _____

年		凭证编号	摘要	对方科目	借方									贷方									借或贷	余额								
月	日				百	十	万	千	百	十	元	角	分	百	十	万	千	百	十	元	角	分		百	十	万	千	百	十	元	角	分

明细账

科目级别 _____ 科目名称 _____

年 月 日	凭证编号	摘要	对方科目	借方 百十万千百十元角分	贷方 百十万千百十元角分	借或贷	余额 百十万千百十元角分

明细账

科目级别_____ 科目名称_____

年 月 日	凭证编号	摘要	对方科目	借方 百十万千百十元角分	贷方 百十万千百十元角分	借或贷	余额 百十万千百十元角分

明细账

科目名称 _____　科目级别 _____

年 月 日	凭证编号	摘要	对方科目	借方 百十万千百十元角分	贷方 百十万千百十元角分	借或贷	余额 百十万千百十元角分

明细账

科目级别_____ 科目名称_____

年		凭证编号	摘要	对方科目	借方								贷方								借或贷	余额							
月	日				百	十	万	千	百	十	元	角	分	百	十	万	千	百	十	元	角	分		百	十	万	千	百	十	元	角	分

明细账

科目级别 _____ 科目名称 _____

年		凭证编号	摘要	对方科目	借方									贷方									借或贷	余额								
月	日				百	十	万	千	百	十	元	角	分	百	十	万	千	百	十	元	角	分		十	万	千	百	十	元	角	分

明细账

科目级别_____ 科目名称_____

年 月 日	凭证编号	摘要	对方科目	借方 百十万千百十元角分	贷方 百十万千百十元角分	借或贷	余额 百十万千百十元角分

明细账

科目级别_____ 科目名称_____

年 月 日	凭证编号	摘要	对方科目	借方									贷方									借或贷	余额								
				百	十	万	千	百	十	元	角	分	百	十	万	千	百	十	元	角	分		百	十	万	千	百	十	元	角	分

明细账

科目名称＿＿＿＿ 科目级别＿＿＿＿

年 月 日	凭证编号	摘要	对方科目	借方 百十万千百十元角分	贷方 百十万千百十元角分	借或贷	余额 百十万千百十元角分

明细账

科目名称＿＿＿＿ 科目级别＿＿＿＿

年 月 日	凭证编号	摘要	对方科目	借方 百十万千百十元角分	贷方 百十万千百十元角分	借或贷	余额 百十万千百十元角分

明细账

科目级别_____ 科目名称_____

年		凭证编号	摘要	对方科目	借方									贷方									借或贷	余额								
月	日				百	十	万	千	百	十	元	角	分	百	十	万	千	百	十	元	角	分		百	十	万	千	百	十	元	角	分

明细账

科目级别_____ 科目名称_____

年		凭证编号	摘要	对方科目	借方									贷方									借或贷	余额								
月	日				百	十	万	千	百	十	元	角	分	百	十	万	千	百	十	元	角	分		百	十	万	千	百	十	元	角	分

明细账

科目名称_____ 科目级别_____

年	月	日	凭证编号	摘要	对方科目	借方									贷方									借或贷	余额								
						百	十	万	千	百	十	元	角	分	百	十	万	千	百	十	元	角	分		百	十	万	千	百	十	元	角	分

明细账

科目名称_____ 科目级别_____

年	月	日	凭证编号	摘要	对方科目	借方									贷方									借或贷	余额								
						百	十	万	千	百	十	元	角	分	百	十	万	千	百	十	元	角	分		百	十	万	千	百	十	元	角	分

明细账

科目名称_____ 科目级别_____

年 月 日	凭证编号	摘要	对方科目	借方（百十万千百十元角分）	贷方（百十万千百十元角分）	借或贷	余额（百十万千百十元角分）

明细账

科目名称_____ 科目级别_____

年 月 日	凭证编号	摘要	对方科目	借方（百十万千百十元角分）	贷方（百十万千百十元角分）	借或贷	余额（百十万千百十元角分）

模块三 账务处理程序

明细账							
科目名称 _____ 科目级别 _____							
年		凭证编号	摘要	对方科目	借方	贷方	借或贷	余额
月	日				百十万千百十元角分	百十万千百十元角分		百十万千百十元角分

明细账							
科目名称 _____ 科目级别 _____							
年		凭证编号	摘要	对方科目	借方	贷方	借或贷	余额
月	日				百十万千百十元角分	百十万千百十元角分		百十万千百十元角分

明细账

科目名称＿＿＿＿＿＿　科目级别＿＿＿＿＿＿

年 月	日	凭证编号	摘要	对方科目	借方 百十万千百十元角分	贷方 百十万千百十元角分	借或贷	余额 百十万千百十元角分

明细账

科目名称＿＿＿＿＿＿　科目级别＿＿＿＿＿＿

年 月	日	凭证编号	摘要	对方科目	借方 百十万千百十元角分	贷方 百十万千百十元角分	借或贷	余额 百十万千百十元角分

明细账

科目名称＿＿＿＿＿　科目级别＿＿＿＿＿

年		凭证编号	摘要	对方科目	借方									贷方									借或贷	余额								
月	日				百	十	万	千	百	十	元	角	分	百	十	万	千	百	十	元	角	分		百	十	万	千	百	十	元	角	分

明细账

科目名称＿＿＿＿＿　科目级别＿＿＿＿＿

年		凭证编号	摘要	对方科目	借方									贷方									借或贷	余额								
月	日				百	十	万	千	百	十	元	角	分	百	十	万	千	百	十	元	角	分		百	十	万	千	百	十	元	角	分

明细账

年 月 日	凭证编号	摘要	借方	贷方	借或贷	余额	借方金额分析

明细账

年	凭证编号	摘要	借方	贷方	借或贷	余额	借方金额分析					
月 日												

明细账

年 月 日	凭证编号	摘要	借方（百十万千百十元角分）	贷方（百十万千百十元角分）	借或贷	余额（百十万千百十元角分）	借方金额分析					
							（千百十元角分）	（千百十元角分）	（千百十元角分）	（千百十元角分）	（千百十元角分）	（千百十元角分）

明细账

单位_____ 名称_____

年 月	凭证编号	摘要	借方			贷方			结存		
			数量	单价	百十万千百十元角分	数量	单价	百十万千百十元角分	数量	单价	百十万千百十元角分

明细账

单位_____ 名称_____

年	凭证编号	摘要	数量	单价	借方									数量	单价	贷方									数量	单价	结存							
月 日					百	十	万	千	百	十	元	角	分			百	十	万	千	百	十	元	角	分			百	十	万	千	百	十	元	角	分

模块三 账务处理程序

明细账

单位_____ 名称_____

年	凭证编号	摘要	数量	单价	借方								数量	单价	贷方								数量	单价	结存							
月 日					百	十	万	千	百	十	元	角	分			百	十	万	千	百	十	元	角	分			百	十	万	千	百	十	元	角	分

明细账

单位_____ 名称_____

年	凭证编号	摘要	数量	单价	借方								数量	单价	贷方								数量	单价	结存							
月 日					百	十	万	千	百	十	元	角 分			百	十	万	千	百	十	元	角 分			百	十	万	千	百	十	元	角 分

表 3-2-2　　志远公司 2019 年 1 月份账户本期发生额及期末余额试算平衡表

科目名称	期初借方余额	期初贷方余额	本期借方发生额	本期贷方发生额	期末借方余额	期末贷方余额
库存现金						
银行存款						
应收账款						
——芳华公司						
——中正公司						
在途物资						
——甲材料						
——乙材料						
原材料						
甲材料						
乙材料						
库存商品						
——A 产品						
——B 产品						
固定资产						
累计折旧						
应付账款						
——建华公司						
——飞鸿公司						
应付职工薪酬						
——工资						
应交税费						
——应交增值税						
进项税额						
销项税额						
——应交所得税						
实收资本						
——李华						
——金信						
本年利润						
利润分配						
——未分配利润						
生产成本						
——A 产品						
——B 产品						

续表

科目名称	期初借方余额	期初贷方余额	本期借方发生额	本期贷方发生额	期末借方余额	期末贷方余额
制造费用						
主营业务收入						
——A产品						
——B产品						
主营业务成本						
——A产品						
——B产品						
销售费用						
管理费用						
——办公费						
——差旅费						
——工资						
——折旧						
所得税费用						
合计						

表3-2-3　　　　　　　　　　　资产负债表　　　　　　　　　　　会企01表

编制单位：　　　　　　　　　　　年　月　日　　　　　　　　　　　单位：元

资产	期末余额	年初余额	负债和所有者权益（或股东权益）	期末余额	年初余额
流动资产：			流动负债：		
货币资金			短期借款		
交易性金融资产			交易性金融负债		
衍生金融资产			衍生金融负债		
应收票据			应付票据		
应收账款			应付账款		
应收款项融资			预收款项		
预付款项			应付职工薪酬		
其他应收款			应交税费		
存货			合同负债		
合同资产			其他应付款		
持有待售资产			持有待售负债		
一年内到期的非流动资产			一年内到期的非流动负债		
其他流动资产			其他流动负债		
流动资产合计			流动负债合计		

续表

资　　产	期末余额	年初余额	负债和所有者权益（或股东权益）	期末余额	年初余额
非流动资产：			非流动负债：		
债权投资			长期借款		
其他债权投资			应付债券		
长期应收款			其中：优先股		
长期股权投资			永续债		
其他权益工具投资			租赁负债		
其他非流动金融资产			长期应付款		
投资性房地产			预计负债		
固定资产			递延收益		
在建工程			递延所得税负债		
生产性生物资产			其他非流动负债		
油气资产			非流动负债合计		
使用权资产			负债合计		
无形资产			所有者权益（或股东权益）：		
开发支出			实收资本（或股本）		
商誉			其他权益工具		
长期待摊费用			其中：优先股		
递延所得税资产			永续债		
其他非流动资产			资本公积		
非流动资产合计			减：库存股		
			其他综合收益		
			专项储备		
			盈余公积		
			未分配利润		
			所有者权益（或股东权益）合计		
资产总计			负债及所有者权益（或股东权益）总计		

表3-2-4　　　　　　　　　　　利　润　表　　　　　　　　　　　会计02表

编制单位：　　　　　　　　　　年　月　　　　　　　　　　单位：元

项　　目	行次	本期金额	上期金额（略）
一、营业收入			
减：营业成本			
税金及附加			

续表

项　目	行次	本期金额	上期金额（略）
销售费用			
管理费用			
研发费用			
财务费用			
其中：利息费用			
利息收入			
加：其他收益			
投资收益（损失以"－"号填列）			
其中：对联营企业和合营企业的投资收益			
以摊余成本计量的金融资产终止确认收益（损失以"－"号填列）			
净敞口套期收益（损失以"－"号填列）			
公允价值变动收益（损失以"－"号填列）			
信用减值损失（损失以"－"号填列）			
资产减值损失（损失以"－"号填列）			
资产处置收益（损失以"－"号填列）			
二、营业利润（亏损以"－"号填列）			
加：营业外收入			
减：营业外支出			
三、利润总额（亏损总额以"－"号填列）			
减：所得税费用			
四、净利润（净亏损以"－"号填列）			
（一）持续经营净利润（净亏损以"－"号填列）			
（二）终止经营净利润（净亏损以"－"号填列）			
五、其他综合收益的税后净额			
（一）不能重分类进损益的其他综合收益			
……			
（二）将重分类进损益的其他综合收益			
……			
六、综合收益总额			
七、每股收益			
（一）基本每股收益			
（二）稀释每股收益			

任务三
认识科目汇总表账务处理程序

扫码知答案 10

【导言】

志远有限责任公司在获得了新的投资后逐渐扩大了生产经营规模，现公司设有两个基本车间，经济业务较之前大幅度增加，那么该公司现在应该选择何种账务处理程序呢？

【任务目标——知识目标】

* 理解科目汇总表账务处理程序的概念及意义
* 掌握科目汇总表账务处理程序下凭证与账簿的设置
* 掌握科目汇总表账务处理程序下的核算步骤、优缺点及适用范围

【任务目标——能力目标】

* 掌握并运用科目汇总表账务处理程序

1. 科目汇总表账务处理程序的概念

科目汇总表账务处理程序又称记账凭证汇总表账务处理程序，是指对发生的经济业务事项，根据原始凭证或汇总原始凭证编制记账凭证，再根据记账凭证编制科目汇总表，然后根据科目汇总表登记总分类账，定期编制会计报表的一种账务处理程序。它是记账凭证账务处理程序的简化和发展。

2. 科目汇总表账务处理程序凭证与账簿的设置

2.1 凭证的使用

在科目汇总表账务处理程序中，记账凭证一般使用收款凭证、付款凭证和转账凭证三种专用记账凭证，也可以采用通用记账凭证。

2.2 账簿设置

在科目汇总表账务处理程序下，应设置的账簿与记账凭证账务处理程序基本相同，主要有现金日记账、银行存款日记账、总分类账和明细分类账。日记账和总分类账的格式一般采用三栏式；明细分类账的格式可按实际需要采用三栏式、数量金额式和多栏式。

2.3 科目汇总表

在科目汇总表账务处理程序中，需定期将填制的收款凭证、付款凭证、转账凭证归类、汇总编制科目汇总表。

2.3.1 科目汇总表的概念

科目汇总表又称记账凭证汇总表,是将一定时期内的全部记账凭证,按会计科目进行归类,计算出每一总账科目的本期借方、贷方发生额,并进行试算平衡所编制的汇总表。其格式如表3-3-1所示。

表3-3-1　　　　　　　　　　　　　科目汇总表
年　月　日至　月　日　　　　　　　科汇字第　号　　　　　　　　　　　　单位:元

会计科目	记账凭证起讫号数	本期发生额		总账页数
		借　方	贷　方	
合　计				

2.3.2 科目汇总表的编制方法

科目汇总表的编制依据是:有借必有贷,借贷必相等。具体编制步骤如下:
(1) 根据总账科目设置T形账户,T形账户里不登记期初余额;
(2) 将记账凭证的发生额按总账科目分别登记在T形账户的借贷两边;
(3) 计算T形账户借方发生额合计数和贷方发生额合计数;
(4) 将计算出的借方合计数、贷方合计数分别登记到科目汇总表上;
(5) 汇总计算科目汇总表中借、贷方合计数,进行试算平衡。
如试算不平衡,说明存在错误,应找出问题,直到试算平衡后才能据此登记总账。

3. 科目汇总表账务处理程序的核算步骤、优缺点及适用范围

3.1 科目汇总表账务处理程序的核算步骤

(1) 根据审核无误的原始凭证或汇总原始凭证编制记账凭证;
(2) 根据收款凭证、付款凭证逐笔登记现金日记账和银行存款日记账;
(3) 根据原始凭证、汇总原始凭证和记账凭证登记各种明细分类账;
(4) 根据记账凭证编制科目汇总表;
(5) 根据科目汇总表登记总分类账;
(6) 期末,现金日记账、银行存款日记账和明细分类账的余额分别与总分类账的余额核对;
(7) 期末,根据核对无误的总分类账和明细分类账编制财务报表。
上述账务处理程序如图3-3-1所示。

3.2 科目汇总表账务处理程序的优缺点

科目汇总表账务处理程序的优点是减轻了登记总分类账的工作量,能起到试算平衡的作用,可保证总分类账的正确性;缺点是不能反应账户之间的对应关系,不便于分析经济业务的来龙去脉,不便于查账。

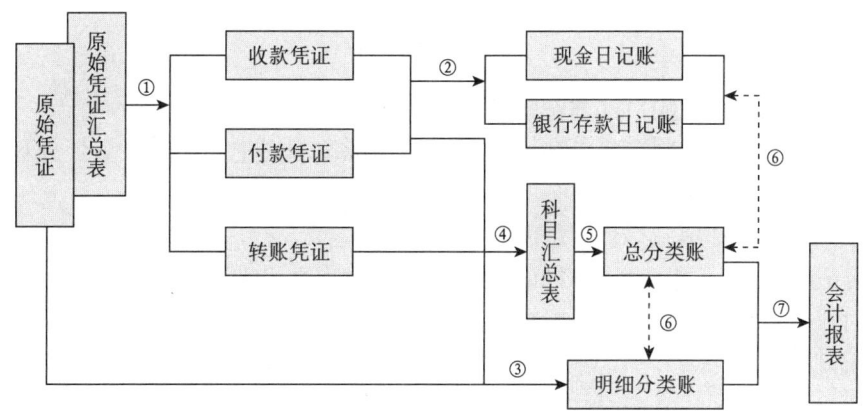

图 3-3-1 科目汇总表账务处理程序

3.3 科目汇总表账务处理程序的适用范围

科目汇总表账务处理程序适用于规模较大，经济业务量大，记账凭证较多的单位。

4. 职业启航——科目汇总表账务处理程序综合实作

4.1 相关业务资料

同记账凭证账务处理程序。

4.2 实作步骤图例

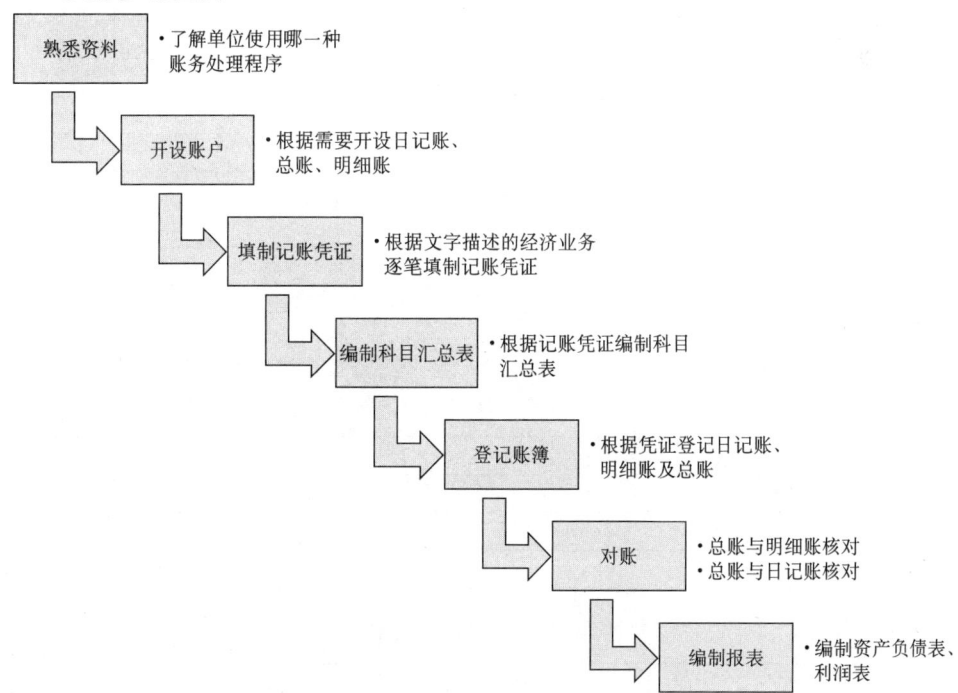

4.3 实作要求

（1）了解资料，开设账户（与记账凭证账务处理程序同，略）。

（2）根据经济业务填制记账凭证（记账凭证实际填制同记账凭证账务处理程序实作的记账凭证，略）。

（3）根据记账凭证编制科目汇总表。

（4）登记账簿（日记账及明细账同记账凭证账务处理程序，略，总账根据科目汇总表登记）。

（5）对账。

（6）编制报表。

4.4 实作资料

表 3 – 3 – 2 科目汇总表

年　月　日至　月　日　　　　　　　科汇字第　号　　　　　　　　　　　单位：元

会计科目	记账凭证起讫号数	本期发生额		总账页数
		借　方	贷　方	
合计				

总分类账

年 月 日	凭证编号	摘要	借方 百十万千百十元角分	贷方 百十万千百十元角分	借或贷	余额 百十万千百十元角分

总分类账

年 月 日	凭证编号	摘要	借方 百十万千百十元角分	贷方 百十万千百十元角分	借或贷	余额 百十万千百十元角分

总分类账

年 月 日	凭证编号	摘要	借方 百十万千百十元角分	贷方 百十万千百十元角分	借或贷	余额 百十万千百十元角分

总分类账

年 月 日	凭证编号	摘要	借方 百十万千百十元角分	贷方 百十万千百十元角分	借或贷	余额 百十万千百十元角分

总分类账

年		凭证编号	摘要	借方								贷方								借或贷	余额							
月	日			百	十	万	千	百	十	元	角	分	百	十	万	千	百	十	元	角	分		百	十	万	千	百	十	元	角	分

总分类账

年		凭证编号	摘要	借方								贷方								借或贷	余额							
月	日			百	十	万	千	百	十	元	角	分	百	十	万	千	百	十	元	角	分		百	十	万	千	百	十	元	角	分

总分类账

年		凭证编号	摘要	借方								贷方								借或贷	余额							
月	日			百	十	万	千	百	十	元	角	分	百	十	万	千	百	十	元	角	分		百	十	万	千	百	十	元	角	分

总分类账

年		凭证编号	摘要	借方								贷方								借或贷	余额							
月	日			百	十	万	千	百	十	元	角	分	百	十	万	千	百	十	元	角	分		百	十	万	千	百	十	元	角	分

总分类账

年 月 日	凭证编号	摘要	借方 百十万千百十元角分	贷方 百十万千百十元角分	借或贷	余额 百十万千百十元角分

总分类账

年 月 日	凭证编号	摘要	借方 百十万千百十元角分	贷方 百十万千百十元角分	借或贷	余额 百十万千百十元角分

总分类账

年		凭证编号	摘要	借方									贷方									借或贷	余额								
月	日			百	十	万	千	百	十	元	角	分	百	十	万	千	百	十	元	角	分		百	十	万	千	百	十	元	角	分

总分类账

年		凭证编号	摘要	借方									贷方									借或贷	余额								
月	日			百	十	万	千	百	十	元	角	分	百	十	万	千	百	十	元	角	分		百	十	万	千	百	十	元	角	分

模块三 账务处理程序

总分类账

年 月 日	凭证编号	摘要	借方 百十万千百十元角分	贷方 百十万千百十元角分	借或贷	余额 百十万千百十元角分

总分类账

年 月 日	凭证编号	摘要	借方 百十万千百十元角分	贷方 百十万千百十元角分	借或贷	余额 百十万千百十元角分

总分类账

年 月 日	凭证编号	摘要	借方 百十万千百十元角分	贷方 百十万千百十元角分	借或贷	余额 百十万千百十元角分

总分类账

年 月 日	凭证编号	摘要	借方 百十万千百十元角分	贷方 百十万千百十元角分	借或贷	余额 百十万千百十元角分

总分类账

年		凭证编号	摘要	借方									贷方									借或贷	余额								
月	日			百	十	万	千	百	十	元	角	分	百	十	万	千	百	十	元	角	分		百	十	万	千	百	十	元	角	分

总分类账

年		凭证编号	摘要	借方									贷方									借或贷	余额								
月	日			百	十	万	千	百	十	元	角	分	百	十	万	千	百	十	元	角	分		百	十	万	千	百	十	元	角	分

总分类账

年 月 日	凭证编号	摘要	借方	贷方	借或贷	余额

总分类账

年 月 日	凭证编号	摘要	借方	贷方	借或贷	余额

总分类账

年	月	日	凭证编号	摘要	借方									贷方									借或贷	余额								
					百	十	万	千	百	十	元	角	分	百	十	万	千	百	十	元	角	分		百	十	万	千	百	十	元	角	分

总分类账

年	月	日	凭证编号	摘要	借方									贷方									借或贷	余额								
					百	十	万	千	百	十	元	角	分	百	十	万	千	百	十	元	角	分		百	十	万	千	百	十	元	角	分

总分类账

年 月 日	凭证编号	摘要	借方 千百十万千百十元角分	贷方 千百十万千百十元角分	借或贷	余额 千百十万千百十元角分

总分类账

年 月 日	凭证编号	摘要	借方 千百十万千百十元角分	贷方 千百十万千百十元角分	借或贷	余额 千百十万千百十元角分

扫码知答案11

表 3-3-3　　　　　　　　　　　　　　资产负债表　　　　　　　　　　　　　资产负责表
编制单位：　　　　　　　　　　　　　　年　月　日　　　　　　　　　　　　　　单位：元

资产	期末余额	年初余额	负债和所有者权益（或股东权益）	期末余额	年初余额
流动资产：			流动负债：		
货币资金			短期借款		
交易性金融资产			交易性金融负债		
衍生金融资产			衍生金融负债		
应收票据			应付票据		
应收账款			应付账款		
应收款项融资			预收款项		
预付款项			应付职工薪酬		
其他应收款			应交税费		
存货			合同负债		
合同资产			其他应付款		
持有待售资产			持有待售负债		
一年内到期的非流动资产			一年内到期的非流动负债		
其他流动资产			其他流动负债		
流动资产合计			流动负债合计		
非流动资产：			非流动负债：		
债权投资			长期借款		
其他债权投资			应付债券		
长期应收款			其中：优先股		
长期股权投资			永续债		
其他权益工具投资			租赁负债		
其他非流动金融资产			长期应付款		
投资性房地产			预计负债		
固定资产			递延收益		
在建工程			递延所得税负债		
生产性生物资产			其他非流动负债		
油气资产			非流动负债合计		
使用权资产			负债合计		
无形资产			所有者权益（或股东权益）：		
开发支出			实收资本（或股本）		
商誉			其他权益工具		
长期待摊费用			其中：优先股		
递延所得税资产			永续债		
其他非流动资产			资本公积		
非流动资产合计			减：库存股		
			其他综合收益		

续表

资　　产	期末余额	年初余额	负债和所有者权益（或股东权益）	期末余额	年初余额
			专项储备		
			盈余公积		
			未分配利润		
			所有者权益（或股东权益）合计		
资产总计			负债及所有者权益（或股东权益）总计		

表 3-3-4　　　　　　　　　　　　　利　润　表

编制单位：　　　　　　　　　　　　　年　月　　　　　　　　　　　　　　　单位：元

项　目	本期金额	上期金额（略）
一、营业收入		
减：营业成本		
税金及附加		
销售费用		
管理费用		
研发费用		
财务费用		
其中：利息费用		
利息收入		
加：其他收益		
投资收益（损失以"-"号填列）		
其中：对联营企业和合营企业的投资收益		
以摊余成本计量的金融资产终止确认收益（损失以"-"号填列）		
净敞口套期收益（损失以"-"号填列）		
公允价值变动收益（损失以"-"号填列）		
信用减值损失（损失以"-"号填列）		
资产减值损失（损失以"-"号填列）		
资产处置收益（损失以"-"号填列）		
二、营业利润（亏损以"-"号填列）		
加：营业外收入		
减：营业外支出		
三、利润总额（亏损总额以"-"号填列）		
减：所得税费用		
四、净利润（净亏损以"-"号填列）		

续表

项 目	本期金额	上期金额（略）
（一）持续经营净利润（净亏损以"-"号填列）		
（二）终止经营净利润（净亏损以"-"号填列）		
五、其他综合收益的税后净额		
（一）不能重分类进损益的其他综合收益		
……		
（二）将重分类进损益的其他综合收益		
……		
六、综合收益总额		
七、每股收益		
（一）基本每股收益		
（二）稀释每股收益		

任务四
认识汇总记账凭证账务处理程序

【导言】

力高有限责任公司被主管税务机关核准为一般纳税人，公司设有两个基本生产车间，规模大，经济业务多。该公司采用收、付、转记账凭证。那么该公司应该选择哪种账务处理程序呢？

【任务目标——知识目标】

* 理解汇总记账凭证账务处理程序的概念

* 掌握汇总记账凭证账务处理程序下凭证与账簿的设置

* 掌握汇总记账凭证账务处理程序下的核算步骤、优缺点及适用范围

【任务目标——能力目标】

* 总结三种账务处理程序的优缺点及适用范围

1. 汇总记账凭证账务处理程序概念

汇总记账凭证账务处理程序是指对发生的经济业务事项，根据原始凭证或汇总原始凭证编制记账凭证，再根据记账凭证编制汇总记账凭证，然后根据汇总记账凭证登记总分类账，定期编制会计报表的一种账务处理程序。

2. 汇总记账凭证账务处理程序凭证与账簿的设置

2.1 凭证的使用

在汇总记账凭证账务处理程序中，记账凭证一般使用收款凭证、付款凭证和转账凭证三种专用记账凭证，也可以采用通用记账凭证。同时还应设置汇总记账凭证。如果采用专用凭证的，分设汇总收款凭证、汇总付款凭证、汇总转账凭证；采用通用记账凭证的，汇总记账凭证采用通用的统一格式。

2.2 账簿的设置

在汇总记账凭证账务处理程序下，应设置的账簿主要有现金日记账、银行存款日记账、总分类账和明细分类账。日记账采用三栏式，总分类账可以是三栏式，也可以是多栏式，明细分类账的格式可按实际需要采用三栏式、数量金额式和多栏式。

3. 汇总记账凭证账务处理程序的核算步骤、优缺点及适用范围

3.1 汇总记账凭证账务处理程序的核算步骤

（1）根据审核无误的原始凭证或汇总原始凭证编制记账凭证；

（2）根据收款凭证、付款凭证逐笔登记现金日记账和银行存款日记账；

（3）根据原始凭证、汇总原始凭证和记账凭证登记各种明细分类账；

（4）根据记账凭证定期编制汇总记账凭证；

（5）根据汇总记账凭证登记总分类账；

（6）期末，现金日记账、银行存款日记账和明细分类账的余额分别与总分类账的余额核对；

（7）期末，根据核对无误的总分类账和明细分类账编制财务报表。

上述账务处理程序如图 3-4-1 所示。

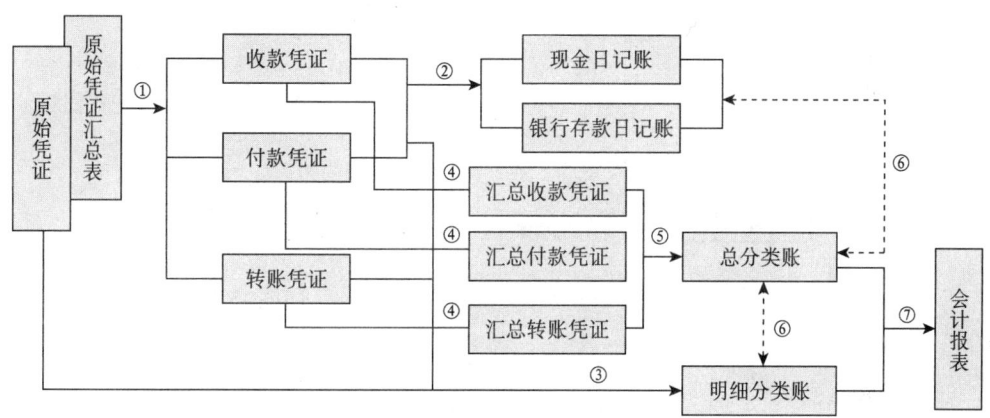

图 3-4-1　汇总记账凭证账务处理程序

3.2 汇总表记账凭证处理程序的优缺点

汇总记账凭证账务处理程序的优点是可以大大简化登记总分类账的工作量，同时编制的汇总记账凭证能清晰反映账户之间的对应关系。缺点是当转账凭证较多时，编制汇总转账凭证的工作量较大，并且由于汇总转账凭证是按贷方科目归类汇总的，而不是按经济业务的性质归类汇总，因而不利于对日常工作的合理分工。

3.3 汇总记账凭证账务处理程序的适用范围

汇总表记账凭证账务处理程序适用于规模较大，经济业务复杂，会计人员分工较细的大中企事业单位。

本任务思维导图

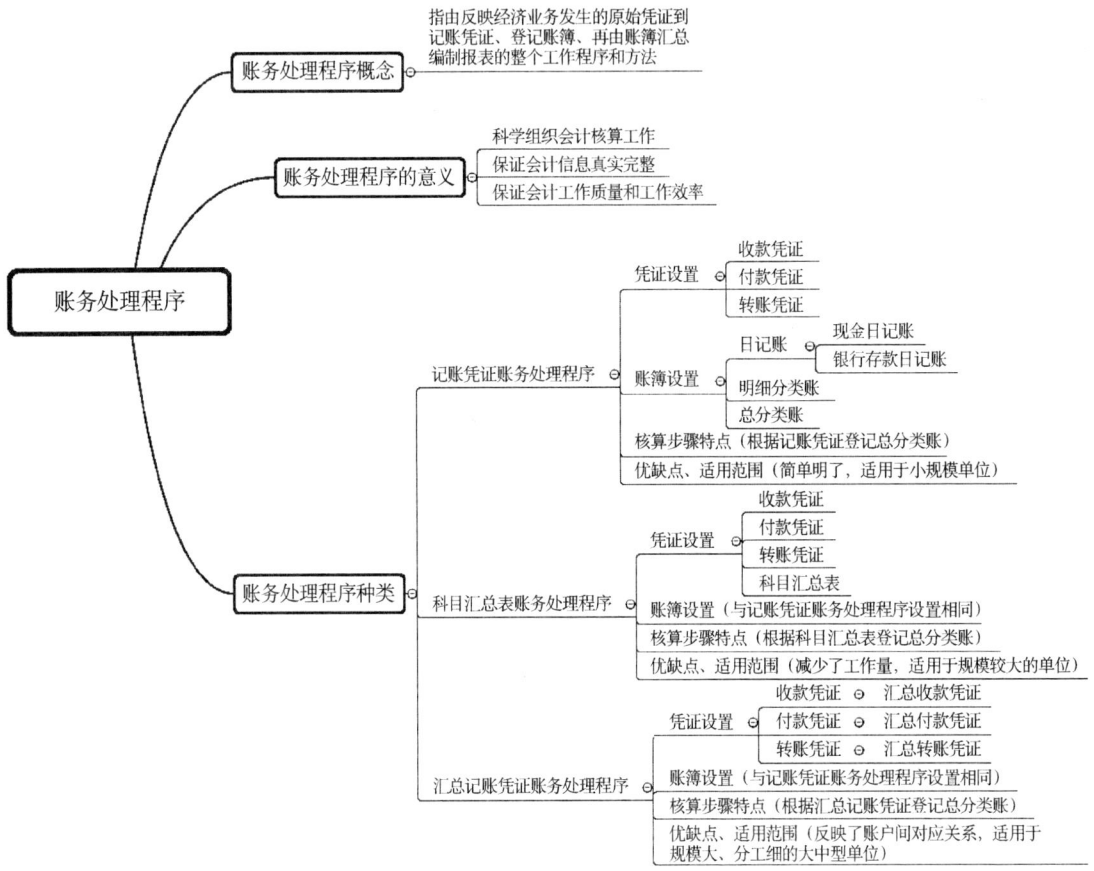